河南省"十四五"普通高等教育规划教材
普通高等学校创新创业教育系列教材

大学生创新教育与创业指导

（第二版）

主　编　刘建华　张卫建

副主编　张金芳　孙石群

参　编　郭志芬　董　行　齐　爽

科学出版社

北　京

内 容 简 介

　　高校的创新创业教育旨在教育、引导大学生树立正确的创新意识，培养创新思维，提高创新技法，提升创新能力；教育、引导大学生树立正确的创业意识，帮助大学生发现并识别商业机会，了解创业基本流程，使其具备基本的创新创业能力。鉴于此，本书内容设置以下几方面：创新概述、创新意识和创新能力、创新思维、创新技法、大学生创新实践项目展示、创业概述、创业准备、创办企业基本步骤、新创企业经营管理、大学生创业实践项目展示。本书特色之处在于选取和展示了在校大学生创新创业的部分优秀实践项目，以便大学生能够更直观、具体地了解创新创业内容。

　　本书既可作为高等院校创新创业教育课程的教材，也可作为有志创新创业人士的参考书。

图书在版编目（CIP）数据

　　大学生创新教育与创业指导/刘建华，张卫建主编. —2 版. —北京：科学出版社，2023.8

　　河南省"十四五"普通高等教育规划教材　普通高等学校创新创业教育系列教材

　　ISBN 978-7-03-075610-7

　　I. ①大… II. ①刘… ②张… III. ①大学生-创业-高等学校-教材 IV. ①G647.38

　　中国国家版本馆 CIP 数据核字（2023）第 089730 号

责任编辑：滕　云　姚培培 / 责任校对：王晓茜
责任印制：张　伟 / 封面设计：蓝正设计

科学出版社 出版
北京东黄城根北街 16 号
邮政编码：100717
http://www.sciencep.com

三河市宏图印务有限公司印刷
科学出版社发行　各地新华书店经销
*

2018 年 9 月第　一　版　开本：787×1092　1/16
2023 年 8 月第　二　版　印张：11 3/4
2024 年 8 月第八次印刷　字数：280 000

定价：39.00 元

（如有印装质量问题，我社负责调换）

前　　言

在党的二十大报告中，习近平总书记强调，必须坚持科技是第一生产力、人才是第一资源、创新是第一动力。

青年兴则国兴，青年强则国强。当代大学生是中国最具活力的群体，肩负着继承和发展民族大业的重要使命，大学生创新创业能力的培养关乎时代发展和社会走向。加强创新创业教育，是推进高等教育综合改革、提高人才培养质量的重要举措。创新创业教育作为一种全新的教育理念，关系到经济发展、社会进步及民族复兴大业，因此已成为我国高等教育改革发展的重要任务。

本版教材是在前期讲义和教材的基础上编写的。在编写过程中，编写组听取教师和学生的意见及建议，修改和完善了理论介绍，增加了创新技法等内容，更新了部分案例，呈现出新的特点：①理论系统，结构完整。本书涵盖了大学生创新教育、创业指导两部分内容，合编为一本教材，方便同学们阅读学习。②生动形象，可读性强。每章均有案例导入，能够吸引学生，所选案例包括创新实践项目展示、创业计划书及创业案例等，这些均为学生创作，紧贴学生创新创业实际情况，语言生动形象。③突出行业特色，精准性强。本书的编写内容重点考虑了水利水电类专业大学生在创新创业方面的现状及所存在的问题，并针对这些特点，有目的、有重点地选择一些理论和案例进行指导，对水利水电类高校大学生的创新创业教育和创业指导，具有很强的针对性。

本书由华北水利水电大学刘建华、张卫建担任主编，张金芳、孙石群担任副主编，郭志芬、董行、齐爽担任参编。具体分工如下：董行编写第一章，齐爽编写第二章，张卫建编写第三章、第四章、第五章，孙石群编写第六章、第七章，张金芳编写第八章，郭志芬编写第九章，刘建华编写第十章。

本书在编写过程中参考了国内外有关著作和论文，参阅了许多文献，除了参考文献中列出的，还有许多无法一一列出，在此谨向所有文献的作者表示由衷的感谢。由于时间和编者水平有限，书中难免有不足之处，真诚欢迎广大读者提出宝贵意见和建议，以便更好地修订和完善。

编写组
2023 年 4 月

第一版前言

2015年6月印发的《国务院关于大力推进大众创业万众创新若干政策措施的意见》中明确指出，"推进大众创业、万众创新，是培育和催生经济社会发展新动力的必然选择""是扩大就业、实现富民之道的根本举措""是激发全社会创新潜能和创业活力的有效途径"。"大众创业、万众创新"成为中国经济发展的新引擎，"创新创业"已经成为时代的潮流。

当代大学生肩负着继承和发展民族大业的重要使命，大学生创新创业能力的培养关乎时代发展和社会走向。当代大学生是中国最具活力的群体，如果失去了创新的精神及能力，那么整个民族将失去发展的动力。高校作为培养社会主义建设者的摇篮，除了对大学生进行文化知识的培养、教育之外，更需注重对大学生创新创业能力的培养。高校开展创新创业教育既是社会发展的趋势又是国家政策的导向。

2015年印发的《国务院办公厅关于深化高等学校创新创业教育改革的实施意见》，对高校开展创新创业教育提出了"三步走"战略，"到2020年建立健全课堂教学、自主学习、结合实践、指导帮扶、文化引领融为一体的高校创新创业教育体系"，满足创新型国家建设对创新创业型人才的新需求。创新创业教育作为一种全新的教育理念，关系到经济发展、社会进步及振兴民族大业，因此已成为我国高等教育改革发展的重要任务。

本书根据当前高校创新创业教育的实际情况，在国家大力推进"大众创业、万众创新"的时代背景下，本着对大学生和社会高度负责的精神，结合大学生实际特点，帮助大学生了解和掌握创新与创业的相关知识和规律，增强大学生的创新意识，提升大学生的创业能力，以使大学生更好地在创新中成长，在创业中实现人生价值。本书除了理论讲解，还加入了在校大学生创新创业实践方面的真实案例，使教材内容更贴近学生生活，更容易让学生接受。

全书以创新创业能力培养为主线，共分九章，前三章主要介绍了创新的概念、类型，以及创新意识、创新能力和创新思维的培养和训练。第四章展示了部分大学生创新实践项目展示。第五章到第八章主要介绍了创业的概念、分类、过程，以及创业准备、创办企业基本步骤、新创企业经营管理等。第九章为部分大学生创业实践项目展示。

本书由华北水利水电大学刘建华、张卫建担任主编并策划，郭志芬、孙石群担任副主编，董行、齐爽、张金芳担任参编，具体分工如下：董行编写第一章，齐爽编写第二章，张卫建编写第三、四章，孙石群编写第五、六章，张金芳编写第七章，郭志芬编写第八章，刘建华编写第九章。

　　本书在编写过程中参考了国内外有关著作和论文，参阅了许多文献，除了参考文献中列出的，还有许多无法一一列出，在此谨向所有文献的作者表示由衷的感谢。由于时间和编者水平有限，书中难免有不足之处，真诚欢迎广大读者提出宝贵意见和建议，以便更好地修订和完善。

编写组

2018 年 6 月

目　　录

第一章 创 新 概 述

【学习目标】

帮助大学生了解创新的起源、概念以及创新的重要意义，探索创新分类，培养大学生的创新意识，提升大学生的创新能力。

【案例导入】

一个真实的小故事：1987 年，美国的两个邮递员科尔曼和施洛特无意中看到一个小孩拿着一种发亮光的荧光棒。这东西能有什么用呢？在胡思乱想中，两人随手把棒棒糖放在荧光棒顶端。结果，光线穿过半透明的糖果，显现出一种奇幻的效果。这一小小的发现让两人惊喜不已。他们为此申请了发光棒棒糖专利，还把这项专利卖给了开普糖果公司。

奇迹由此开始。两个邮递员继续想：棒棒糖吃起来很费力，能不能加上一个自动旋转的小马达？由电池对它进行驱动，这样既省力又好玩。这种想法很快被付诸实施。对他们来说，这种创造太简单了！旋转棒棒糖很快被投入市场并且获得了极大的成功。在最初的 6 年里，这种售价 2.99 美元的小商品一共卖出了 6000 万个！科尔曼和施洛特得到了丰厚的回报。

更大的奇迹还在后面。开普糖果公司的负责人奥舍在一家超市内看到了电动牙刷，电动牙刷虽有许多品牌，但价格都高达 50 多美元，因此销售量很小。奥舍灵机一动：为什么不用旋转棒棒糖的技术，用 5 美元的成本来制造一支电动牙刷呢？

奥舍与科尔曼、施洛特着手进行技术移植，很快，美国市场上最畅销的旋转牙刷诞生了，它甚至比传统牙刷还好卖。2000 年 3 个人组建的小公司卖出了 1000 万把这种牙刷！宝洁公司开始采取措施，相比之下，他们的电动牙刷成本太高了，几乎没有市场竞争力。于是，经过讨价还价，2001 年 1 月，宝洁公司收购了这家小公司，首付预付款 1.65 亿美元，三个创始人留在宝洁公司。过了一年多，宝洁公司便提前结束与奥舍、科尔曼、施洛特三人的合同。因为宝洁公司发现这种电动牙刷太好卖了，远远超出了他们的预料。借助一家国际超市公司，它已在全球 35 个国家进行销售。按照这种趋势，宝洁公司在三年合同期满后付给三人的钱要远远超出预期。最后经过协商，合同提前中止，奥舍、科尔曼、施洛特一次性拿到了 3.1 亿美元，加上原来 1.65 亿美元的预付款，共 4.75 亿美元。这是一个令人头晕目眩的天文数字，如果用卡车去银行拉那么多现金，恐怕需要相当一番工夫！

奥舍、科尔曼、施洛特三个人轻而易举就赚取了 4.75 亿美元。一个人可以不去奢望那 4.75 亿美元，但不应该忽视技术创造、灵感创意这些成功的要素。

第一节　创新的概念

一、创新的起源

"创新"一词早已有之，不过词意与现代不同，其主要是指制度方面的改革、变革、革新和创造，并不包括科学技术的创新。创新最早见于北齐人魏收所著的《魏书》："革弊创新者，先皇之志也。"（《魏书》卷六十二）后世古籍中又数次出现"创新"一词，都大抵与"革新"同义，主要是指改革制度。《词源》中"创"字有疮、伤、损、惩的意思，其共同含义是"破坏"；对"新"的解释是"初次出现，与旧相对"。在《新华字典》（第 11 版）中对"创新"的解释是"抛弃旧的、创立新的"，即在已有的基础上，提出独特的、新颖的且富有成效的见解与思维。综合起来，创新的意思应该是破旧立新、推陈出新、创造新事物。

近年来，"创新"一词广泛流行，但很多人所讲的"创新"的概念，已经不是创新原有的、最本质的含义。国际上公认的说法是，"创新"一词源于 1912 年美籍奥地利人、美国哈佛大学教授约瑟夫·熊彼特（Joseph A. Schumpeter）所写的《经济发展理论》。在这本书中，熊彼特首次明确地提出"创新"的概念。他认为，生产意味着把我们所能支配的原材料和力量组合起来。生产其他的东西，或者用不同的方法生产相同的东西，意味着以不同的方式把这些原材料和力量重新组合。只要新组合最终可能通过小步骤的不断调整从旧组合中产生，那么产品就肯定会变化，可能也有增长，但是却既不产生新现象，也不产生我们所意味的发展。当情况不是如此，新组合是间断地出现的时候，具有发展特点的现象出现了……当我们谈到生产手段的新组合时，我们指的只是后一种情况。因此，我们所说的发展，可以定义为执行新的组合。

按照熊彼特的定义，创新就是建立一种新的生产函数，在经济活动中引入新的思维、方法以实现生产要素新的组合，它主要包括以下五个方面的内容：①创造一种新的产品，也就是消费者还不熟悉的产品，或者创造已有产品的一种新特性；②采用一种新的生产方法，也就是在有关制造部门中尚未通过经验验证的方法，这种新方法不一定非要建立在科学新发现的基础之上，它可以是以新的商业方式来处理某种产品；③开辟一个新的市场，也就是有关国家的某一种制造部门以前不曾进入的市场，不管这个市场以前是否存在过；④取得或控制原材料或半制成品的一种新的供给来源，无论这种来源是已经存在的还是第一次创造出来的；⑤实现任何一种新的产业组织方式或企业重组方式，比如，建立一种垄断地位或打破一种垄断地位。

熊彼特的创新理论提出之后，正赶上资本主义世界发生经济大萧条，在同时期"凯恩斯革命"的理论影响下，熊彼特的创新理论并没有得到广泛的重视。直到 20 世纪 50

年代以后，以微电子技术为核心的世界新一轮科技革命即第三次科技革命兴起，使许多国家的经济出现了长达近20年的高速增长"黄金期"，人类社会开始进入依靠创新获取竞争力的时代。技术创新逐渐引起了人们的普遍关注，熊彼特的创新理论也得到了大力发展。

随着经济的进一步发展，人们对创新的研究逐步深入，创新理论又出现了如下几种具有代表意义的观点。

1）创新是开发一种新事物的过程。从发现潜在的需要开始，经历新事物的技术可行性研究阶段的检验，到新事物广泛运用为止。

2）创新是运用知识或相关信息创造和引进某种有用的新事物的过程。

3）创新是对一个组织或相关环境的新变化的接受。

4）创新是指新事物本身，具体来说就是指被相关部门认定的任何一种新的思想、新的实践或新的制造物。

从这些定义的演变中可以发现，创新的概念在不断地变化，从指企业资源的配置，到指技术的变革、新事物的产生，再到指实践中给企业带来良好经济效益的组织制度、市场观念、管理思想，这说明人们对创新的理解经历了一个不断发展、变化的过程。它成为既包括技术性创新，如技术创新、产品创新、工艺创新，也包括非技术性创新，如制度创新、组织创新、管理创新、观念创新等的综合性的概念。因此，现代社会对创新的认识绝不能简单地用纯粹的经济理论来概括和说明。其实熊彼特的技术创新理论中关于组织创新的理论就已经蕴含了潜在的生产关系范畴的内容。

上述的探讨说明，创新概念包含的范围很广，如科学发现、技术发明、组织改造、政策调整、观念更新以及使这些商品化、产业化的创造性实践等。也就是说，不管是技术性还是非技术性的活动，在经济发展中能提高资源配置效率的新活动都是创新。推而广之，人类所有实践领域内的凡属打破传统、开拓新路的思想、行为及其成果都是创新。技术性创新是狭义的创新（本质是经济学中的技术创新），非技术性创新是现在我们国家提倡的广义的创新概念，即人的创造性劳动及其价值的实现。因此，创新首先是一个经济学的概念，但它并不局限于经济学的范畴，从一定意义上说，人类的创新活动贯穿于人类"三大实践活动"。

二、创新的内涵

在国内外文献特别是在传媒中，创新是一个模糊不清的概念，许多人认为创新就是发明创造，也有人把创新与研究开发、科学发现视为同义词。究竟创新是什么呢？许多研究者对创新作了解说，具有代表性的定义有以下几种。

1）创新是开发一种新事物的过程。这一过程从发现潜在的市场需要开始，经历新事物的技术可行性研究阶段的检验，到新事物的广泛应用为止。创新之所以被描述为一个创造性过程，是因为它产生了某种新的事物。

2）创新是创造力的实施。

3）创新是新创意的认知。

4）创新是指新事物本身，具体说来就是指被相关部门认定的任何一种新的思想、新的实践或新的制造物。

5）"现代管理学之父"彼得·德鲁克（Peter F. Drucker）对创新的定义是：创新是一个过程，是一项有组织、有系统且富有理性的工作；创新是企业家展现其创业精神的特定工具，是赋予资源一种新的能力，使之成为创造财富的活动，创新本身就创造了资源。

6）美国当代国际知识管理专家德布拉·艾米顿（Debra M. Amidon）对创新的定义有两个，第一个是从新想法到行动；第二个是盈利的战略性创造力的措施。

7）克里斯·弗雷曼（Chris Freeman）指出：工业创新包括技术设计、制造、管理以及新产品（或改进产品）在商业化工程中的营销。

8）罗伊·罗思韦尔（Roy Rothwell）和鲍尔·甘德勒（Paul Gardiner）指出：创新不仅包括先进技术的商业化（突破式创新），还包括技术应用中的小规模变革（渐进式创新）。

由此可见，创新概念包含的范围很广，可以说各种能提高资源配置效率的新活动都是创新。创新涉及众多领域，由此产生了许多新概念，如为了提高国家的总体实力和竞争能力，提出了国家创新体系、体制创新和制度创新；为了获得自主知识产权和加快科技成果转化，提出了技术创新；为了获取更高的企业效益，提出了管理创新和市场创新；为了扶持高新技术企业成长提出了金融创新；为了培养创新人才，教育系统从应试教育转向素质教育，提出了教育创新；为了满足企业竞争和生存的需要，提出了战略创新。可以说创新有着无限的"演绎"空间，其中既涉及以技术为内涵的创新，如产品创新、工艺创新、原材料创新等；又涉及一些非技术内涵的创新，如制度创新、政策创新、组织创新、文化创新、观念创新等。

根据国家社会科学基金成果评估指标的规定，创新可概括为三个方面：理论创新、方法创新和新描述。可见创新的内容是丰富多彩的——创立新理论，建立新概念，提出新观点，探索新方法等，都应当属于创新的范畴。其中，创立新理论，即指建立与前人不同的理论，包括纠正、补充和完善前人提出的理论；建立新概念，即提出一些全新的理念或命题，作为研究和分析的范畴；提出新观点，即就某一具体事实和问题提出与前人不同的见解；探索新方法，即在自己的科研工作中，提出并采用与前人不同的研究途径和方式。

创新是个综合性概念，随着社会发展，其内涵也在不断变化。创新的内在特性体现在以下几个方面。

首先，创新要立足现实。创新是对现实存在的变革和超越，如科学发现、技术革新等皆源于对社会需求的思考，没有一项创新活动可以脱离社会实践而顺利发展。主体只有立足客观实际，准确认识把握事物的本质和规律并与主观愿望相结合，才能够达到改造客体的目的。

其次，创新要批判继承。创新是对已有观念和做法的突破，尽管任何领域的发展都必须在继承前人的基础上进行，但是创新中的继承不是"照单全收"、简单重复，而是坚持一分为二地对好的方面继承、对不合时宜的方面批判改变。

再次，创新要尝试探索。创新不是一蹴而就的，必须通过不断尝试和探索，放弃不切实际的观点，实现符合规律的设想，从而发现、发明新的事物。因此尝试探索是创新不可缺少的要素，否则创新就只是空谈，不可能实现促进客体发展的目的。

最后，创新要标新立异。按照既定的规范去重复和模仿，无法创造新事物，不能实现创新。在创新实践上，主体要坚持标新立异，敢于打破旧式束缚，或不断拓宽人类新的活动领域、提出新的思想、开发新的产品等以取得新突破，或将原先没有的因素引入旧的体系而获得新发展。

三、创新的意义

创新是新时代的一张通行证，是一个民族甚至国家赖以生存的灵魂，是高新人才所应具备的基本素质。没有创新就缺乏竞争力，没有创新也就没有价值的提升。世界的进步需要创新，创新就是进步的"翅膀"。创新的重要性不容忽视。

（一）创新是民族进步的灵魂

社会发展史证明，各国进步的历史就是一部创新的历史；人类的一切文明成果，都是创新思维的胜利果实，都是创新智慧的结晶。世界上有不少因重视创新而实现国家强盛的例子，比如，英国18世纪以前的创新、日本早期的大化改新及其19世纪的创新都是很好的例子，当代以中国最为突出。

创新给英国发展带来了巨大影响。在人类近代文明史上，英国曾处于世界霸主的地位，号称"日不落帝国"。促成这种地位的原因当然有很多，有经济方面的，也有政治方面的；有得天独厚的客观条件，也有人为的主观因素。但有一点是可以肯定的，那就是在科学技术的方方面面，英国人都曾经表现出无与伦比的创新性。在一大批知识巨匠的推动下，人们提高了认识和学习新知识的能动性，再加上强调知识在经济发展中的作用，使得17、18世纪的英国科技革命取得空前的成果，因而促使英国的财富成倍增长，物质基础日益雄厚，人们的思想观念也日新月异。在科技创新及强大生产力的基础上，英国的商船开始追波逐浪、乘风远航，终于给英国带来了前所未有的辉煌。再看创新给日本带来的重大变化。当我国唐朝强盛、威仪天下之时，日本圣德太子派遣大批遣唐使来到唐朝学习揣摩，既学习科技知识，又学习唐朝的制度、文化，以后又进行大化改新，使日本得以迅速发展，从落后的社会状态迅速跨入与当时先进的封建帝国并肩前行的行列。到19世纪50年代，当荷、英、美等帝国的舰艇邻近日本国门时，经过激烈的斗争，维新势力战胜了保守势力，使日本全国上下统一了认识：技术领先是国力强盛的标志，不能墨守成规，要不断进取。要求变，变则新，只有新，国家才能兴旺。于是，日本敞开国门学习西方的技术，加强与西方各国文化、科技、经济的交流。科学的发展最终促成了日本明治维新，日本用了不到50年的时间就完成了西方从1640年资产阶级革命兴起以来200年的历程，取得了惊人的业绩。

中华民族自古以来就有着优良的创新传统，曾为人类社会留下许多辉煌灿烂的文明成果，而近代在社会发展和变革方面的创新成果，更是中华民族创新精神和创新能力的伟大象征。习近平总书记指出："创新是一个民族进步的灵魂，是一个国家兴旺发达的不竭动力，也是中华民族最深沉的民族禀赋。在激烈的国际竞争中，惟创新者进，惟创新者强，惟创新者胜。"①实践证明，没有创新，就没有中国革命和建设工业的兴旺发达；没有创新，就没有中华民族的伟大复兴。我们要跟上时代进步的步伐，站在时代前列，就应该不断创新。

（二）创新是国民经济增长的重要动力

世界经济发展的历程雄辩地证明：创新是人类财富之源，是经济发展的巨大动力。在不同的经济发展阶段，凡是经济发展好的时期，都正好是各国创新活动高涨和新技术革命发生的时期。

我国自 1978 年改革开放以来，国民经济能够高速发展，人民生活水平能够迅速提高，得益于一系列前所未有的创新，包括制度创新（从传统企业制度到现代企业制度，从人民公社到家庭联产承包责任制等）、组织创新（政企分开等）、管理创新、科技创新等。

第二次世界大战后，日本经济能够从极度困难的处境中恢复过来，并随之迅速发展，创造了"经济奇迹"，其中的重要原因是该国在科技领域进行了卓有成效的创新。例如，通过创新，日本发展了轻便、省油、可靠度高、价格低廉的轿车，成为世界汽车强国；通过创新，日本生产出了走时精确、价格便宜、诸多方面明显优于机械手表的石英手表，成为手表强国；日本又把电视机从黑白变成彩色，从球面变成柱面，进而变成直角平面，从小屏幕变成了大屏幕，变成了"画中画"，成为电子工业强国。以上一切清晰地表明，创新带动了日本经济的腾飞。

（三）创新是知识经济时代的必然选择

知识经济具有特殊性，它与工业经济相比有几个显著的不同点：①知识经济是以知识资源为第一生产要素的经济。与以往任何一种经济类型相比，它对能源、资源、原材料的依赖度大为降低。知识资源具有不断再生性，可以取之不尽、用之不竭。②知识经济以高新技术产业作为支柱产业。工业经济时代占主导地位的是制造业，特点是机械化和自动化；知识经济时代则以高新技术产业为支柱产业，其特点是信息化和智能化。③知识创新和技术创新是知识经济的灵魂。工业经济把提高引进和吸收消化新技术的能力视为企业改革的重大要素，大多数情况下着眼于把设想转变为新产品、新工艺、新市场这种应用层面；而知识经济则强调企业具有创新意识和创新能力，要求立足于基础研究和知识创新，形成知识创新工程和全新的支柱性产业。

---

① 习近平关于科技创新论述摘编：创新是引领发展的第一动力.（2016-02-26）[2022-06-23].http://www.cac.gov.cn/2016-02/26/c_1118163021.htm.

知识经济与工业经济的三个不同点决定了发展经济必需的基础条件有了较大的变化。一个民族、国家只要具备了完善的工业经济基础和信息基础设施，具备了较高的社会知识水平和较强的知识产生和创新能力，就可以全面地实施知识发展战略，促进经济的迅速发展，特别是信息化的推进，可使各国在知识方面的差距以较快的速度缩短，一些建立在新技术基础上的产业，如计算机、软件、通信设备等能够及时跟上时代的步伐。我国现阶段已在这些方面取得了初步成效，缩短了我们进入知识经济时代的进程。为此，我们每一个人都要在思想观念上大胆突破，勇于开拓，通过在相关方面的不懈努力来跟上知识经济发展的步伐。创新能使我们在知识经济社会中立于不败之地，创新能使我们在知识经济的大潮中，成为出色的时代弄潮儿。

（四）创新是实现可持续发展的有效途径

我国人口众多，资源显得相对不足，在现代化建设中必须坚持走经济、社会、人口、资源和环境相互协调的可持续发展道路。那种以环境和资源的毁坏为代价换来的所谓"发展"，都只是暂时的或表面的辉煌，不仅不能推动社会的进步，反而会给子孙后代留下沉重的负担。传统的经济发展方式以"高消耗、高投入、高污染"为特征，是一种不可持续、应该摒弃的发展方式。新的可持续发展方式既不会放慢经济增长的速度，又能使经济发展与资源环境保护相协调。对所有国家的经济社会发展来说，可持续的经济增长是必不可少的，对发展中国家尤其如此。

经济发展是可持续发展的物质基础，没有这一基础，不可能有经济、社会、人口、资源、环境的协调发展，更谈不上可持续发展了。为达到可持续发展的目的，人们就必须不断进行创新，换言之，在知识经济时代，创新对实现可持续发展具有更加重要的作用。

（五）创新决定大学生的未来

创新对大学生个人品质的养成具有重要作用，因为它激发的是一个人最具价值的能力和向人生更高层次发展的直接动力。大学生是全面建成社会主义现代化强国的人才之源，是中国各项事业迅猛发展的排头兵，肩负着中华民族伟大复兴的使命。创新素质教育不仅仅是大学生个体成长成才的内在与长远需要，更是民族兴旺发达、建设社会主义和谐社会的紧迫召唤。

创新是大学生获取知识的关键。在知识经济时代，知识的增长率加快，知识的更新周期不断缩短，知识转化的速度猛增。在这种情形下，知识的接受变得并不重要，重要的是知识的选择、整合、转换和操作。大学生最需要掌握的是那些涉及面广、迁移性强、概括程度高的"核心"知识，而这些知识并非靠言语所能"传授"的，它只能通过学生主动地"构建"和"再创造"而获得，这就需要创新能力在其中主动地发挥作用。

创新是大学生终身学习的保证。随着高等教育规模的不断扩大，高等教育职能正在由精英教育向素质教育转化，学习也正由阶段教育向终身教育转化，学习将成为个人生存、竞争、发展和完善的第一需要。在知识无限膨胀、更新周期迅速缩短的情况下，大学生的社会职业将变得更加不稳定。在创新意识的指引下，大学生有能力在毕业之后，利用各种有利条件，根据所从事的工作不断完善自身的知识和能力结构，更好地达到完善自我和适应社会的目的，从而为终身教育打下坚实的基础。

创新决定大学生的未来。创新是人综合能力的一种外在表现，它是以深厚的文化底蕴、高度综合化的知识、个性化的思想和崇高的精神为基础的。创新思维的有与无，将决定一个人的发展前途；创新能力的高与低，将决定一个人的事业天地。古今中外，大凡在事业上有所建树、有所作为的人都是创新思维能力很强的人。他们靠智慧、靠特色、靠创新、靠点子，开拓出了事业上的一片广阔天地。一个人创新能力强，就能敢于说别人没有说过的话，敢于做别人没有做过的事，敢于思考别人没有思考过的问题。创新思维的水平，将决定一个人的勇气、胆识及谋略水平。个体准确了解、把握自己的创新思维能力及表现形式，将有助于自己的发展定位和目标设计。

创新是一个民族进步的灵魂，是一个国家兴旺发达的不竭动力，也是中华民族最深沉的民族禀赋。习近平总书记在党的十八届五中全会第二次全体会议上的讲话中强调，"我们必须把创新作为引领发展的第一动力，把人才作为支撑发展的第一资源，把创新摆在国家发展全局的核心位置，不断推进理论创新、制度创新、科技创新、文化创新等各方面创新，让创新贯穿党和国家一切工作，让创新在全社会蔚然成风"①。

第二节　创新的类型

一、创新的分类

创新有多种类型，目前比较重要的主要有三种分类方法，一是按创新内容分类，二是按创新层次分类，三是按创新过程分类。

（一）按创新内容分类

创新涵盖众多领域，包括政治、军事、经济、社会、文化、科技等。按创新内容分类，可分为理论创新、科技创新、管理创新、文化创新、艺术创新、商业创新等。下面重点讨论理论创新、科技创新、管理创新。

1. 理论创新

理论创新（theory innovation）是指人们在社会实践活动中，对出现的新情况、新问题作新的理性分析和理性解答，对认识对象或实践对象的本质、规律和发展变化的趋势作新的揭示和预见，对人类历史经验和现实经验作新的理性升华。简单地说，就是对原

① 习近平在党的十八届五中全会第二次全体会议上的讲话（节选）.（2016-01-01）[2022-06-23].https://www.chinanews.com.cn/gn/2016/01-01/7697573.shtml.

有理论体系或框架的新突破，对原有理论和方法的新修正新发展，以及对理论禁区和未知领域的新探索。

依据理论创新实现的方式不同，可以把理论创新分为五种，即原发性理论创新、阐释性理论创新、修正性理论创新、发掘性理论创新和方法性理论创新。依据理论创新的内容不同，有政治理论创新、经济理论创新、科技理论创新、军事理论创新、教育理论创新等。

一个民族想要站在科学的最高峰，就一刻也不能没有理论思维。坚持用科学理论指导实践，是我们党的一贯作风。坚持理论创新是我们党最突出也是最富有成果的特点之一。100多年以来，我们党在领导民族独立和人民解放的艰辛探索中，在领导改革开放和现代化建设的伟大实践中，坚持理论创新，相继创立了毛泽东思想、邓小平理论、"三个代表"重要思想、科学发展观和习近平新时代中国特色社会主义思想等一系列重要理论成果，成为指导中国革命、建设和改革取得胜利的根本保证。

2. 科技创新

科技创新（science and technology innovation）是指创造和应用新知识、新技术、新工艺，采用新的生产方式和经营管理模式，开发新产品，提高产品质量，提供新的服务的过程。简单地说，科技创新主要是指将科技成果转化为生产力的过程。

20世纪是科技创新的辉煌世纪。1900年，德国物理学家普朗克提出了量子假设，开启了物理学的新革命；1905年，爱因斯坦的狭义相对论问世；1929年，天文学家哈勃发现了宇宙膨胀现象，此后，天文学家提出了宇宙大爆炸模型；1953年，沃森、克里克发现脱氧核糖核酸（DNA）的双螺旋结构及其对生物信息传递的意义。20世纪的每一项重大科学发现与技术发明都产生了一系列的重大创新，成为创新之源，促进了人类生活方式与思维方式的深刻改变。例如，科技创新所产生的生产力对美国国内生产总值（GDP）增长贡献率非常高，创新产生了新产业的市场，推动了财富创造，并且创造了高价值、高收入的工作岗位。

科技创新使科技成果转化为生产力，从而加快经济与社会的发展。已经过去的20世纪，科技创新爆炸式增长，使世界面貌发生了巨大的变化，促使人类生产方式、生活方式和思维方式发生了深刻变革。21世纪，科技创新进一步成为经济和社会发展的主导力量，发展进一步加速，必将对全球化的竞争和综合国力的提升，对世界的发展与人类文明的进步，产生更加巨大而深刻的影响，社会生产方式和产业结构、劳动者素质等生产力要素以及人们的生活方式和思想观念都将发生新的革命性变化。

科技创新并不是一件容易的事，科技创新要比单纯的科学发现和技术发明更加复杂。它涉及研究与开发、人才、资金、知识产权、技术管理、组织、设计、制造、营销等一系列复杂过程。我国的科技水平与发达国家相比还不高，创新能力还不强。为此，我国必须大力开展科技创新，增强自主创新能力，使国家更加强盛。

3. 管理创新

管理创新（management innovation）是指企业把新的管理要素（方法、手段、模式等）或要素组合引入企业管理系统以更有效地实现组织目标的创新活动。管理创新涉及方方面面，主要包括管理观念创新、管理组织创新、管理制度创新、管理文化创新等。

（1）管理观念创新

管理观念创新指管理者或管理组织在一定的哲学思想支配下，根据现实条件决定的经营管理的感性知识和理性知识构成的综合体。一定的管理观念必定受到一定社会的政治、经济、文化的影响，是企业战略目标的导向、价值原则，同时管理的观念又必定折射在管理的各项活动中。从 20 世纪 80 年代开始，经济发达国家的许多优秀的企业专家提出了许多新的管理思想和观念，如知识增值观念、知识管理观念、全球经济一体化观念、战略管理观念、持续学习观念等。

（2）管理组织创新

企业系统的正常运行，要求有合理的组织形式。由于企业机构设置和结构形成要受到企业活动的内容、特点、规模和环境等因素的影响，所以，不同的企业有不同的组织形式，同一企业在不同的时期，随着经营活动的变化，也要求组织的机构和结构不断调整。管理组织创新的目的在于通过组织管理人员的努力，来提高管理劳动的效率。

（3）管理制度创新

制度是企业运行的主要原则。管理制度创新就是企业根据内外环境需求的变化和自身发展壮大的需要，对企业自身运行方式、原则规定的调整和变革。管理制度创新要以反映经济运行的客观规律、体现企业运作的客观要求、充分调动组织成员的劳动积极性为出发点和归宿。企业管理制度创新的方向是不断调整和优化企业所有者、经营者、劳动者三者之间的关系，使各个方面的权利和利益得到充分的体现，使组织的各种成员的作用得到充分发挥。

（4）管理文化创新

当现代管理发展到文化管理阶段，可以说其已经到达顶峰。企业文化通过员工价值观与企业价值观的高度统一，通过企业独特的管理制度体系和行为规范的建立，使得管理效率有了较大提高。如果管理文化创新已成为企业文化的根本特征，那么，创新价值观就能得到企业全体员工的认同，行为规范就会得以建立和完善，企业的创新动力机制就会高效运转。

（二）按创新层次分类

传统的创造概念主要是指科学家和工程师的研究和发明活动，这种创新主要是一种个人行为。20 世纪 30 年代，著名经济学家熊彼特将创新概念引入以企业家为主要角色的企业中。20 世纪 80 年代，一些学者提出了国家创新体系的概念，开始将创新看作一种国家行为。历史上，美国、英国、德国和日本的经济发展之所以保持强劲的势头，不仅仅源于科技创新，更主要是国家创新体系演变的结果。因此，按创新层次（创新主导、成果先进水平、成果影响范围）分类，主要分为五个层次——世界级创新、国家级创新、产业级创新、企业级创新、个体创新，其中个体创新是基础。

1. 世界级创新

世界级创新主要指：创新成果达到世界级先进水平，或创新成果影响全世界的创新。世界级创新往往是革命性的，会给世界经济水平带来全面的影响或变革。经济合作与发展组织（Organization for Economic Co-operation and Development，OECD）又称之为普遍性创新（general innovation），并认为自工业革命以来主要有三次普遍性创新：纺织机的发明、电气化和当前正在发展的信息化[国际社会称为信息通信技术（ICT）]。

例如，高温超导技术及其应用将成为 21 世纪世界科技领域的制高点，更是全球经济新一轮发展的驱动力。天津百利机电控股集团有限公司等三家企业，依托国家高技术研究发展计划（简称 863 计划）课题，已成功制造出世界第一台 220kV 饱和铁芯型高温超导限流器，并于 2012 年底成功挂网运行，其各项性能指标都达到了设计要求，通过了科学技术部组织的验收，这标志着我国超导限流器的研发和制造已经达到世界领先水平，这属于世界级创新成果。

2. 国家级创新

国家级创新主要指：创新成果达到国家级先进水平，或创新成果影响全国的创新。国家级创新是社会经济与可持续发展的引擎和基础，是综合国力竞争的灵魂和焦点。

中国的创新体系的发展是和新中国的成长同步的，特别是改革开放以来，中国的创新体系在不断发展演化着。从总体上看，我国的国家创新体系在不断完善和加强。

国家创新体系主要由创新主体、创新基础设施、创新资源、创新环境、外界互动等要素组成，《国家中长期科学和技术发展规划纲要（2006—2020 年）》指出："国家创新体系是以政府为主导、充分发挥市场配置资源的基础性作用、各类科技创新主体紧密联系和有效互动的社会系统。"

3. 产业级创新

产业级创新主要指：创新成果达到产业先进水平，或创新成果影响产业发展的创新。产业级创新是指某一项技术创新或形成一个新的产业，或对一个产业进行彻底改造。产业级创新在许多情况下，并不是一个企业的创新行为或者结果，而是一类企业群体的创新集合。产业级创新路径有以下几条。

（1）产业转移

产业转移是由于资源供给或产品需求条件发生变化，某些产业从某一国家或地区转移到另一国家或地区的经济行为和过程。产业转移对承接地区的经济发展具有重要推动作用，是产业创新途径中重要的途径之一。通过承接产业转移实现产业创新，可以利用现成的产业资源，迅速完成产业升级，实现跨越性的产业进步。

（2）产业集群

产业集群指在某一特定领域中，大量产业联系密切的企业及相关支撑机构在空间上集聚，并形成发展强劲、有持续竞争优势的现象。产业集群对区域产业创新、区域经济发展具有非常重要的实际意义。

（3）产业融合

产业融合指由于技术进步和放松管制，发生在产业边界和交叉处的技术融合，改变原有产业产品的特征和市场需求，使企业之间竞争合作关系发生改变，从而致使产业界限模糊化甚至重划产业界限。产业融合是产业创新和产业发展的一个新的具有生命力和创新能力的发展方式，能有效地提高产业竞争力。

4. 企业级创新

企业级创新主要指：或由企业主导，或创新成果达到先进水平，或创新成果影响企业发展的创新。企业创新虽然通常是指产品和技术的创新，但实际上企业创新涵盖企业的方方面面。在一个行业中，创新决定了一个企业是引领者还是模仿跟随者，企业创新最终目标是实现企业新的最佳效益。企业创新的特点有以下几点。

（1）多维性

企业创新涉及组织创新、技术创新、管理创新、战略创新等方面的问题。企业创新并不是孤立地考虑一方面的创新，而是要全盘考虑整个企业的发展，因为各方面的创新是有较强的关联度的。

（2）时效性

面对市场环境条件的迅速变化，企业创新有很强的时效性。由于企业组织结构的复杂性以及对市场反应的滞后性，企业的决策速度往往很难满足企业市场竞争的时间要求，以至于即使原来有很好的创新设想，由于掣肘不断等原因而一拖再拖，导致最后所做出的决策是无效决策，因为有可能市场早已失去或竞争者已先声夺人了。因此，时效性是创新的重要因素，这也是创新决策的一大特点。

（3）层次性

现代企业的组织结构呈层次性，企业决策层周围往往围绕一层至多层的组织，创新可能在企业不同层次的组织中产生，所以创新就呈现出与企业组织结构相对应的多层次性。

5. 个体创新

个体创新主要指：或由个体主导，或创新成果达到个体先进水平，或创新成果影响个体发展的创新。知识经济时代虽然强调团队创新，单枪匹马的英雄时代已不复存在，但是团队（企业）是由众多个体组成的，团队创新也必然由个体创新累积、组合而成。没有众多团队员工的精诚合作、共同奋斗、共同努力，团队将一事无成。因此，个体创新具有下列特点。

（1）个体创新是一种工作创新

每个人都有具体的工作，而工作又是千差万别的。工作创新就是指：在工作岗位上创新自己的本职工作，产生新思路、新方法、新措施，从而产生新的工作成果、工作效益。做好本职工作是创新的基础。做好本职工作就是要爱岗敬业，尽职尽责，工作热情高，认真负责地做好每一项工作。做好本职工作就是要有一股不服输的劲，不向困难低头，虚心学习，勤于探索，不断提高自己的业务水平。做好本职工作就是要牢记宗旨、不忘责任、任劳任怨、无私奉献。

（2）个体创新是一种超越自我的相对创新

创新可分为绝对创新和相对创新两大类，显然，绝对创新就是超越现有，相对创新就是超越自我。创新是人的本能，人人都具有创新素质，只不过创新素质有高有低，创新能力有大有小。组织管理能力强的人，可以组建一个团队来从事团队创新；科研能力强的人，可以从事"发明与创造"式的个体创新；但需要更多的人从事超越自我的相对创新。超越自我就是要将自己的本职工作做得"好上加好"，不安于现状，不断总结工作的经验和教训，不断用新思路、新方法、新措施解决工作中的问题，不断提高工作效率，不断超越自我，从而实现相对创新。

（3）个体创新更多的是一种配角创新

在知识经济时代，创新需要组织一个团队去完成，中国的"嫦娥"奔月、"蛟龙"入海创新项目，都是创新团队的杰作。在一个创新团队中，主角是少数，配角是多数，所有工作创新更多的是一种配角创新。不能说主角的工作是创新型工作，配角的工作就不是创新型工作。在一个创新团队中，如果没有多数成员默默无闻、甘当配角、甘当人梯的无私奉献精神，团队创新就不可能成功。

（三）按创新过程分类

根据创新的过程是量变还是质变，可将其分为渐进型创新、突变型创新。渐进型创新的特征是采取下一个逻辑步骤，让事物变得越来越美好；突变型创新的特征是打破陈规、改变传统和大步跃进。

1. 渐进型创新

渐进型创新（incremental innovation）是指通过不断的、渐进的、连续的小创新，最后实现大创新。例如，针对现有产品的元件作细微的改变，强化并补充现有产品设计的功能，产品架构及元件的连接则不作改变。

日本的企业多采用这种渐进式管理创新策略，日本政府在公务员改革过程中也采用了这种策略，通过有计划地每年逐渐减少公务员数量的办法，加以编制法定化的配套措施，使日本的公务员改革取得了成功，值得我国在制定机构改革方案时学习、借鉴。

虽然单个小创新所带来的变化是小的，但它的重要性不可低估。这里因为，一是许多大创新需要与它相关的若干小创新辅助才能发挥作用；二是小创新的渐进积累效果常常促使创新发生连锁反应，引发大创新。

企业组织的管理创新就是从无数个小创新开始的，大量的小创新不断地改善着企业的经营管理，达到一定程度时就会产生质变的大创新。这种创新具有渐进性、模仿性，创新的周期一般较长，但创新的效果却不错。

2. 突变型创新

突变型创新（radical innovation）又称激变型创新或颠覆型创新。突变型创新顾名思义就是突破性的创新，不经常发生，一般是指采用全新的产品、服务、过程、方法代替原有的产品、服务、过程、方法。成功的突变型创新往往会创造新的绩效基础、新的竞争力和新的业务模式，从而促进企业的再造或产业的升级。

突变型创新通常是基于工程和科学原理上的突破性技术而产生的创新，此类创新往往使产品性能主要指标发生跃迁，促进市场规则、竞争态势甚至整个产业发生变革。例如，晶体管取代电子管、集成电路取代分立元件、数字电视取代模拟电视等都属于突变型创新。

二、创新的三个层次

创新有三个层次：基础性创新、支撑性创新、应用性创新。

基础性创新是指文化创新、社会制度创新、重大科学理论创新。

支撑性创新是指技术创新、产业创新、组织创新。

应用性创新是指产品创新、市场创新、商业模式创新、管理创新等。

文化创新和社会制度创新是最根本的，如中国的改革开放。没有思想观念的转变，其他的创新都不可能产生。

【本章小结】

现代意义创新的概念起源于西方，创新是民族进步的灵魂，是国民经济增长的重要动力，对国家和社会的发展具有重要意义。

创新的类型，按内容可分为理论创新、科技创新、管理创新；按层次可分为世界级创新、国家级创新、产业级创新、企业级创新、个体创新；按过程分类可分为渐进型创新和突变型创新。

创新有三个层次：基础性创新、支撑性创新、应用性创新。

【思考题】

1. 创新的意义是什么？
2. 创新对大学生未来的发展有什么样的影响？

第二章 创新意识和创新能力

【学习目标】

本章主要介绍创新意识和创新能力的定义和内容，分析其组成因素，帮助大学生了解培养创新意识、提高创新能力的途径和方法。

【案例导入】

口罩上的创新

2020年春，一场新冠病毒疫情让口罩成为稀缺物资，导致全球一"罩"难求。由于新冠病毒可以通过呼吸道飞沫、密切接触等途径进行传播，所以专家给出的预防建议是人人出门戴口罩。一时间，人们开始到处抢购口罩，口罩成了抢手货。很多制造和经营口罩的公司由此获得了经济效益。为了在激烈的市场竞争中获得更大的份额，依靠创新，人们制造出很多脑洞大开的口罩新产品。例如：保暖口罩，能捂住耳朵保暖，还能当围巾使用；雨衣口罩，口罩和雨衣帽子相结合，既能防止淋湿，还能避免雨水飘到脸上；防晒口罩，口罩轻薄，能遮挡紫外线；微笑口罩，材料透明，不遮挡人们的表情和视线；等等。

第一节 创 新 意 识

一、创新意识的内涵和基本特征

（一）创新意识的内涵

创新意识指人们根据社会和个体生活发展的需要，引起创造前所未有的事物或观念的动机，并在创造活动中表现出的意向、愿望和设想。它是人类意识活动中的一种积极的、富有成果性的表现形式，是人们进行创造活动的出发点和内在动力，是创造性思维和创造力的前提。这种观念或意识也可以理解为一种发现问题并且积极探索的心理取向，是个体在实践过程中不断发现新问题，批判地继承前人的知识与经验，并且有意识地通过独立思考而产生新的解决方法的一种创造性的心理取向。

创新意识为主体从事创新与创造性活动提供持续不断的强大动力，是主体在创新活动中面对困难和挫折，能够矢志不渝，克服种种困难，不断开拓、探索，最终取得创新成功的精神支柱。具体表现在：不盲目迷信权威、不因循守旧、不安于现状；敢于质疑和否定、尊重科学和事实；准确定位创新行为目标，认真把握关键环节，敏锐洞察事物的发展趋势；不畏艰险、义无反顾地实现既定目标。

（二）创新意识的基本特征

1. 新颖性

心理学家德雷夫达尔（J. Drevdarl）认为："创造力是人产生任何一种形式的思维结果的能力，而这种思维结果在本质上是新颖的，是产生它们的人事先所不知的。"创新是一个破"旧"求"新"的思维活动和实践活动过程。创新意识是追求真知、重新怀疑，并重新研究一切的向导，是不断突破与飞跃的创新过程，需要与众不同的新想法与新血液的不断注入，创新实践活动才得以实现。创新意识的新颖性不仅体现为解放思想、实事求是，还体现为与时俱进。唯物辩证法告诉我们，人的一切认识或知识都会有它隐蔽的错误，需要不断辩证的否定、科学的扬弃和实践的检验。

2. 质疑性

法国著名作家巴尔扎克曾经说过，打开一切科学的钥匙都毫无疑问是问号，我们大部分的伟大发现都应归于"如何"，而生活的智慧大概就在于逢事都问个为什么。这充分说明问题和质疑在创新意识的形成中起着至关重要的作用。因为"没有对常规的挑战，就没有创造。然而对常规的挑战的第一步，就是提问"（黄全愈，2017）。发现问题是创新意识形成的逻辑起点和先决条件，并且是整个创新实践的源泉和动力。质疑意识—提出问题—创新意识形成—解决问题—新结果出现—创新实践完成，这一思维逻辑说明强化创新意识需要良好的质疑意识，这也验证了"科学创造始于问题"的说法。质疑性是创新意识的重要特性，是贯穿整个创新实践活动的关键特征。

3. 不确定性

创新意识有理性意识和非理性意识之分，也有正确和错误之分，存在着不确定性。在创新意识的指导下，创新实践活动会有成功，也会有失败；创新成果有可能得以推广，也可能会被舍弃或湮灭。实施创新实践活动的过程也充满了风险和不确定因素。实现创新的过程不可能是一帆风顺的，会不可避免地遇到挫折和困难，一路上充满荆棘和阻碍。这些阻碍来自自然界和社会两方面的因素。首先是自然界的制约。自然界是真象和假象相互交织、现象和本质相互对立、原因和结果相互转换的一个复杂的系统。人们要想通过创新活动进一步探索自然界的本质，就要打破前人"已有"、看见前人"未有"，因此，创新不是一蹴而就的，而是充满了很大的不确定性。其次是社会力量的制约。社会为了维护稳定的社会秩序，必然会形成一套保护传统及既得利益者的有效机制，然而这种机制往往是实现创新所面临的严重阻力。因此，创新意识和创新实践活动有不确定性。

4. 真实性

创造活动的开展符合客观事物存在的规律，这样创新得到的产品才具有价值。求真求实是创新意识的一个非常重要的特征，科学创造容不得半点虚假，一切真理都需要经过实践的检验，追求真理的过程就是科学形成和发展的过程，认识世界、寻找客观世界的内在规律就是科学的使命。创新的过程就是科学求真的过程。科学家不断探索未知世界的过程也就是不断探索自然规律的过程。求真求实体现的是一种创新精神，是能够在对未知世界进行探索的过程中进行预见和发明创造的精神。这种科学的创新精神以其客观存在和变化为依据，即遵循一种"科学事实"，不断揭示事物的发展规律。科学真理就是运用创新精神对科学事实进行归纳和总结而得到的结果。

5. 差异性

"千人千思想，万人万模样"是创新意识差异性特征最充分的体现。生活背景、环境氛围、教育经历、社会地位、兴趣爱好、情感志趣、思维方式等因素与创新意识的形成有着密不可分的联系，其中思维方式是至关重要的因素，因人而异的思维方式形成千差万别的创新意识。任何一个人都可以具备创新意识。从某种意义上来讲，创新是指实现质的突破，而非量的超越。在创新意识培养过程中，强调创新意识的差异性，是为了保护创新主体的创新积极性，而不是主张人们随心所欲和任意地标新立异。

6. 超越性

事物都是变化发展的，没有一成不变的事物，这既有绝对性又有相对性。同样科学创新也是变化发展的，这就需要用于指导创新的创新意识也应该是一种求变的意识。因此，经过科学的探索所得到的真理也不是建立起来就永恒不变的，科学的发展也是一个发现问题、认识问题和解决问题，让事物向着正确的真理的方向不断前行的过程，是一种推陈出新的过程。科学的进程是不以人的意志为转移的，人类应该能够正确地面对这种不断的"反复"，要勇于摆脱各种束缚，敢于打破定式，打破权威，对于一切事物进行深刻的思考，并勇于接受新的事物、新的思想。人们在不断超越中就一定有新的认识，在此过程中就会产生新的创新因素，所以说创新意识也是在不断超越中产生的。

二、当前大学生创新意识培养中存在的主要问题

在知识经济飞速发展的 21 世纪，创新是社会发展的关键，国际竞争也主要体现为创新人才的竞争。当前世界很多国家的高等教育都着重培养大学生的创新能力，并在不同程度上进行教育改革。创新能力的有无、强弱都是由创新意识支配的。我国大学生创新能力的培养起步较晚，又由于一些传统观念的束缚，所以，在大学生创新能力培养过程中不可避免地存在一些问题。我国高校自 1999 年开始扩大高校招生规模，在高校持续扩招的情况下，高等教育越来越普及，大学生数量逐年递增，引起人们对高等教育质量的广泛关注。随着教育规模的扩大，高等教育中存在的问题也日益凸显出来。当前大学

阶段的教育重视理论知识的传授，缺乏创新能力的培养，所以大学生创新能力普遍不足，这已经是当今社会不争的事实。具体表现在以下几个方面。

（一）创新意识欠缺

现在的大学新生经过十几年寒窗苦读，有的学生甚至牺牲了童年的欢乐时光，才考上了大学。他们能"吃苦"，有"耐力"，能"克制"。客观地说，这种刻苦学习的精神，在完成"别人"指定的某项任务时是一种好的精神、好的表现。只可惜这项任务是别人所定的，而不是自己的创新想法所致。在长期完成别人指定任务的压抑下，学生缺乏个性、好奇心、批判性和探究精神，缺乏创新性人才所具有的独创性、抗压性和自变性。创新意识只有亲历创新实践，才能在成功与失败中得到塑造。

（二）综合素养缺乏

技术类课程是培养学生自主创新精神和创业意识的重要课程，是一门实践性很强的课程，它不仅能使学生不断在"做中学"和"学中做"中获得丰富的"操作"体验，而且对提高学生的自身能力、丰富知识、培养创新能力、激发创造热情等也有重要的意义，还能使学生在享受创造乐趣的同时，培养自己的创造性思维能力、辩证看待问题的能力和在实际操作中不断创新的能力，有利于形成积极主动、果断勇敢、团结合作、努力进取、自信自立等良好品质。实践证明，技术课程是培养学生创新精神、激发创造热情和勇于实践锻炼的重要载体和有效途径，但在我国传统的基础教育阶段，缺少对学生技术等综合素养的培养，学生只知道机械地学习书本上的科学知识，完全不知道何为技术，更不可能得到综合素质的培养，这是造成我国大学生创新能力薄弱的重要因素之一。

（三）创新兴趣不足

创新兴趣是求知欲的外在表现，是人们力求探索和认识某一事物时思维和注意力高度集中的一种心理，是促进学生思考和探索的原动力，是提高大学生科技创新能力的前提和基础，创新兴趣是创新意识不可或缺的重要构成因素。一些"00后"的当代大学生，个性分明、兴趣多变，其兴趣随时间、环境、心情的变化而变化。这种易变性不仅使当代大学生缺乏创新兴趣，也缺乏创新所需的耐心和思维。还有些学生总是等别人先去研究，对一些问题不想费心思去深入研究或从心里就不想提出自己的见解。强烈的创新兴趣有助于创新的成功，相反如果一个人对周围的事物和现象都不感兴趣，就不会有创新意识，更谈不上创新了。许多创新都来自兴趣，因此，激发学生的创新兴趣，是培养其创新意识、提高其创新能力的第一步。

（四）创新能力不足

大量研究表明，创新能力和创新智力是两种不同的概念。创新能力和创新智力不成正比例关系，在开发创新智力的同时，创新能力并不能完全被替代。高校的创新意识培养教育，要设法引导学生自己发现问题，提出问题并解决问题，在这一实践过程中培养大学生应该具备的创新意识，提高大学生的创新能力。

（五）创新实践匮乏

在新的社会发展形势下，社会、学校和家长都希望将孩子培养成为创新型人才，而学生也希望自己成为创新型人才。但遗憾的是，我国社会还没有形成良好的创新文化环境，我们的课程内容与教学安排方面，还没有形成合理、系统的创新教育运作模式。国家虽然有创新的要求，但是缺乏丰富的实践经验。于学生本身而言，实践出真知，创新意识必须与社会实践相结合，二者缺一不可。部分学生有一定的创新意识，但缺乏创新的实践经验，致使这些创新意识很少付诸实践，使理论与实践没有有效结合。很显然，如今大学生的思想十分活跃，具有较强的探索欲望，是具有一定的创新意识的，但一些学生在实际行动中不愿意冒险，缺少探索的积极性，碰到相关问题不会标新立异，不能另辟蹊径，只是按原来的思维来操作。创新意识如果不付诸实践就会导致大学生所学的科学知识理论与实际相脱离，最后使自己变成一个知识的存储器，而不能成为真正的创新型人才。

（六）创新意志不坚定

创新意志是在创新过程中克服困难、消除障碍、实现目的的心理状态。大学生作为祖国创新事业的中坚力量，应当勇于创新、努力实践。但一些大学生简单地认为，创新是科研工作人员的事，学生不需要创新，况且，创新的过程是十分艰辛的，付出努力也不一定会有收获，导致他们不愿去尝试创新。也有一部分大学生有时会有一些创新的热情，但由于缺少毅力，很难坚持，一遇到困难就选择放弃。所以，现在大学生创新意识的培养面临的问题包括：不能正确理性地面对困难和挫折，意志和毅力方面缺乏锻炼，想取得成功，但又怕吃苦，缺少锲而不舍的意志和毅力；学生常常以自我为中心，依赖父母，缺乏独立思考问题的能力，更谈不上创造；同时存在竞争意识差、心理脆弱等不足，遇到问题总是推三阻四，即创新意志不坚定。在创新实践活动中，我们总会遇到各种困难和挫折，这就要求我们不断分析、探索和实践。只有如此，问题才能逐渐解决。大学生必须具有强大的心理承受能力、坚韧不拔的创新意志和超越自我的精神。

三、加强大学生创新意识培养的途径

当代大学生创新意识培养过程中存在很多问题，认真地分析产生问题的深层次原因，找出解决问题的途径是最重要的。唯物辩证法认为，"外因是变化的条件，内因则是变化的根据，外因通过内因而起作用"。任何具体事物的运动、变化、发展都是内因和外因的统一。因此，探寻加强我国大学生创新意识培养的途径，需要内因与外因相结合。

（一）注重大学生自身创新意识及能力的培养

1. 打破定式思维、培养怀疑精神

定式思维，又称"惯性思维"，是人们学习和实际生活过程中长期积累而形成的一种思维活动、经验教训和思维习惯，往往是个人经验思维、从众思维或权威思维。人们在思维过程中一旦形成了某种定式，在条件不变时，靠思维的"惯性"可以用已有知识和经验把新问题迅速解决，有一定积极作用。靠定式思维解决问题的优点为时间短、效率高。但是，在实际生活中很多问题往往看起来相似，实质却大相径庭，当人们没有意识清楚或者墨守成规，这时定式思维的消极作用就会涌现。因为思维定式会导致人们在实践中对已有知识和经验的负迁移，没有新突破，对大学生创新意识的培养起消极作用。因此，当代高校大学生培养自身的创新意识和创新能力要打破墨守成规、千篇一律的定式思维，采取科学的、实事求是的态度对待定式思维，培养自己的批判性思维。因为批判性思维既为定式思维的打破起方法论指导作用，又是提出新问题的前提条件；既为创新意识和创新能力的形成提供动力和基础，又是检验创新成果的标准和方法。

美国科学家罗伯特·默顿（Robert K. Merton）把怀疑精神概括为科学研究主体的"精神气质"。怀疑精神是指人类不迷信传统、权威，不相信终极真理存在，反对教条主义和权威主义的理性批判精神；是敢于向旧思想、旧理论挑战的一种实证精神和创新品质。学起于思，思源于疑。怀疑精神和批判思维是创新意识形成和发展的思想源泉。古希腊哲学家亚里士多德在《形而上学》中说过："思维是从疑问和惊奇开始的。"无疑就不会有异，有疑才会有思；无异就不会有创新，有异才会去探索，才会去创新。要想实现创新实践活动就要有怀疑精神，不唯书本定式、不唯权威理论定式，不唯经验定式，要敢于质疑、敢于批判、勇于挑战。独立思考、质疑一切是进行创新实践活动的灵魂。哥白尼"日心说"的问世是对托勒密"地心说"的怀疑，爱因斯坦"相对时空观"的诞生是对牛顿"绝对时空观"的怀疑，马克思"新世界观"的出现正是基于恩格斯所评价的"他的意见是和所有他的前人直接对立的，在前人认为已有答案的地方，他却认为是问题所在"的理性批判精神。这些科学发展的历程验证了要有科学的怀疑精神，对前人的知识既不能简单肯定，也不能全盘否定，应进行理性的批判，在继承、肯定的基础上"扬弃"与"否定"，实现创新和超越。

2. 拓宽知识视野、完善智能结构

完善的知识和能力结构与开阔的知识视野是大学生自主创新意识形成的根基，为大学生创新意识的培养奠定深厚基础，也是创新型人才培养的直接动力与源泉。它对我国当代大学生形成强烈的创新动机、产生浓厚的创新兴趣起促进作用，它为我国大学生创新意识的培养提供最肥沃的土壤和不竭的动力。创新意识和创新能力的培养要求我国当代大学生要有丰富的知识积累、融会贯通的知识体系和广阔的知识互补效应并能触类旁

通。如果大学生只是拥有浅显的知识，将无法在一个高的起点立足并且去认识一个学科的运动机制和内在规律，其想象能力就会匮乏，思维空间就会很狭小。坐井观天、只见树木不见森林的高校大学生必然谈不到创新意识的培养。当代大学生要注重学术研究，尤其是对新学科知识、边缘学科、跨学科和交叉学科知识的汲取，要注重文理渗透与结合，不断拓宽自己的专业面，提高个人的学术修养。科学技术的发展证明，创新思维能力的提升不但要求大学生对问题进行深入的钻研，而且要求大学生有深厚的理论基础知识、完善的知识能力结构和宽广的知识视野，尤其在科学发现不断综合化、整体化和科技文化与人文文化不断融合的时代，只有知识量积累到一定程度，才能认识到多种问题的相关性和复杂性，才能产生联想和进行综合，才能产生新的思路，提出多种设想，得出新的结论。这就要求我国当代大学生必须具备多学科的丰富的理论知识和宽阔的知识视野。所谓合理的知识结构，就是某领域专业知识深度和其他方面知识广度的结合。大学生创新意识的培养需要这种深度和广度完美结合的合理的知识结构体系作为基石。合理的知识结构体系应包括宽厚广博的基础知识、融会贯通的专业知识和相互渗透的动态知识。基础性、科学性和系统性的基础知识，更新比较慢，比较实用，具有广泛性和很高的使用频率。俗语称，"巧妇难为无米之炊"。没有基础知识做铺垫，大学生很难捕捉新知识，拓展新领域。当代高校对大学生实施专业教育，大学生首先应该深入了解本专业，然后再去学习其他专业的知识，这样才能融会贯通。信息化是动态知识最明显的特点，以指数速度剧增的信息量在各类知识中相互融合，在整体知识结构中起到改善和调节的作用，使大学生的知识结构不断趋于完善和合理。

（二）完善有利于大学生创新意识培养的外部条件

1. 深化教育改革，实施创新型教育教学

创新教育就是整个教育过程被赋予人类创新活动特征的教育，是以培养人的创新意识、创新思维、创新能力和创新人格为基本价值取向的教育思想、教育理论、教育方法和教育实践。具体说来有以下几方面。

第一，更新教育观念，树立以学生为本的创新教育观。高校应该把学生作为教育的主体，改变"填鸭式"的灌输教育，真正将以学生为本的创新教育观渗透到培养大学生的发展过程中，让学生主动接受知识并进行自主研究，训练学生充分发挥自己的主观能动性，激发学生主动学习的热情和积极性，调动学生创新的自主性，将注重个性培养和创新意识、能力培养的创新教育落到实处。

第二，建立实践教学与理论教学相统一的开放式实践教学体系。开放式实践教学体系有助于学生更直接地提升自身的创新意识和创新实践能力。可通过与大中专院校和科研院所等机构的合作，共同建立联合实验室或研究开发中心来培养高层次人才。同时，通过高校与企业的对接，共同创办实验室和实践基地，实现人才培养模式的创新。

第三，构建多样化的创新型人才培养模式。创新型人才的培养需要学校充分考虑到学生的所学、所需和学生的成长特点，从多方面着手去努力。首先，学校应改变课程结构，在课程安排上，设立更多能让学生拓展实践能力的环节，鼓励学生进行自主学习、开放式学习，注重学生自身个性的培养；其次，充分发挥思想政治课程的引导作用，通过对学生进行思想政治教育，着力提高学生的人文素养，塑造创新型人格；再次，在学生中广泛开展创新教育，教授学生创新的方法，培养学生的创新能力；最后，鼓励学生将所学到的知识应用到社会实践中去，在应用知识的过程中加深对知识的理解，并进行创新。

第四，建立加强创新教育的领导组织制度和教学管理制度。高校要建立对创新教育的领导组织制度，成立相关委员会或组织，负责指导和协调全校创新教育工作，为推进创新教育、培养大学生的创新意识和创新能力提供强有力的组织保障。另外，大学生创新意识培养的教学管理制度要具有个性化和多元化特点。高校应该除了设置导师指导下选课的学分制，还应该设置以创新学分为量化考核的学籍管理等制度体系。多元化和个性化的教学管理制度服务于学校里不同背景、不同层次的每一位学生，实现学生选专业、选课程、选导师等方面的自主性。大学生参加各类型创新教育实践活动所获得的创新学分应记入学生成绩档案，并作为获得创新奖励的重要依据，这种与学生成绩相关联的创新学分学籍管理制度，有利于提高学生培养创新意识和创新实践能力的积极性，也有利于提高大学生创新思维灵敏度，拓宽大学生创新思维广度，加深大学生创新思维深度。

2. 提高教师素质，建设创新型教师队伍

教育大计，教师为本。培养杰出人才的关键，就是教师。因此，我国当代大学生创新意识的培养，关键要建立一支师德高尚、德才兼备、业务精湛、充满活力的高水平的创新型教师队伍。教师作为人类灵魂的工程师，教书育人是职业的本质，为人师表对学生起着示范性和模范性的影响作用。具有创新意识、掌握培养理论和方法的创新型教师队伍有利于我国大学生创新意识的培养，也是全面推进创新教育、培养创新型人才的重要保证。建设创新型师资队伍要求高校教师不仅要符合实施创新教育的要求，还应该具备健康的身心素质、高尚的师德修养、深厚的知识储备和较高的能力素质。

当然，创新型教师队伍的建设仅靠教师自身的努力是不够的，还需要国家社会强有力的支持，为国家和人民造就一批教学名师和学科领军人物。第一，党和国家需要制定相关政策，切实加强师德师风建设，不失时机地深化教师管理制度改革；第二，建立和完善创新型教师培养模式，提高教师创新教育教学能力，完善教师考核评价制度；第三，改进农村教师补充机制，强化培训体制机制，加强农村师资教育建设；第四，制定奖励政策，鼓励优秀教师终身从教，多渠道宣传优秀教师的先进事迹，形成全社会尊师重教的良好氛围；第五，优化教师地位待遇的相应激励机制；第六，增加海外著名学者人员计划，鼓励一线教师出国交流学习，加大引进国外一流大学教授的力度。

3. 关注教学质量，搭建创新型实践平台

搭建创新型实践平台是对我国高校大学生创新意识培养的一个重要途径。搭建和完善培养大学生创新意识的教学实践平台，有利于保护我国当代高校大学生的学习主动性和求知欲，提高大学生处理和解决实际问题的能力，加强大学生创新意识的形成和创新能力的提升。我国高校要紧抓创新实践教学环节，注重实践教学与自主探索相结合，加大创新实践课程的比重，建立行之有效的创新教学实践体系，并且做好创新实践教学的保障工作。

首先，我国高校应当根据自身学校专业特色，开展课内外、校内外实践相结合的多元化实践教学形式，比如为学生提供形式多样的创新实践基地，建立"产""学""研"为一体的创新训练中心，引导大学生积极申报科研项目，自主进行创新科研，并为积极进行创新实践项目的学生提供物质保障和精神支持。其次，我国高校应该联合校外资源，建立适用于大学生创新意识培养的实习基地。即将走向工作岗位的毕业生可以来此实习，通过直接的实践来检验在学校所学的理论知识，将理论知识转化为实际动手操作能力，以适应未来工作的需求。再次，把我国高校寒暑假社会实践调查活动作为大学生创新实践教学的"第二课堂"，使之成为提升大学生创新意识的实践活动形式。最后，以社团或俱乐部为平台进行各种专业技能训练或比赛，学生可以进行自主的研究性学习，并在学习中培养创新意识。各种学术沙龙活动为高校大学生个人学术观点和学术创新的相互交流和相互学习提供自由、民主的学术空间，有利于大学生创新、严谨、求实、探索等学术品格的形成。

4. 关心创新成果，完善创新型机制体系

大学生创新意识的培养离不开多样化的创新机制，多样化的创新机制是大学生创新意识培养不可或缺的条件。

第一，完善培养大学生创新意识的评价机制。科学的考核评价机制是建立在尊重每个大学生个性差异和个性发展的基础上的，把大学生的考试成绩和实践能力等个人素质作为综合评价与考核的依据，而非以考试成绩作为评价和考核学生的唯一标准。在评价内容上，合理的评价机制不仅要把握大学生理论知识学习的深度和广度、学习兴趣、学习能力以及分析和处理问题的能力，还要突出大学生怀疑精神、创新思维能力、创新意识和创新能力以及情商的培养。在评价目标上，合理的评价机制不仅要注重知识水平、文化课考试成绩、个人基本素质，还要注重大学生是否具有打破定式思维，标新立异，推陈出新，在前人的肩膀上发现新知识、创造新成果的能力，并将创新学分、奖励学分等素质拓展学分作为更重要的考核目标。在评价方式上，合理的评价机制不仅要注重应试考试的形式，还应该注重培养实践能力的课程论文、实践调查报告、创新竞赛发明等灵活多样、具有动态性的形式，同时评价方式也要注重大学生主观能动性和个人潜能的发挥，以及大学生主体意识和自主精神的强化。

第二，完善培养大学生创新意识的激励机制。激励机制主要是了解大学生的需求和动机，对他们的思想和行为加强引导和影响，挖掘其潜能，激发其主观能动性和积极性，引导他们最大化地进行创新实践。激励机制对大学生创新意识的培养，不仅仅体现在对大学生创新学习活动的激励方面，包括物质激励和精神激励等方式，更应该表现在对大学生创新成果的保护方面。

第三，建立培养大学生创新意识的自由机制。欧洲文艺复兴时期最伟大的戏剧家、诗人莎士比亚，德国著名的思想家、作家歌德，英格兰伟大物理学家牛顿，英国电磁学家法拉第，法国近代微生物学奠基人路易斯·巴斯德（Louis Pasteur），匈牙利作曲家弗朗茨·李斯特（Franz Liszt）等各个领域巨匠的创新和发明创造彰显出巨大的文化价值和科学价值，充分证明自由、平等、民主的社会氛围对于主体自由个性发挥的重要性。自由的空间是形成创新思维和创新意识的前提，大学生要想创新必须拥有创新的活力和动力，而活力和动力来源于精神活动的自由，因此，培养大学生创新意识的自由机制的建立，要求高校为大学生营造科学、民主、自由的创新氛围，提供精神和智力活动免受限制、可自由发展的创新空间。

第二节　创 新 能 力

一、创新能力的内涵和特征

（一）大学生创新能力的内涵

创新能力是创新活动得以实现的重要因素，是指人们在学习和继承前人知识、经验的基础上提出新概念、新思想、新技术、新方法、新设计等独特的见解和完成创造发明的能力。创新能力是一种综合能力，是以广博的知识为基础的。它并非间接作用于创新实践活动，而是直接影响和制约着创新实践活动的进行，是创新实践活动赖以启动和运转的操作系统。随着创新实践活动的开展，主体创新能力的大小就决定了创新实践活动方式的选择，如简明的还是繁复的、高效的还是低效的等。对于大学生来说，创新能力更多的是指学生在学习过程中所表现出来的探索精神，发现新事物、掌握新方法的强烈愿望，以及运用已有知识创造性地解决问题的能力。

创新能力是人类特有的一种综合性本领。一个人是否具有创新能力，是一流人才和普通人才的分水岭。它是知识、智力、能力及优良的个性品质等多因素综合影响形成的。创新能力是产生新思想，以及发现和创造新事物的能力。它是成功地完成某种创造性活动所必需的心理品质。例如，创造新概念、新理论，更新技术，发明新设备、新方法，创作新作品都是创新能力的表现。创新能力是一系列连续的复杂的高水平的心理活动。它要求人的体力和智力处于高度紧张状态，以及其创造性思维在最高水平上运行。

（二）大学生创新能力的特征

大学生正处于身心、学识不断发展的阶段，在外界环境和自身因素的作用下，他们的创新能力表现出以下基本特征。

1. 主动性

主动性表现为大学生主动地学习、参与各项科研创新活动，充分发挥主体的积极作用。高等教育需要教师发挥主导作用，即教师积极引导，更需要学生发挥能动性，即学生主动参与。只有把两者有机地结合起来，才能使学生在深层次的参与中，通过自主的"做"与"悟"，培养创新能力，发挥个性优势。

2. 实践性

实践是创新的源泉，也是大学生成长成才的必由之路。个人的能力，包括创新能力，都是在社会实践中形成和发展起来的。大学生创新能力的培养无论是培养目标、途径，还是最终结果，都离不开实践。创新本身就是一种创造性的实践，必须坚持以实践作为检验和评价大学生创新能力的唯一标准。

3. 协作性

创新能力的协作性表现为由若干人或若干单位共同配合完成某一项任务。大学生的创新能力，不只跟他们的智力因素有关。个性品质中的协作特征，作为非智力因素，在很大程度上影响着他们创新潜能的发挥。大学生创新能力的发展必须基于协作精神，这是一个人具有创新能力的重要特征。

4. 发展性

创新能力的发展性表现在创新能力不是一成不变的，它是一种潜在的综合能力，受多种内外因素的影响。大学生正处于身心不断发展的阶段，其创新能力必然随着个体知识结构、思维方式的进步以及更多深层次的实践活动而不断提升。

二、影响大学生创新能力的因素分析

创新能力的构成可归结为如下三个方面的因素。

1）作为基础因素的知识能力，包括吸收知识的能力、记忆知识的能力和理解知识的能力。吸收知识、巩固知识、掌握专业技术和实际操作技术、积累实践经验、扩大知识面、运用知识分析问题，是创新能力的基础。任何创造都离不开知识，丰富的知识有利于更多更好地提出创造性设想，对设想进行科学的分析、鉴别与简化、调整、修正；有利于创新创造方案的实施与检验；有利于克服自卑心理，增强自信心，这是创新能力的重要内容。

2）以创造性思维能力为核心的智能。智能是智力和多种能力的综合，既包括敏锐、独特的观察力，高度集中的注意力，高效持久的记忆力和灵活自如的操作力，又包括创造性思维能力，还包括掌握和运用创造原理、技巧和方法的能力等。这是构成创新能力的重要部分。

3）创新个性品质，包括意志、情操等方面的内容。它是在一个人生理素质的基础上，在一定的社会历史条件下，通过社会实践活动形成和发展起来的，是创新活动中所表现出来的素质。优良素质极为重要，是构成创新能力的重要部分。

影响大学生创新能力的因素有很多，包括创新学习能力、创新知识基础、创新思维能力、创新技能和创新环境。它们之间环环相扣，相互关联、相互制约、相互作用，缺一不可，只有保证每一个要素的质量才能确保实现整体创新。

（一）创新学习能力

创新学习能力是指学习者在学习已有知识的过程中，不拘泥于书本，不迷信于权威，以已有知识为基础并结合当前实践，独立思考、大胆探索，积极提出自己的新思想、新观点、新方法的学习能力。创新学习能力是创新活动的内在动力和前提，离开了这个动力基础，人的创新活动就无法开展，创新能力也就无法形成，它是评价创新能力的前提条件。良好的创新个性品质，是形成和发挥创新学习能力的动力。个性是产生创造力的前提，没有个性，就没有创新意识；没有创新意识，就不会产生创新动机和树立创新目标，就绝不会产生创新成果。创新学习能力是创新活动者个性品质、能力素质的总和，良好的创新学习能力应该是具有创造性个性品质、善于捕捉新信息、主动更新知识和标新立异等。创造性个性品质是创新者各种心理品质的总和，主要表现为具有很强的创新意识、强烈的好奇心、坚韧不拔的毅力、科学理性的独立精神以及热情洋溢的合作精神。

（二）创新知识基础

创新离不开知识积累，知识积累是创新的基础，离开了它，创新能力的形成和发展便成了无源之水、无本之木。因为创新并不是从无到有的全新的东西，而是在对前人的经验成果进行综合分析利用的基础上提出新观点、新理论和新方法，从而取得突破，产生新的成果。知识的广度和深度在很大程度上制约着能力的发展和思维的空间。当代大学生创新能力培养的基石在于具有合理的知识结构，而创新意识、创新思维也都是建立在丰富的知识基础之上的，学生储备的知识量越大，积累的知识经验越丰富，思路就越开阔，就越能激发其创新思维，释放创新潜能。理想的知识结构必须打破传统的专业壁垒，突破原有知识结构的局限，除了知识的科学性、先进性和广博性，还必须使学科专业知识、专业基础知识以及创新基础知识在深度和广度上达到一定程度并互相补充、互为所用。

（三）创新思维能力

创新思维是人脑对客观事物进行有价值的求新探索而获得独创成果的思维过程，是创新能力的灵魂和核心。大学生的创新思维处于核心地位。大学生观察、发现、联想、想象需要创新思维的指导；大学生的创新动机、创新目标的确立需要经过创新思维的审视；大学生的创新活动需要创新思维进行全程判断、分析和验证。由此可见，创新是在创新思维的指导下进行的，在整个创新过程中是以创新思维为灵魂的。创新思维是一种突破常规的、能动的思维发展过程，是求新的、无序的、立体的思维方式，是发挥人的自主创新能力，以超越常规的眼界从特异的角度观察思考问题、提出全新方案解决问题的思维方式。它是人类思维的一种高级形式。

创新思维具有如下特征。

1. 独创性

创新思维是一种积极的创新思索过程。思维主体不受传统思想、观念、习惯的束缚，能够独立进行思考，敢于标新立异，善于发现新问题、开辟新思路、建立新理论、提出新设计等，具有首创性、开拓性。

2. 灵活性

创新思维是一种能动的思维发展过程。思维主体能够迅速地从一个思路跳到另一个思路，从一个意境进入另一个意境，并能根据实际情况自觉地调整思考的角度，自动改善思考的方法，思维非常灵活。

3. 多向性

多向性是思维主体在思考问题时，勇于跨越障碍，灵感活跃，创造性地运用自己的联想和想象，努力多角度、多方位地开拓新的领域，思路开阔，能够多方位地探究解决问题的方法。

（四）创新技能

创新技能是创新能力成果转化的重要途径，它反映创新主体行为技巧的动作能力。创新性技能主要包括动手能力或操作能力、熟练掌握和运用创新技法的能力，以及创新成果的表达能力、表现能力及物化能力等。创新技能同样也居于创新教育的核心地位，尤其在我国目前的学校教育中，更要加强以实验基本技能为中心的科学能力和科学方法的训练。

（五）创新环境

新思想的孕育和成长有赖于宽松、有利的环境；学者的创新精神、创造性的产生，离不开自由环境的滋养。良好的创新环境是潜在创新能力形成及充分发挥的客观条件，是培养创新人才的外在基础。没有这些环境就很难或者说根本不可能培养出大批的创新人才。美国心理学家索里和特尔福德认为，创造性是由主体生活在其中的那种"社会气氛"即创造性环境培养出来的。因此，培养大学生的创新能力，必须营造一个崇尚创新的社会环境和学校环境。

1. 校园精神的培养

校园精神是一所大学经过多年的积累传承下来的学术传统和办学理念。世界一流大学都非常重视培养自己的学术传统和学术精神并以此影响着一代又一代的学子。剑桥大学长期以来注重学识渊博与学术自由、重视知识的内在价值、强调发挥个人才智和潜力的传统深深影响着历代剑桥学子，使他们不仅学术功底深厚，而且各方面的能力尤其是创新能力也出类拔萃；诞生了一大批科学巨匠和杰出人士，成为诺贝尔奖得主诞生最多的世界名校之一。

2. 教学环境的营造

课堂教学是启发、培养学生创新意识的主渠道。良好的教学氛围在学生创新精神和创新能力的培养中能够发挥潜移默化的作用，对创新人才的培养影响很大。教师在教学中处于主导地位是实施创新教育、提高创新人才培养质量的关键。创新型的教师通过创新性教学方式把传授知识与培养创新能力结合起来，把创新思维的方法训练引入教学当中，引导和激励学生发展创新潜能。

在学习效果的评价机制方面，一直以来都是以知识的掌握程度和考试成绩的优劣作为评价标准，这样只会扼杀学生的创新思维和动机，制约创新潜能的发挥。建立一种真正开放的科学的评价机制，尊重学生的个性，发挥他们的特长，对于培养和提高学生的创新意识和创新能力是非常有益的，从而取得新的突破，产生新的成果。知识的广度和深度在很大程度上制约着能力的发展和思维的空间。开阔的视野、合理的知识结构和丰富的经验积累，是创新意识和创新能力培养的基础。在大学校园里，大学生可以通过课堂学习，拥有广博的知识；通过网络和社会实践等活动，可以大开眼界，了解社会的变化和需求；通过参与创新创造与发明等活动，打破传统专业的壁垒，突破原有的知识结构局限，培养出较强的创新能力。因此，营造出宽松的教学环境，鼓励大学生刻苦学习，拥有科学广博的知识，同时还要举办各种活动，鼓励和支持当代大学生敢于创新，突破专业局限，融会贯通，根据社会需求，培养出浓厚的创新意识和扎实的创新能力。待到时机成熟，这些创新创业人才，一定会创造出突出的成果。

3. 科研环境的营造

科研环境是创新人才成长的又一重要的团体环境，组织形式是多方面的，可以是兴趣小组，也可以是科研协会，还可以是课题组等。群体的讨论互相启发产生"碰撞的火花"从而促进创新意识、创新思维的产生；学生互相协助共同完成课题培养和锻炼了他们的合作意识、创新精神以及实践能力。

三、大学生创新能力的现状

我国大学生创新能力状况不容乐观。

（一）创新意识不强，缺乏自信

创新意识是创新活动的内在动力、创新积极性的源泉，它是个体在创新活动中所具有的自觉意识、强烈愿望和积极情绪。大学生创新意识主要表现为总能自觉、有意识地支配自己进行实践活动，表现出高度的创新自觉性。

调查显示，现阶段我国大学生中自评具有初步创造性人格特征的（即自评具有自信心和好奇心、敢于质疑、意志坚强的被调查者）只占被调查者的 5.1%，自评具有初步创造力特征的（即自评具有想象力、收集信息的能力和探究能力的被调查者）只占被调查者的 17%。大部分被调查者认识到创新能力是每个大学生都有的一种潜在的自然属性，但由于缺乏必要的创新启蒙教育，再加之长期从事应试教育的教师不注重启发和引导，结果培养出来的大学生缺乏个性和自信，没有冒险精神，创新意识淡薄，缺乏主动性。

（二）创新知识基础薄弱

一些高校的专业设置雷同，具有相似的教学计划、相同的课程、学科之间存在学习内容重复，课程设置缺乏有机联系，相邻学科和交叉学科设置不够，学生接触各学科发展前沿机会较少，知识更新较为缓慢。如此统一化的教学，培养出来的学生就如同生产线上无差别的产品。另外，我国高等学校采用的部分教材滞后性明显，更新频率低，知识相对陈旧。封闭校园中，学生学习的都是机械化的知识，学生看不到知识价值，更不会主动地创新，仅仅满足于已有的知识结构，从不去主动探索，不去丰富自己，可能会形成知识陈旧落后的局面。

（三）缺乏创新思维

传统的教学理念以及缺乏创新的教学方式，使得学生养成依赖心理，致使他们思考问题时缺乏灵活性和全面性。"行而不思，创新无望；行而三思，脱颖出新。"只有不断思考，反复推敲，并形成自己解决问题的思维方法，才能不断推陈出新，实现超越。这正是现阶段大学生所缺乏的。

（四）创新成果贫乏，创新技能不强

学校办学条件存在局限，设施不足，限制了学生把理论应用于实践的机会。大学生进行科学研究常常是闭门造车，严重影响了创新技能的提高和创新成果的转化。最能体现创新性的大学生毕业设计（论文）中，能够解决实际问题、有较高创新水平的大学生毕业设计并不多见。

由此可见，我国大学生创新能力的现状令人担忧。时代呼唤创新型人才，创新型人才的培养呼唤创新教育。把创新精神和创新能力的培养作为创新教育的重点，既是迎接知识经济挑战、促进经济科技发展和提高综合国力的需要，又是针对我国教育长期以来对创造性培养重视不足的必然对策。要培养大学生的创新能力，必须设法使他们认识到创新对推动社会前进的重要性，激发他们的创新热情和兴趣，增强他们为社会创新的强烈责任感和紧迫感。

四、培养大学生创新能力的途径

《中共中央国务院关于深化教育改革全面推进素质教育的决定》明确指出："高等教育要重视培养大学生的创新能力、实践能力和创业精神，普遍提高大学生的人文素养和科学素质。"如何培养我国大学生的创新能力是当前知识经济时代亟须解决的问题。

（一）推进教育改革

教育观念转变不仅是时代发展的需要，还是新时代学生全面发展的需要。现代社会中，学生不能仅被动地接受知识，他们需要成为探求知识的主体，具有主动性、积极性、自主性与创造性。高校作为大学生创新能力培养中的主力军，就需要积极进行教育改革，对学生开展素质教育与创新教育。

1. 改进教育观念，激发学生创新意识

当前我国正处于社会转型期，教育亦如此，我国当前教育观念有传统的，也有现代的，有西方的，也有本民族的，各种教育观念存在融合与冲突。面对这一复杂情况，在教育改革过程中，需要更新与改进教育观念，需要发扬符合时代发展的教育观念，克服落后、保守的教育观念。教育观念的与时俱进最为重要的是坚持以人为本，改变不适应时代发展的教育价值观、人才观及教育质量观。

教育价值观上，要从以往片面强调高校培养人才为社会服务的观点向高校促进社会与人的发展相统一的价值观转变；由应试教育的观点向创新型教育价值观转变；由传授知识的观点向强调学习能力、培养创新能力的价值观转变。

人才观上，要从学生处于被动地位的观点向师生平等、民主的师生观转变；从以课本为主向以学生为主转变；由以教师为中心的教学观向发挥学生主动性的教学观转变；当前知识经济时代需要培养具有创新精神、创新个性的人才，教学上应该将科技教育与人文教育相融合，促进人才全面发展。

教育质量观上，学生要做到知识与能力协调全面发展，以往以机械记忆知识为主导、通过考试为目的、将分数作为唯一评价标准的教育观念应该更正，应将培养学生能力作为教育重点，做到学生全面发展，对于学生考核不应只看分数，还应看其各方面的综合素质。

2. 改革课程体系，增强学生创新兴趣

面对知识经济社会的挑战，学生依靠单一专业知识难以实现创新能力的培养，随着科学技术综合趋势日益增强，学科与学科之间交叉发展，特别是自然学科与社会学科之间的交叉日益明显，我国高校对学生的教育更加倾向于对学生个性、知识以及能力等各方面的全面培养。当前我国高校的课程设置已经不能适应对创新型人才的培养需求。

首先，要突破旧课程体系束缚，不断更新教学内容。教学内容是提高教学与人才培养质量的重要载体，教学内容直接反映教学与培养目标。教学内容的先进性与科学性直接影响学校培养的人才是否适应社会发展需要。要培养适应社会发展需要的人才，就需要改革当前的课程设置，优化传统的课程结构，完善不足的课程体系。学科之间的交叉融合既是现代科技发展的必然要求，同时也是促进人全面发展的重要途径。知识综合可以让学生在学习专业知识之余发展自己的兴趣爱好，激发学生自主学习的热情，同时鼓励他们通过自己思考来解决问题，使其充满对未知知识的好奇。教师在进行教学活动时应当注意结合当前本学科的最新动态，开阔学生视野，激发学生创新意识。

其次，要因材施教进行课程改革。面对 21 世纪知识信息迅速发展的压力，进行基础知识教学的同时，开设选修课是世界各国进行课程改革的重要手段之一。开设选修课，在增强学生学习自主选择性的同时又能保证学生在学习基础知识之余根据自己的爱好选择业余课程，不仅拓宽了学生的知识面，也丰富了个人的知识储备与知识结构。因此高校在必修课程设置上坚持少而精的原则，确保学生对基础知识的掌握，同时适度增加选修课，允许学生跨系、跨学科、跨专业选修课程，使学生在学习专业知识之余，可以结合自己的兴趣爱好选择选修课程，这样丰富学生的知识结构的同时，还有利于调动学生兴趣、增强学生创新的主动性。

最后，还要开展教学改革，发展学生创新能力。对学生进行创新精神与创新能力的培养是 21 世纪高等教育的重要任务，教师在进行课堂教学中既要以教学内容为基础，又要注重对学生创新能力的培养。当前，许多教师仍是更多关注自身知识的丰富与积累，而对学生能力的培养关注较少。授课内容仅限课本理论知识，对于前沿科技关注很少，学生视野无法拓展；授课方式倾向于教师传授知识、学生听取知识，缺少讨论环节。这样单一、乏味的教学，在迅速发展的信息经济时代中必须改革。在课堂教学上，教师应该从单一地传授知识转移到教会学生学习、注重培养学生学习自主性上来。实行启发式教学，多组织学生讨论，让学生主动学习，培养其独立思考能力。

（二）营造创新环境

创新环境是指能够激发人们进行创造活动的外部条件。提高学生的创新能力，高校就必须努力创造促进创新的优良环境。

1. 倡导民主

首先，管理者要做到民主管理。民主治校理念强调，高校管理旨在提高学术人员参与管理的机会，充分保证其应享有的学术权利与自由。民主管理，能够充分激发和调动高校师生的积极主动性，为创新奠定坚实的发展基础。

其次，营造和谐的学术氛围。学术氛围是一种精神力量，和谐民主的学术氛围对师生的创新能力发挥着巨大的促进作用。在学术氛围营造过程中要遵循学术以及学生个性发展的特殊规律，采取有效措施，鼓励学生创新，促进先进学术思想的形成。因此，要大力倡导以"崇尚科学精神，立足学业创新"为中心思想的学术活动。在学生中倡导求实、进取、创新的精神，学校可以举办学术讲座，组织学术讨论，开展校内科技竞赛等，活跃大学生的学术思维，激发学生的创新灵感，让学生体验到运用习得的文化知识参与学术活动所带来的乐趣。

2. 鼓励自主创新

鼓励自主创新首先要建立和谐的师生关系，推动大学生自主创新。师生关系是高校教学活动得以实施的基础。在和谐的师生关系环境下，学生人格与个性得以释放，才能活跃学生的思维，才能激发学生的创新潜能。当前需要建立符合受教育者全面发展规律，激发受教育者创造性的新型教育教学模式，形成相互激励、教学相长的师生关系。因此，教师应该树立正确的学生观，不能把学生看成消极接受知识的群体，应把学生看作具有多样化个性的群体。教师在教学过程中应该与学生平等交流，在融洽环境中完成教学任务。对学生多一些民主、关心，少一些批评、惩罚，更能培养学生的自主创新思维。

其次，要营造良好的校园文化，促进自主创新意识的培养。校园文化环境是学生日常生活接触最多的外界环境。良好的校园文化能够陶冶学生的情操，促进学生身心健康发展。为了促进学生自主创新人格的发展，应该营造积极的校园文化环境。可以利用校园广播、图书馆以及报刊等信息传播方式对学生进行耳濡目染的文化熏陶；可以开展主题鲜明的校园文化活动，让学生参与进来；也可以邀请国内外知名专家学者开展学术讲座，向学生介绍前沿科技信息。这些文化营造方式，既能够丰富学生校园生活，又能激发学生的自主创新意识。

最后，还要创造创新宽容的氛围。创新氛围的营造还需要宽松的创新环境，要创造一个开放、包容的校园环境，陶行知先生提倡"解放头脑、解放双手、解放眼睛、解放嘴、解放空间、解放时间"。在校园文化环境营造过程中提倡新思想，鼓励提出不同于他人的新观点。传统教育就是太过于关注理论，不鼓励学生质疑、提出问题，从而导致学生太过于循规蹈矩，难以产生创新想法。在现今社会，教育体系应该是一个开放的系统，要允许和鼓励学生对知识的质疑，让学生在不断尝试、不断失败后取得创新的成功。

（三）搭建创新平台

对大学生进行创新能力的培养，还需要为学生搭建良好的创新平台。

1）建立模拟实验室。学校可以根据各专业具体情况，购置相应模拟系统软件，建立模拟实验室，虚拟专业应用流程等。这样既加大了教学过程中的实验比例，又为由专业知识理论学习向应用转化提供了良好条件。一方面拓宽了学生知识视野，加强了学生实际操作技能训练，另一方面为学生创新能力的培养提供了一个良好的实践平台。

2）学校组织一批科研课题，并在经费和条件上予以一定支持，学生在指导老师的辅导下，对课题进行研究。

3）成立由校领导、各学科专家组成的"大学生创新实践活动指导委员会"，负责策划、指导、审核和评审大学生创新实践活动，并设立"大学生创新教育专项基金"，资助大学生创新实践课题立项、科研兴趣小组和各项创新活动，为提高学生创新能力提供充分的软硬件支持。

4）经常举办一些创新系列竞赛活动，进行创新成果的宣传展示、表彰和奖励，促进大学生创新意识的增强、创新成果的涌现。加强创新活动与教学质量评估的联系，对学生有突出创新成果的教师还要给予特殊荣誉和奖励，从而激励教师不断创新，积极投身到培养创新型人才的教育事业中来。

（四）改进评价标准

评价标准不仅可以衡量教育质量优劣，还可以对教育发展起到指导作用。可以说，有什么样的教育评价标准，也就有什么样的人才，科学的评价标准能够促进学生各方面素质的发展。

首先，要改变传统的评价标准。目前我国高校教育评价主要局限于学生的学习成绩。传统的以知识掌握为主的评价方式，忽略了对学生创新能力的考核，严重阻碍了学生创新能力的发展。所以想要激发学生的创新意识，培养学生的创新能力，就要改变传统的评价标准，建立促进学生发展的新型评价标准。为了确保评价的公正与客观，确保学生选择与评价教师教学的权利得以实现，评价主体要确保多样性。比如根据学生的个性对学生进行评价，让专家、领导参与评价，鼓励教师主动参与教学评价等。

其次，要调整创新人才的评价标准。创新人才评价要调动学生的积极性、主动性，鼓励学生参与评价，在评价中充分认识自己的个性；评价方式多样性，如笔试、口试、实验、调研等综合考察手段；内容丰富性，评价内容应该将理论知识、实践创新能力与学生自身素质三者结合起来；评价过程动态性，对于学生的评价要将终结性与形成性评价结合起来，对学生做到动态性的评价，可以通过平时授课教师布置的作业、课堂发言、平时的小测验、学生的实习或者实验报告等方式对学生进行考查；结果相对性，对学生的评价应该坚持"以人为本"的根本性原则；指标社会性，对创新人才的评价不能局限于校内的考试，应当将社会评价引入对学生的评价机制，例如，到实习单位走访，到毕业生的工作单位听取同事、领导的意见等，用这样的方法对学生进行评价。这种用人单位对学生的创新能力给予的意见，更能显现出社会需要哪些创新人才。

（五）建立奖励机制

为激励学生积极参与学校的各种创新活动，提高学生自主创新能力，高校可结合自身实际与国家教育创新指标的要求，建立对学生自主创新的奖励机制。同时高校建立适应学生自身发展需要的奖励机制也是现代社会发展的需要。

首先，学校可以设立比较多的大学生自主创新奖项，如创新设计奖、创新活动奖、最有成就奖等，对大学生自主创新的成果给予一定的奖励，包括精神奖励和物质奖励。

其次，学校可以将学生自主创新与学业成绩相结合，改变以往学业成绩直接关系到学生学年奖学金的局面，充分调动每个学生的自主创新意识。

最后，高校可以根据社会对创新人才培养的需求，面向社会筹集经费，设立大学生自主创新基金，为大学生创新活动提供充足的物质基础。

【本章小结】

创新意识的基本特征有：新颖性、质疑性、不确定性、真实性、差异性和超越性。

大学生在创新意识培养中存在的问题有：创新意识欠缺，综合素养缺乏，创新兴趣不足，创新能力不足，创新实践匮乏，创新意志不坚定等。

创新学习能力、创新知识基础、创新思维能力、创新技能、创新环境等都是影响大学生创新能力的重要因素。

　　大学生创新能力面临着以下问题：创新意识不强，缺乏自信；创新知识基础薄弱；缺乏创新思维；创新成果贫乏，创新技能不强。

　　培养大学生创新能力的途径包括推进教育改革、营造创新环境、搭建创新平台、改进评价标准、建立奖励机制等。

【思考题】

　　1. 你认为大学生创新意识缺乏的原因是什么？

　　2. 如何提升自己的创新能力？

第三章 创新思维

帮助大学生了解创新思维的定义、特征和分类,探索阻碍创新思维的因素,帮助大学生了解和掌握创新思维的方法,促进大学生逐步提高创新思维能力。

【案例导入】

青霉素的发现

青霉素是人们在生活中很熟悉的一种常用抗生素,是从青霉菌培养液中提制的药物,是第一种能够治疗人类疾病的抗生素。

1928年的一天,弗莱明在他的一间简陋的实验室里研究导致人体发热的葡萄球菌。由于培养皿的盖子没有盖好,他发觉培养细菌用的琼脂上附了一层青霉菌。这是从楼上的一位研究青霉菌的学者的窗口飘落进来的。使弗莱明感到惊讶的是,在青霉菌的近旁,葡萄球菌不见了。这个偶然的发现深深吸引了他,他设法培养这种霉菌进行多次试验,证明青霉素可以在几小时内将葡萄球菌全部杀死。弗莱明据此发现了葡萄球菌的克星——青霉素。

1929年,弗莱明发表了学术论文,报告了他的发现,但当时并未引起重视,而且青霉素的提纯问题也还没有得到解决。1935年,英国牛津大学生物化学家钱恩和物理学家弗洛里对弗莱明的发现大感兴趣。钱恩负责青霉菌的培养、分离、提纯和强化,使其抗菌力提高了几千倍,弗洛里负责对动物进行观察试验。至此,青霉素的功效得到了证明。

青霉素的发现和大量生产,拯救了千百万肺炎、脑膜炎、脓肿、败血症患者的生命,及时抢救了许多伤病员。青霉素的出现,轰动世界。为了表彰这一造福人类的贡献,弗莱明、钱恩、弗洛里于1945年共同获得诺贝尔生理学或医学奖。

正是弗莱明、钱恩和弗洛里共同协作,使青霉素成为人类攻克病菌的利器。人类不会忘记这三位不计私利、苦心研究、不怕失败、齐心协作的科学家。也许弗莱明的发现出于偶然,可他的敏锐观察,以及他和钱恩、弗洛里无私合作的高尚品质,使他们在追求人生远大目标的道路上,取得了卓越的成就。

第一节　创新思维概述

一、创新思维的定义

什么是创新思维？创新思维是相对于习常性思维而言的。它是一种具有开创意义的思维活动，是运用新的认识方法、开拓新的认识领域、开创新的认识成果的思维活动。对于创新思维的"新"，可以从两个层面去理解。在第一个层面上，这种"新"是相对于全人类的"新"，那么这时的创新思维指的是科学家、思想家、发明家在创立新成果时的那种思维。在第二个层面上，这种"新"是相对于思维者本人的"新"，那么这里的创新思维指学生解题过程中的新思路、儿童游戏中的新方法、人们日常生活中的新窍门。第二个层面的创新对于社会来说，虽然未必获得有直接价值的东西，但对于思维者本人来讲则确实创造了有价值的新东西。从提高全民族的创新素质的角度来看，后一种创新意义更大，因为这种创新是一种"自我实现的创新"，它有助于开发人们的创造力，激发人们内在的创造潜能。具体来说，创新思维是指以新颖独创的方法解决问题的思维，这种思维能突破常规思维的界限，以超常规甚至反常规的方法、视角去思考问题，提出与众不同的解决方案，从而产生新颖的、独到的、有社会意义的思维成果。

创新思维的根本在于出"新"，它的本质就在于超越，对现有认识和现存事物的超越。例如，发现事物运动的新规律，就意味着对现有的知识体系增添了新内容；发明一种新产品，就意味着人类的商品柜台上增加了新品种。这些发现、发明和创造，哪怕是微不足道的创新，都意味着对原有的理论、学说的突破，以及对现存的工具、设备、技术、产品的超越。由于现有的理论、学说等精神性成果和工具、设备、技术、产品等物质性成果，以及整个社会生产和社会生活的各个方面，都是人类思维和人类实践的产物，而生产这些文明成果的人类思维和人类实践，必然地会内化于人脑，积淀成为人的思维方式，因此创新思维对现有认识和现存事物的超越，实质上就是对人们现有思维方式的超越。掌握了创新思维这一本质特征，也就掌握了理解整个创新思维的钥匙，同时也就为认识阻碍思维创新的因素提供了基础。

我们说的创新思维就是不受现成的常规的思路约束，寻求对问题的全新独特性的解答的思维过程。创新思维是相对于传统性思维而言的，创新思维是所有人都有的，但不是所有人都能够用它，大量的创新思维被埋没了。

二、创新思维的特征

1. 联想性

联想是将表面看来互不相关的事物联系起来，从而达到创新的界域。联想性思维可以利用已有的经验创新，如我们常说的由此及彼、举一反三、触类旁通，也可以利用别人的发明或创造进行创新。联想是创新者在进行创新思维时经常使用的方法，也比较容易见到成效。

能否主动地、有效地运用联想，与一个人的联想能力有关，然而在创新思维过程中若能有意识地运用这种方式则是有效利用联想的重要前提。任何事物都存在一定的联系，这是人们能够运用联想的客观基础，因此联想的最主要方法是积极寻找事物之间的一一对应关系。

2. 求异性

创新思维在创新活动过程中，尤其在初期阶段，求异性特别明显。它要求关注客观事物的不同性与特殊性，关注现象与本质、形式与内容的不一致性。

一般来说，人们对司空见惯的现象和已有的权威结论怀有盲从和迷信的心理，这种心理使人很难有所发现、有所创新。求异性思维则不拘泥于常规，不轻信权威，以怀疑和批判的态度对待一切事物和现象。

3. 发散性

发散性思维是一种开放性思维，其过程是从某一点出发，任意发散，既无一定方向，也无一定范围。它主张打开大门，张开思维之网，冲破一切禁锢，尽力接受更多的信息。可以海阔天空地想，甚至可以"想入非非"。人的行动可能会受到各种条件的限制，而人的思维活动却有无限广阔的天地，是任何外界因素都难以限制的。

发散性思维是创新思维的核心。发散性思维能够产生众多的可供选择的方案、办法及建议，能提出一些独出心裁、出乎意料的见解，使一些似乎无法解决的问题迎刃而解。

4. 逆向性

逆向性思维就是个体有意识地从常规思维的反方向去思考问题的思维方法。如果把传统观念、常规经验、权威言论当作金科玉律，常常会阻碍我们创新思维活动的展开。因此，面对新的问题或长期解决不了的问题，不要习惯于沿着前辈或自己长久形成的、固有的思路去思考问题，而应从相反的方向寻找解决问题的办法。

欧几里得几何学建立之后，从公元5世纪开始，就有人试图证明作为欧几里得几何学基石之一的第五公理，但始终没有成功，人们似乎对它陷入了绝望。1826年，俄国数学家罗巴切夫斯基运用与过去完全相反的思维方法，公开声明第五公理不可证明，并且采用了与第五公理完全相反的公理。从这个公理和其他公理出发，他终于建立了非欧几何学。非欧几何学的建立解放了人们的思想，丰富了人们的空间观念，使人类对空间的认识产生了一次革命性的飞跃。

5. 综合性

综合性思维是把对事物各个侧面、部分和属性的认识统一为一个整体，从而把握事物的本质和规律的一种思维方法。综合性思维不是把事物各个部分、侧面和属性的认识，随意地、主观地拼凑在一起，也不是机械地将其相加，而是按它们内在的、必然的、本质的联系把整个事物在思维中再现出来的思维方法。

美国在1969年7月16日实现了阿波罗登月计划，参加这项工程的科学家和工程师有42万多人，参加单位共2万多个，历时11年，耗资300多亿美元，共用700多万个零件。美国阿波罗登月计划总指挥韦伯曾指出，阿波罗登月计划中没有一项新发明的技术，都是现成的技术，关键在于综合。可见，阿波罗登月计划是充分运用综合性思维方法进行创新的例证。

六道创新思维题

1. 在美国的一个城市里，地铁里的灯泡经常被偷。窃贼常常拧下灯泡，这会导致安全问题。接手此事的工程师不能改变灯泡的位置，也没多少预算供他使用，但他提出了一个非常好的横向解决方案，是什么方案呢？

2. 游客有时会从帕特农神庙的古老立柱上砍下一些碎片，雅典当局对此非常关心，虽然这种行为是违法的，但是这些游客仍旧把它们作为纪念品带走。当局如何才能阻止这一行为呢？

3. 在一个小镇里有四家鞋店，它们销售同样型号、同一系列的鞋子，然而，其中一家鞋店丢失的鞋子是其他三家平均的3倍，为什么会出现这种情况，又如何解决这个问题呢？

4. 加利福尼亚州的阿尔托斯市政府被森林大火所困扰，他们想清除城镇周围山坡上的灌木丛，但如果用螺旋桨飞机来操作，反而极易引起火花，导致火灾，他们该怎么办？

5. 一个人以一打5美元的价格购进椰子，然后以一打3美元的价格售出，凭借这种做法他成了百万富翁。这到底是怎么回事？

6. 小张在某小区开了一家便利店，由于附近还有三家店同质竞争，他的生意一直很淡。后来小张宣布，免费替居民代收、发快递。此后，他的便利店生意也变得红火了，这是什么原因呢？

答案：

问题1：这位工程师把电灯泡的螺纹改为左手方向或者是逆时针方向，而不再用传统的右手方向或顺时针方向。这意味着当小偷认为他们正在试图拧下电灯泡时，实际上他们反而是在拧紧它们。

问题2：雅典当局从原来维修帕特农神庙时所用材料的矿石场里收集了一些大理石碎片，每天把这些碎片散放在帕特农神庙的周围。游客以为他们捡起来的碎片是从古老的立柱上掉下来的，因此他们感到很满意。

问题3：鞋店在外摆一双鞋子中的一只作为陈列品，一家鞋店摆的是左鞋，其他三家摆的是右鞋。小偷偷走这些陈列的鞋子之后，还必须把它配成对，因此，摆列左鞋的鞋店被偷的鞋子要多于其他三家。管理者把陈列的鞋子改成右鞋，这样被偷的数量就大幅度下降了。

问题4：政府当局购买或者租借了成群的山羊，把它们放在山坡上放牧。山羊吃掉草木，控制了灌木丛的生长，并且到达了其他方法难以到达的陡峭坡段，灌木丛火灾因此大大减少。

问题 5：这个人是位慈善家，他购买了大量椰子，然后以穷人都能够支付得起的价格卖给他们。他一开始是个亿万富翁，但是他的慈善行为使他丧失了大量金钱，因此成了一个百万富翁（假如你假设成为百万富翁的唯一方法就是兢兢业业地积累到那么多的财富，那你所作的假设就会使你无法解决这个问题）。

问题 6：小张生意红火，关键是他转变了思路。免费收、发快递，看似免费付出，实则收益有三。一是来自快递平台或者快递员。有了小张的加入，平台和快递员节省了时间精力，会支付一定的费用。二是来自发快递的佣金。居民多会在熟悉的地方发快递，快递平台会给小张一定的优惠政策。三是增加店里的客流量。居民会在取、发快递时，顺便买些日常用品，直接提高了店内商品销售量。

第二节　创新思维的分类

创新思维能够使人们打破思维定式去思考问题，让人们从新的思路去寻找解决问题的方法。我们常用的创新思维有逆向思维、侧向思维、求异思维、类比思维、综合思维、发散思维等。

一、逆向思维

所谓逆向思维，就是人在思考问题时，突破常规考虑问题的固定思维模式，采用与一般习惯相反的方向进行思考、分析的思维方式。逆向思维是从目标倒推回来，主动寻找条件的一种思维方法。通俗地说，就是倒过来想问题。这一点在证明几何题和初级逻辑代数题时经常用到。

案　例

美国著名的物理学家理查德·费曼（Richard P. Feynman），在 1959 年做了个报告——《在底部还有很大的空间》，提出著名的费曼设想。什么意思？有一个成语叫铁杵磨成针。诗人李白小时候贪玩跑出来，看到老太太磨铁棒，问她磨它做什么。她说磨针。我们的思维都是把这个大的物件拆分成小的。费曼就提出，把很小的东西加工成大件，思维完全倒过来了。20 世纪 80 年代出现的纳米技术，就是依据的费曼设想。

一个鞋子推销员到了岛屿上之后，非常生气，因为他发现这个岛屿上每个人都赤脚。他气馁了，没有穿鞋的人，怎么推销鞋？这个岛屿上的人没有穿鞋的习惯。他马上发电报回去，鞋不要运来了，这个岛上没有销路，每个人都不穿鞋，这是第一个推销员。第二个推销员来了，高兴得几乎要昏过去了，这个岛屿上鞋的销售市场太大了，每一个人都没穿鞋啊！要是一个人穿一双鞋，那要销出多少双鞋？他马上打电报，空运鞋来。同样一个问题，不同的思维得出的结论是不同的。

二、侧向思维

侧向思维与逆向思维是不一样的，逆向思维的人遇到问题，是从与他人思维相反的方向去想，侧向思维的人是从侧面去想，是在最不引人注意的地方，多做文章，把信息挖掘出来，并把它的价值扩大。这样往往会有意想不到的效果，会更简单、更方便。日常生活中人们常在思考问题时"左思右想"，说话时"旁敲侧击"，这就是侧向思维的形式之一。侧向思维就是利用其他领域里的知识和资讯，侧向迂回地解决问题的一种思维形式。

侧向思维的特点是思路活泼多变，善于联想推导，随机应变。周恩来总理在他的政治生涯中，思路活泼多变的事例不胜枚举。20 世纪 50 年代，在一次中外记者招待会上，一个外国记者问周总理中国的人民币有多少。显然这是一个带挑衅意味的问题，暗中讽刺我国发行的人民币没有足够的储备。如果直接说我们的储备不多，有失国家、国人的尊严；如果硬说我们有充足的储备，又不符合事实。回答好这个问题，确实有很大难度，周总理采取迂回的方法从容不迫地回答："十八元八角八分。"（当时人民币票面值是十元、五元、二元、一元、五角、二角、一角、五分、二分、一分，加起来共十八元八角八分）

侧向思维富有浪漫色彩，看似问题在此，其实"钥匙"在彼；似乎瞄着问题的焦点，答案却在远离焦点的一侧。侧向思维的要义在于"他山之石，可以攻玉"，借助系统之外的信息、知识、经验来解决面临的难题。侧向思维是利用事物间的相互关联性，经由常人始料不及的思路达到预定的目标，这就要求思维的主体头脑灵活，善于另辟蹊径。

纵观世界科学发展史，一些科学奇迹的创造往往正是通过侧向思维打开传统思维枷锁而取得的。圆珠笔刚刚在日本造出时，困扰厂家的最大问题就是书写一阵后圆珠笔会因圆珠磨损而漏油，有的工程师从改进圆珠质量入手，有的工程师则从改进油墨性能入手，但都未能解决漏油问题。东京山地笔厂的青工渡边却从四岁的小女儿把圆珠笔用到快漏油时就丢弃不用这一现象中得到启发，建议老板将笔芯做得短些，不等其漏油，油就用完了。这项"无漏油圆珠笔"的小发明，颇受顾客欢迎。

军事领域通过侧向思维及时变换思路，同样可达到意想不到的倍增效应。《孙子兵法》云："先知迂直之计者胜。"所谓迂直之计，就是懂得迂与直的侧向思维。这个谋略表面上是迂回曲折的道路，而实际上却能更有效、更迅速地制胜。一般来说，常规思维方式是讲求"抢人之先""先发制人""争夺制高点"，是谓抢先一步天地宽。但在特定时期、特殊条件下，限于自身的实力，采用"迟人半步"的侧向思维方式，避敌锋芒，潜心思索，克己之短，获得成功，也不失为妙招。

三、求异思维

求异思维是指大脑在思维时呈现一种扩散状态的思维模式，它表现为思维视野广阔，思维呈现出多维发散状。例如，通过"一题多解""一事多写""一物多用"等方式，培养发散思维能力。不少心理学家认为，发散思维是创造性思维的最主要的特点，是测定一个人创造力的主要标志之一。

对比联想是求异思维的主要规律和方法。对比联想常常是客观事物之间的对比，语言学中的反义词就有这种关系。方与圆、纵与横、平面与立体、黑与白、天与地、大与小、长与短、宽与窄、厚与薄、高与矮、多与少、导体与非导体、金属与非金属、正与负、强与弱、多与少、加与减、乘与除、交流与直流等都是对比联想的素材，开启求异思维的思路。

四、类比思维

类比思维是一种逻辑思维方式，人们通过类比已有事物开启创造未知事物的创新思路。它把已有的事和物与一些表面看来与之毫不相关的事和物联系起来，寻找创新的目标和解决的方法。

常见的方式有形式类比、功能类比和幻想类比等。

形式类比包括形象特征、结构特征和运动特征等几个方面的类比，无论哪个形式都依赖于创造目标与某装置或客体在某些方面的相似关系。例如，有人依据鸟的飞行运动制成了飞机，飞机高速飞行时机翼产生强烈振动；有人根据蜻蜓羽翅的减振结构设计了飞机的减振装置。

功能类比是根据人们的某种愿望或需要类比某种自然物或人工物的功能，提出创造具有近似功能的新装置的方法，这种方法在仿生学研究上有广泛应用，例如鳄鱼夹、各种机械手表等。

根据幻想中的某种形象、某种作用、运动装置进行发明创造的思维，称为幻想类比。例如，《海底两万里》的作者幻想了一种能长时间在海底活动的潜艇，经过几十年的努力后制成的现代潜艇就是这种幻想的实施。当然一项成功的发明也可以是以上多种类比的综合，如各种机器人的出现绝非一种单纯的创造性思维所能奏效的。

培根有句名言："类比联想支配发明。"培根把类比思维和联想紧密相连，人类创新文明需要类比更需要联想，无论是寻找创造目标，还是寻找解决方法都离不开联想的作用。要用好类比思维，提高联想能力，特别是掌握相似联想，是用好这一思维的重要条件。

五、综合思维

通过学习物理我们知道，不同方向的力能够产生合力。在发明创造中同样可以把几个不同的主意融合起来，取其长处、相互补充，用以解决一个难题或者完成一件作品，这就是综合思维，又称集中思维。

综合思维可以综合多种方法，对原理、设计、结构进行合理改进、互补、结合，达到理想目标。近年来普遍使用的"头脑风暴法"和常说的"三个臭皮匠，顶个诸葛亮"等就是这种思维的具体应用。

综合思维可在下列两种情况下使用。第一种情况是几个设想并无矛盾，分别可用在作品的不同部位，只需简单组合即可；第二种情况是几个设想集中在同一部位，相互之间各有长短，这时你就必须下一番功夫把它们各自的长处结合起来消除弊端，就好像是几个分力使它们作用在同一直线上。你必须把它们合理安排，使它们能最大限度地达到你所想要的效果。

六、发散思维

围绕一个问题，突破常规思维的束缚，沿着不同方向去思考、探索，从而寻求解决这一问题的各种可能性，由一点到多点的思维形式就叫发散思维，又称扩散思维、多向思维、辐射思维。通常人们考虑问题，总是由提出问题的起点到解决问题的终点，喜欢按一条思路进行，走不通就停住，问题被搁置。也许换一条思路从多个不同的角度去考虑就很容易解决问题。思维扩散的范围越广，产生的设想越多，解决问题的可能性就越大。一个训练有素的创新者面对一个新方法、新技术、新规律、新产品、新现象，他会考虑能否有其他更多的用途，制作更多类型的作品，设计新的装置，开创一个个新的技术种类、一项项新的系列化产品、一片片新的应用领域。

发散思维的常用操作方式有以下几种。材料发散：就是以某种材料为基点，设想它的多种用途，并对材料的各种专用特性进行研究、改进，达到要求的目标，如纸可写字、包装物品、制作玩具、引火等。功能发散：以某种事物的功能为发散中心，设想这种功能的其他用途，如灯可发热、发光、取暖、烘烤、印相、发信号等。形态发散：以某种事物形态（颜色、形状、声音、气味等）为发散中心设想出能被利用的各种可能性，如钉子可钉木板（把两种材料连接，挂物体）、钉墙面（水泥钉）、钉塑料（热固化材料、补洞等用）、钉鞋（防滑）、做钉耙（工具）等。

发散思维与综合思维不同，综合思维由多点集中到一点，而发散思维是由一点扩散到多点。应用发散思维，首先应寻找合适的发散源，掌握发散源的科学原理、技术基础，寻找新的应用领域去创造、去发明、去制造社会所需要的新产品。

第三节　创新思维的阻力

阻碍创新思维的因素有许多，主要可分为内在阻力与外在阻力。内在阻力即头脑中束缚创新思维的各种枷锁，也就是定式思维；外在阻力主要是指传统观念的束缚。

一、定式思维

（一）定式思维的定义

定式思维（thinking set），也称"惯性思维"，就是按照积累的思维活动经验教训和已有的思维规律，在反复使用中所形成的比较稳定的、定型化了的思维路线、方式、程序、模式（在感性认识阶段也称作"刻板印象"）。举个简单的例子，如果给你看两张照片，一张照片上的人英俊、文雅，另一张照片上的人丑陋、粗俗，然后对你说，这两个人中有一个是全国通缉的罪犯，要指出谁是罪犯，你大概不会犹豫。

定式思维对于解决问题具有极其重要的意义。在解决问题活动中，定式思维的作用是：根据面临的问题联想起已经解决的类似的问题，将新问题的特征与旧问题的特征进行比较，抓住新旧问题的共同特征，将已有的知识和经验与当前问题情境建立联系，利用处理过类似旧问题的知识和经验处理新问题，或把新问题转化成一个已解决的熟悉的问题，从而为新问题的解决做好积极的心理准备。

（二）定式思维的危害

定式思维对于解决经验范围以内的常规性问题是有用的，它可以使我们的思维驾轻就熟，简捷、快速地对问题做出反应。但是它们对于创造性地解决问题，则只能成为一种障碍。它使人们局限于某种固定的反应倾向，打不开思路，从而限制了人们的创新思维。

大量事例表明，定式思维确实对解决问题具有较大的负面影响。当一个问题的条件发生质的变化时，定式思维会使解题者墨守成规，难以涌出新思维，做出新决策，造成知识和经验的负迁移。

根据唯物辩证法观点，不同的事物之间既有相似性，又有差异性。定式思维所强调的是事物间的相似性和不变性。在问题解决中，它是一种"以不变应万变"的思维策略。所以，当新问题相对于旧问题，是其相似性在起主导作用时，由旧问题的求解所形成的定式思维往往有助于新问题的解决。当新问题相对于旧问题，是其差异性起主导作用时，由旧问题的求解所形成的定式思维则往往有碍于新问题的解决。

从思维过程的大脑皮层活动情况看，定式思维的影响是一种习惯性的神经联系，即前次的思维活动对后次的思维活动有指引性的影响。所以，当两次思维活动属于同类性质时，前次思维活动会对后次思维活动起正确的引导作用；当两次思维活动属于异类性质时，前次思维活动会对后次思维活动起错误的引导作用。

案　例

一位公安局局长在路边同一位老人谈话，这时跑过来一个小孩，急促地对公安局局长说："你爸爸和我爸爸吵起来了！"老人问："这孩子是你什么人？"

公安局局长说："是我儿子。"请你回答：这两个吵架的人和公安局局长是什么关系？

这一问题，在100名被试者中只有两人答对。后来对一个三口之家问这个问题时，父母没答对，孩子却很快答了出来："局长是名女士，吵架的一方是局长的丈夫，即孩子的爸爸；另一方是局长的爸爸，即孩子的外公。"

为什么那么多成年人对如此简单的问题的解答反而不如孩子呢？这就是定式思维效应：按照成人的经验，公安局局长应该是男士，从男局长这个思维定式去推想，自然找不到答案；而小孩子没有这方面的经验，也就没有思维定式的限制，因而很快就找到了正确答案。

案　例

有笼必有鸟——心理图式。一位心理学家曾和乔打赌说："如果给你一个鸟笼，并挂在你房中，那么你一定会买一只鸟。"乔同意打赌。因此心理学家就买了一只非常漂亮的瑞士鸟笼给他，乔把鸟笼挂在起居室桌子边。结果大家可想而知，当人们走进来时就问："乔，你的鸟什么时候死了？"乔立刻回答："我从未养过一只鸟。""那么，你要一只鸟笼做什么？"乔无法解释。后来，只要有人来乔的家里，就会问同样的问题，乔的心情因此很烦躁。为了不再让人询问，乔干脆买了一只鸟装进了空鸟笼里。心理学家后来说，去买一只鸟比解释为什么他有一个空鸟笼要简便得多，人们经常是首先在自己头脑中挂上鸟笼，最后不得不在鸟笼中装些东西。

类似的事例还有刻舟求剑等。这类故事告诉我们，定式思维一旦形成，有时是很悲哀的。这也是我们要不断学习新知识、新观念的原因之一：形势在不断变化，必须关注这些变化并调整行为。一成不变的观念将带来毫无生机的局面。

二、传统观念的束缚

观念是内化于人脑潜意识中的观点和认识，人们在思维过程中，反复运用某种观点、认识去思考、评价问题，久而久之，这些观点和认识被积淀到大脑深层意识之中而达到"无意识"状态，这就形成了观念。观念作为思维方式的主要构成要素，对人的认识活动起着巨大的制约作用。在人脑思维加工过程中，主体对材料的选择组织，对问题的评价、解释，在很大程度上取决于观念。历史上，每种观念的产生都是以当时的实践水平和历史文化发展为基础的，因而有它产生的根据和存在的合理性。当实践向前发展了，时代向前迈进了，深藏于人们头脑中的观念则不愿随实践和时代的改变而改变，而成为一种思维的惯性力。这时，原本适时的观念就变成了过时的观念。

传统观念是思维创新的重要障碍，它顽强地维护着它赖以存在的实践和社会基础，反对思维对现存事物进行超越。受传统观念的影响，人们就会因循守旧、墨守成规，用老眼光、老套路、老办法去面对新问题。它使人的思维受原有的思维空间的限制，跳不出原有的框架，因而就无法实现对原有认识和现存世界的超越。因此，传统观念是阻碍思维创新的重要因素，是思维创新的大敌。

【本章小结】

创新思维是一种具有开创意义的思维活动，是运用新的认识方法，开拓新的认识领域，开创新的认识成果的思维活动。它具有联想性、求异性、发散性、逆向性、综合性等特征。

创新思维分为逆向思维、侧向思维、求异思维、类比思维、综合思维、发散思维等。

培养创新思维的阻力主要来自两个方面，一是定式思维，二是传统观念的束缚。

【思考题】

1. 如何克服定式思维对创新思维的影响？
2. 你在生活中做过哪些创新的事情？

第四章 创新技法

了解创新技法的分类、原理和程序，帮助大学生掌握和运用最基本的创新技法，提高创新能力和素养。

李开复：如何做最好的创新

究竟该怎样做，才能得到最好的创新呢？建议大家思考和实践以下五项创新的准则：洞悉未来、打破陈规、追求简约、以人为本、承受风险。

洞悉未来。就是要求创新者了解未来的用户需求，以便研发出适用于未来的产品或技术。要做到洞悉未来，虽然应该重视用户，但是，不能完全听取用户的意见，因为用户不可能有足够的前瞻性，也不可能完全理解技术的发展规律。所以，创新者需要有洞悉未来的才智，能根据目前的市场情况和用户需求，结合技术的发展规律，对未来做出正确的预测和判断。这个道理就像踢足球一样，优秀的球员要到球将要到达的地方，而不是球现在所在的位置。在互联网发展的初期，用户没有准确地提出针对搜索引擎的需求，因为用户习惯于使用分类目录来查找自己需要的网页。那时，用户可能并不知道搜索引擎是什么，不清楚自己是否真正需要这样的功能，也不清楚这在技术上是否具有可行性。但是，能够洞悉未来的创新者可以推测：随着网页数量的不断增长，总有一天，分类目录将无法更好地容纳更多的新网页。这时，创新者便先于用户想到，未来的用户需求一定会转向比分类目录浏览更加便捷的方式。例如，是不是可以允许用户使用任何关键词进行查询，并获取网页结果呢？在技术上，是不是可以自动为海量网页创建索引并获得最好的排序呢？谷歌公司的创始人正是洞悉了这个用户的潜在需求，而投身于搜索技术的研发。当用户对网络搜索的需求越来越明显时，以谷歌为代表的搜索引擎就自然而然地走向前台，取得了巨大的成功，并直接带动了网络广告产业的兴起。

打破陈规。其实，创新的最大障碍就是无法脱离固有的思维定式或思维框架，总是在已有的方式、方法里打转。如果不能打破陈规，那么，无论对未来用户的需要有多么清楚的认识，创新者也无法想出最有效的、最新颖的解决之道。无法打破陈规的一个例子是，一位发明家在发明汽车的时候，脑子里依然还是想用驾驭马车的陈规来驾驶汽车。结果，他不是用方向盘，而打算使用缰绳来调整汽车的方向！在科技发展史上，通过打破陈规来获得有价值创新的例子不胜枚举。当无线通信刚被发明出来的时候，几乎所有人认定了这个技术演变的最终目标肯定是，每个人都会有一台无线通信装置，让该装置成为"无线"的电话。但在当时的技术条件下，无线通信设备有两个部分，无线发射器体积庞大，价格昂贵，但是无线接收器体积小，而且便宜。所以要实现这个终极目标需要有长远的打算。这时，一位打破陈规的创新者想到，是不是可以把发射器和接收器分开，让每个人都有一部非常便宜的接收器，来接受某个中心发射器的信号。就这样，广播这种最早依赖无线电技术的大众传播方式诞生了。

追求简约。在很多情况下，复杂的东西并不一定有效，只有最简单的设计和组合才能发挥最大的效力。最初做搜索引擎的时候，研究人员发现，如果用户搜索时多输入几个字，搜索结果就会准确得多。那么，有没有什么方法能提示用户多输入几个字呢？当时，有人想到，我们能不能做一个智能化的问答系统，引导用户提出较长的问题呢？但是，这个方案的可行性会遇到许多挑战。也有人想到，我们能不能主动告诉用户，请尽量输入更长的句子，或者根据用户的输入主动建议更长的搜索词呢？但是，这样似乎又会干扰用户。最终，有一位技术人员想到了一个最简单，也最有效的点子：把搜索框的长度增大一半！结果，当用户看到搜索框比较长时，就会有更大的可能性输入更多的字词。今天搜索引擎上长长的搜索框就是这么来的。

以人为本。在 19 世纪的一个普通工厂里，最能干的工人与普通工人相比，他们的生产力最多相差一倍。但是，在 21 世纪的信息技术（IT）企业、研发机构中，一个最有创造力的研发人员和一个普通的工程师相比，他们的生产力可能相差几十倍、几百倍甚至上千倍。如果你的企业能够吸引、用好几百个、几千个天才的创新者，即便是在最激烈的竞争环境里，也一定能脱颖而出。为了吸引和留住人才，就要为人才创造最好的工作环境，给予他们最大的信任，赋予他们足够的权限。在谷歌，每一位工程师都可以利用工作中 20% 的时间，来做自己最有激情的事情。这是一种真正的放权和信任，也是营造自下而上的创新氛围的有效方法。事实上，谷歌发布的许多创新产品，最早都诞生于这 20% 的时间里。正是因为有了诸多鼓励创新的举措，谷歌才能在 10 年多的时间里，一直在互联网领域里保持技术优势，不断用最好的创新改进互联网用户的使用体验。

承受风险。在创新的过程中，我们必须用正确的态度对待失败。失败不是对我们的惩罚，而是一次最好的学习机会。爱迪生发明电灯的时候，经历了 6000 多次失败才最终成功。在谷歌，有许多在 20% 时间里开始的创新工作，但其中很大一部分都失败了。没有这些失败，就不可能有成功的创新脱颖而出；没有接受和承担风险的能力，就不可能营造出真正鼓励创新的环境。在我负责研究工作时，我的主管曾对我说，如果你每一个项目都成功了，那么，你实际上是失败的。因为你并不是在做研究，而是在回避风险，只选择那些十拿九稳，没有什么创新价值的项目。

第一节　创新技法概述

黑格尔认为，方法是任何事物所不能抗拒的、最高的、无限的力量。笛卡儿则认为，最有用的知识是方法的知识。中国民间也流传着这样的一句谚语："授人以鱼，不如授人以渔。"这些关于方法的描述，都从不同的角度强调了方法的重要性。对于大学生来说，若其只有创新的意识，缺乏创新的方法，创新就永远只能是一个想法。有了好的创意，还需要有某种方法或技术为先导，经过反复的实践和探索，才可能取得创新的成功。

创新技法是指创新学家以创新思维的基本规律为基础，收集大量成功的创造和创新的实例后，研究其获得成功的思路和过程，经过归纳、分析、总结而得出的创新发明的原理、技巧和方法。它是创新经验、创新技术及创新方法的总称。人类发展史就是一部人类的创新史。在创新的历程中，人类在不同阶段面对的是不同的问题，相应地，也有不同的创新技法。创新技法是创新思维和创新成果之间的重要环节。创新技法以创新思维的发展规律为基础，创新技法的应用又可以进一步推进创新思维的成果。

1938 年，美国纽约天联广告公司（BBDO 广告公司）副经理奥斯本（Alex P. Osborn）制定并成功应用了"头脑风暴法"，并为普及这一开发创造力的技法而撰写了《思考方法》《所谓创造能力》等一系列著作，建立了系统的理论基础，在美国形成了一个开发创造力的热潮，因此奥斯本被誉为"创造工程之父"，成为创新技法的奠基人。

创新技法的发展大概可分为三个阶段。20 世纪 70 年代前的第一代创新技法，也可以称为传统创新技法，突出的是以不同以往的思维方式，在考虑事物的方法上寻求新的途径；第二代创新技法是按照物、事、关系、功能进行系统化建模，将创新规模化，其代表理论有发明问题解决理论（TRIZ）和系统创新思维（SIT），这些创新技法效率很高，被西方社会大面积采纳，催生了很多新生事物，促进了社会的创新发展。第三代创新技法以 CODEX[①]为代表，此种方法不是从思维和事物发展规律的角度去思考，而是从人思维的角度入手，按照人的思维成熟度对创新技法进行分类，结合脑科学、逻辑学、认知科学、心理学、控制论、系统论、元认知、哲学等众多学科的知识，对 CODEX 模型的每一级进行建模和统计，最后整理出一套创新的工具体系并用于实践。本章会对传统创新技法中的头脑风暴法、设问法、联想类比法、列举法，第二代创新技法中的 TRIZ 以及第三代创新技法中的 CODEX 进行简单介绍。

第二节　传统创新技法

一、头脑风暴法

头脑风暴法又称智能激励法，英文是 brainstorming。头脑风暴最早是精神病理学上的用语，就精神病患者的精神错乱状态而言的，现在为无限制的自由联想和讨论，目的是产生新观念或激发创新设想。头脑风暴法是由美国创造学家奥斯本首次提出，并在 1953

---

① CODEX 是 copy（复制）、optimize（优化）、dimension（维度）、ecosystem（生态）、x-pattern（元模式）5 个单词首字母的缩写。

年正式发表的一种激发性思维的方法。它适用范围广，易于普及。

头脑风暴法是一种集体开发创造性思维的方法，其宗旨是以会议形式给与会者创造一种能积极思考、启发联想、大胆创新的环境；其特点是让与会者敞开思想，使各种思想在相互碰撞中激起大脑的创造性风暴；是一种有助于集思广益的集体思考方法。英国大文豪萧伯纳说："倘若你有一个苹果，我也有一个苹果，而我们彼此交换这些苹果，那么，你和我仍然是一个苹果。但是倘若你有一种思想，我有一种思想，我们彼此交流这种思想，那么，我们每个人将有两种思想。"

（一）头脑风暴法的激发原理

头脑风暴法的激发原理主要有以下几种。

1. 联想反应

联想是产生新观念的基本过程。在集体讨论问题过程中，任何人提出的创意都能引发他人的联想，相继产生一连串的新观念，产生连锁反应，形成新观念堆，为创造性地解决问题提供了更多的可能性。据不完全统计，许多创新的思路，都是在别人的启发联想下获得的。

2. 热情感染

每个人都有创造潜力，适当的激励可有效挖掘这种潜力。在不受任何限制的情况下，集体自由讨论问题能激发人的热情。每个人都自由发言、相互影响、相互感染，形成热潮，可以突破固有观念的束缚，最大限度地发挥创造性思维的能力。

3. 竞争意识

每个人都想提出更多更好的设想，无意中就形成了竞争。在有竞争意识的情况下，人人争先恐后，竞相发言，不断地开动脑筋，力求有独到见解、新奇观念。从心理学的角度来说，人类有争强好胜心理，在有竞争意识的情况下，人的心理活动效率可增加50%或更多。

（二）头脑风暴法的原则

为使与会者畅所欲言、互相启发和激励，达到较高效率，必须严格遵守下列原则。

1. 自由畅想原则

要求与会者敞开思想，不受任何条条框框限制，善于从不同角度、不同层次、不同方向去考虑问题，大胆展开想象，尽可能地标新立异，提出独创的新想法。提倡自由发言、畅所欲言，主意越新、越怪越好。

2. 延迟评判原则

日本创造学家丰泽丰雄说："过早的判断是创造力的克星。"会议中不能对别人提出的任何想法进行批判。即便认为是幼稚的、错误的，甚至是荒诞离奇的设想，也不得予以驳斥，同时也不允许自我批判，要调动每位与会者的积极性，禁止在会议上出现这样"扼杀性"的语句，诸如"这根本行不通""你这想法太陈旧了""这是不可能的""道理上也许行，但实际上行吗？""这不符合××定律！""我提一个不成熟的看法""我有一个不一定行得通的想法"等。唯有如此，与会者才可能在充分放松的心境下，在别人设想的激励下，集中全部精力开拓自己的思路。所以，必须坚持当场不对任何设想做出评价的原则，也不对某个设想发表评论性的意见，一切评价和判断都要延迟到会议结束后才能进行。美国心理学家梅多和教育学家帕内斯在做了实验调查之后说："推迟判断在集体解决问题时可多产生 90%的设想。"

3. 以量求质原则

鼓励与会者尽可能多而广地提出设想，以大量的设想来保证较高质量的设想存在。鼓励巧妙地利用他人的设想，每位与会者都要从他人的设想中激励自己，从中得到启示，或补充他人的设想，或将他人的若干设想综合起来提出新的设想等，设想数量越多越好。

4. 结合改善

鼓励与会者积极进行智力互补，在增加自己提出设想的同时，注意思考如何把两个或更多的设想结合成另一个更完善的设想。

（三）头脑风暴法的基本程序

1. 确定议题

头脑风暴法是从对问题的准确阐述开始的，所以会前要确定一个议题，这个议题要明确并尽可能具体，这样主持人更容易掌握，与会者能较快产生设想。议题的确立能够使与会者明确会议要解决的问题，同时对解决方案的范围不做限制。并且会议主题要提前通报给与会人员，让与会者有一定准备。

2. 会前准备

为了提高会议效率，增强效果，可做好会前准备工作。

1）选好主持人 1 名，设记录员 1~2 名。主持人要熟悉并掌握该技法的要点和操作要素，能够在具体情境中启发和引导与会者，但只主持会议，对与会者提出的设想不作评论。记录员要对与会者提出的每个设想认真完整地做好记录。

2）参加人数一般 5~10 名，也可略有增加（5~15 名）。人数太少不利于交流信息，人数过多不宜充分发表意见。同时，与会者最好由不同专业或不同岗位者组成，参与者要善于想象，语言表达能力要强。

3）会前可对参会者进行打破常规思考、转变思维的训练活动，以减少思维惯性，从单调的紧张工作环境中解放出来，以饱满的创造热情投入激励设想活动。

3. 设想开发

首先，主持人公布会议主题，并介绍与主题相关的参考情况。

其次，介绍会议原则，即积极投入，发言要针对目标、开门见山，与会者之间相互尊重，平等相待，切忌相互褒贬等；要求参会者突破思维惯性，大胆联想。

最后，主持人控制好时间，力争在有限的时间内获得尽可能多的创意性设想。会议时间由主持人掌握，不宜在会前定死。一般来说，以几十分钟为宜。时间太短，与会者难以畅所欲言，时间太长则容易产生疲劳感，影响会议效果。经验表明，创造性较强的设想一般要在会议开始 10～15 分钟后逐渐产生。美国创造学家帕内斯指出，会议时间最好安排在 30～45 分钟。倘若需要更长时间，就应把议题分解成几个小问题分别进行专题讨论。

4. 会后设想处理

头脑风暴畅谈会之后能够获得大量与议题有关的设想，至此任务只完成了一半，接下来更重要的是要对已获得的设想进行整理、分析，以选出有价值的创造性设想来加以开发实施，这个工作就是设想处理。

设想一般分为实用型和幻想型两类。实用型设想是指目前技术工艺可以实现的设想，幻想型设想是指目前的技术工艺还不能完成的设想。针对实用型设想，再反复论证，进一步扩大设想的实现范围；对幻想型设想，通过进一步开发，就有可能将创意的萌芽转化为成熟的实用型设想。

案 例

某年美国北方分外寒冷，大雪纷飞，电线上积满冰雪，大跨度的电线常被积雪压断，严重影响通信。过去，许多人试图解决这一问题，但都未能如愿以偿。后来，电信公司经理尝试应用奥斯本发明的头脑风暴法来解决这一难题。他召开了一个能让头脑"卷起风暴"的座谈会，参加会议的是不同专业的技术人员，他们被要求必须遵守头脑风暴法的基本原则。

按照这种会议规则，大家七嘴八舌地议论开来。有人提出设计一种专用的电线清雪机；有人想到用电热来化解冰雪；也有人建议用振荡技术来清除积雪；还有人提出能否带上几把大扫帚，乘坐直升机去扫电线上的积雪。对于这种"坐飞机扫雪"的设想，大家心里尽管觉得滑稽可笑，但在会上也无人提出批评。相反，有一工程师在百思不得其解时，听到用飞机扫雪的想法后，大脑突然受到冲击，一种简单可行且高效率的清雪方法冒了出来。他想，每当大雪过后，出动直升机沿积雪严重的电线飞行，依靠高速旋转的螺旋桨即可将电线上的积雪迅速扇落。他马上提出"用直升机扇雪"的新设想，顿时又引起其他与会者的联想，有关用飞机除雪的主意一下子又多了七八条。不到一个小时，与会的10 名技术人员共提出 90 多条设想。

会后，公司组织专家对设想进行分类论证。专家们认为设计专用清雪机、采用电热或电磁振荡等方法清除电线上的积雪，在技术上虽然可行，但研制费用大，周期长，一时难以见效。因"坐飞机扫雪"激发出来的几种设想，倒是大胆的新方案，如果可行，将是既简单又高效的好办法。经过现场试验，发现用直升机扇雪真能奏效，一个久悬未决的难题终于在头脑风暴中得到了巧妙解决。

头脑风暴法后来又经过各国创造学研究者的研究和挖掘，至今已经形成了一个发明技法群，如奥斯本头脑风暴法、卡片式头脑风暴法、默写式头脑风暴法等。

奥斯本头脑风暴法：虽然能产生大量的设想，但由于它严禁批评，这样就难于对设想进行评价和集中。日本三菱树脂公司对此进行改革，创造出一种新的头脑风暴法——三菱式头脑风暴法（MBS 法）。

卡片式头脑风暴法：也称卡片法。这种技法又可分为 CBS 法和 NBS 法两种，CBS 法由日本创造开发研究所所长高桥诚根据奥斯本头脑风暴法改良而成，特点是可以对每个人提出的设想进行质询和评价。NBS 法是日本广播电台开发的一种头脑风暴法。

默写式头脑风暴法：具体做法为，每次会议 6 人参加，每人先发一张卡片，会议要求 5 分钟内每人书面提出 3 个设想，所以又称 635 法。接下来将写好的卡片传给右邻。接到左邻的卡片后要求在第二个 5 分钟内，参考别人的 3 个设想，再在手中的卡片上填写 3 个新的设想，然后再将卡片传给右邻。……如此传递，半小时内可传递 6 次，理论上可产生 108 个设想。635 法可避免许多人争相发言而使设想遗漏的弊病，其不足是相互激励的气氛没有公开发言的方式热烈。

二、设问法

设问法，就是通过有关提问的形式，去发现事物的症结所在，进而进行发明创造的一类技法。此类技法最为代表性的是奥斯本检核表法。

奥斯本检核表法，是针对创造的目标，从多个方面用一览表的形式，列出一系列需要思考的问题，然后逐个进行讨论分析和判断，从而获得新的解决问题的方案和设想。它是一种典型的有序性思维技巧。

奥斯本是美国创造学的创始人，他在《实用想象》中指出，为了激发人们的思维活力，可以预先设计一个问题表，将一系列的问题罗列为有序的某种模式或者模型，然后逐个进行讨论，如此可望获得高效率、富有创造性的思维成果。该方法被称为奥斯本检核表法，几乎适用于任何类型和场合的创新活动，享有"创新方法之母"的美称，主要是列出 70 多个问题，分成 9 组进行思考。具体如表 4-1 所示。

表 4-1　奥斯本检核表法

检核项目	含义
能否他用	现有的事物有无其他的用途；保持不变能否扩大用途；稍加改变有无其他用途
能否借用	能否引入其他的创造性设想；能否模仿别的东西；能否从其他领域、产品、方案中引入新的元素、材料、造型、原理、工艺、思路
能否改变	现有事物能否做些改变，如颜色、声音、味道、式样、花色、音响、品种、意义、制造方法；改变后效果如何

续表

检核项目	含义
能否扩大	现有事物可否扩大适用范围；能否增加使用功能；能否添加零部件；能否延长它的使用寿命；能否增加长度、厚度、强度、频率、速度、数量、价值
能否缩小	现有事物能否体积变小、长度变短、重量变轻、厚度变薄以及拆分或省略某些部分（简单化）？能否浓缩化、省力化、方便化、短路化
能否替代	现有事物能否用其他材料、元件、结构、设备、方法、符号、声音等代替
能否调整	现有事物能否变换排列顺序、位置、时间、速度、计划、型号；内部元件可否交换
能否颠倒	现有的事物能否从里外、上下、左右、前后、横竖、主次、正负、因果等相反的角度颠倒过来用
能否组合	能否进行原理组合、材料组合、部件组合、形状组合、功能组合、目的组合

（1）能否他用

人们从事创造活动时，往往沿着这样两条途径：一种是当某个目标确定后，沿着从目标到方法的途径，根据目标找出达到目标的方法；另一种则与此相反，首先发现一种事实，然后想象这一事实能起什么作用，即从方法入手，将思维引向目标。后一种方法是人们最常用的，随着科学技术的发展，这种方法得到越来越广泛的应用。某个东西还能有其他什么用途？还能用其他什么方法使用它？……当我们拥有某种材料，我们为了扩大它的用途、打开它的市场，就必须善于进行这种思考。德国有人想出了300种利用花生的实用方法，仅仅用于烹调，他就想出了100多种方法。橡胶有什么用处？有家公司提出了成千上万种设想，如用它制成床毯、浴盆、人行道边饰、衣夹、鸟笼、门扶手、棺材、墓碑等。炉渣有什么用处？废料有什么用处？边角料有什么用处？……当人们将自己的想象投入这条广阔的"高速公路"上，就会以丰富的想象力产生出更多的好设想。

（2）能否借用

伦琴发现X射线时，并没有预见到这种射线的任何用途，因而当他发现这项发现具有广泛用途时而感到吃惊。通过联想借鉴，现在人们不仅已用X射线来治疗疾病，外科医生还用它来观察人体的内部情况。同样，电灯一开始只用来照明，后来，人们改进了光线的波长，发明了紫外线灯、红外线加热灯、灭菌灯等。科学技术的重大进步不仅表现在某些科学技术难题的突破上，也表现在科学技术成果的推广应用上。一种新产品、新工艺、新材料，必将随着它越来越多的新应用而显示其生命力。

（3）能否改变

如汽车，有时改变一下车身的颜色，就会增加汽车的美感，从而增加销售量；又如面包，给它裹上一层芳香的包装，就能提高嗅觉诱力。据说妇女用的游泳衣是婴儿衣服的模仿品，而滚柱轴承改成滚珠轴承就是改变形状的结果。

（4）能否扩大

在自我发问的技巧中，研究"再多些"与"再少些"这类有关联的成分，能产生大量的构思设想。使用加法和乘法，便可能使人们扩大探索的领域。"能使之加固吗？"——

织袜厂通过加固袜头和袜跟，使袜子的销售量大增。"能改变一下成分吗？"——牙膏中加入某种配料，就成了具有某种附加功能的牙膏。

（5）能否缩小

前面一条是沿着"借助于扩大""借助于增加"而通往新设想的，这一条则是沿着"借助于缩小""借助于省略或分解"的途径来寻找新设想的。袖珍式收音机、微型计算机、折叠伞等就是缩小的产物。没有内胎的轮胎、尽可能删去细节的漫画，均是省略的结果。

（6）能否替代

如在气体中用液压传动来替代金属齿轮，又如用充氩的办法来代替电灯泡中的真空，提高钨丝灯泡亮度。通过取代、替换的途径也可以为想象提供广阔的探索领域。

（7）能否调整

重新安排通常会带来很多的创造性设想。飞机诞生的初期，螺旋桨安排在头部；后来，人们将它装到了顶部，制成了直升机；喷气式飞机则把它安放在尾部。这说明通过重新安排可以产生种种创造性设想。商店柜台的重新安排、营业时间的合理调整、电视节目的顺序安排、机器设备的布局调整……都有可能产生更好的结果。

（8）能否颠倒

这是一种反向思维的方法，它在创造活动中是一种颇为常见和有用的思维方法。第一次世界大战期间，有人就曾运用这种"颠倒"的设想建造舰船，其建造速度也有了显著的加快。

（9）能否组合

例如把铅笔和橡皮组合在一起成为带橡皮的铅笔，把几种部件组合在一起变成组合机床，把几种金属组合在一起变成种种性能不同的合金，把几件材料组合在一起制成复合材料，把几个企业组合在一起构成横向联合……

应用奥斯本检核表法是一种强制性思考过程，有利于突破不愿提问的心理障碍。很多时候，善于提问本身就是一种创造。基本做法是：首先，选定一个要改进的产品或方案；其次，面对一个需要改进的产品或方案，或者面对一个问题，从实施步骤和过程注意两个角度提出一系列问题，并由此产生大量的思路；最后，根据第二步提出的思路，进行筛选和进一步思考、完善。

1. 实施步骤

1）根据创新对象，明确需要解决的问题。

2）根据需要解决的问题，参照表4-1中列出的问题，运用丰富想象力，强制性地一个个核对讨论，写出新设想。

3）对新设想进行筛选，将最有价值和创新性的设想筛选出来。

2. 过程注意

1）要联系实际，一条一条地进行核检，不要有遗漏。

2）要多核检几遍，效果会更好，或许会更准确地选择出需要创新、发明的方面。

3）在检核每项内容时，要尽可能地发挥自己的想象力和联想力，产生更多的创造性设想。进行检索思考时，可以将每大类问题作为一种单独的创新方法来运用。

4）核检方式可根据需要来安排，一人核检也可以，三至八人共同核检也可以。集体核检可以互相激励，产生头脑风暴，更有希望创新。

三、联想类比法

世界事物是普遍联系、互联互通的。正是由于这种联系，我们的认识从已知到未知，从熟悉到陌生，人类对世界的认知逐渐走向深入。联想类比法则是这种思维方式在人的创造活动中的总结。

1. 联想类比

联想类比是通过联想和类比思维，把看起来风马牛不相及的事物联系起来，组合在一起研制出有价值的创新。

爱因斯坦说过，想象力比知识更重要。人类具有无限的想象力，通过联想、想象和类比，发明发现的机会会更多，这为创新活动提供更加广阔的空间。

如传说鲁班在登山时，手被叶子边缘割流血了，由此受到启发，发明了锯子；如在攀爬高耸陡峭的墙壁等建筑物时，人类手足是受限制的，但是科学家联想到壁虎在陡峭光滑的墙壁上来去自如，就深入研究壁虎的脚掌结构，由此得到启发，发明了攀爬工具；如蝙蝠在黑夜中自由飞翔，从来不会碰到障碍物，人们对此深入研究，发明了超声探测仪，用来诊断疾病、测量海洋深度、探测鱼群等。

2. 移植法

所谓移植法，主要是将某个领域的原理、技术、方法等，引用和渗透到其他领域，用于改造和创造新的事物。这是一种侧向思维方式，其主要途径有四个。

一是原理移植。原理移植是把不同领域的理论和技术，基于共同的基本原理，根据不同的目的和要求进行的移植创新。例如，将物理过程中的红外辐射，移植到军事领域，就产生了红外线引导的响尾蛇导弹、装有红外瞄准器的枪炮等。

二是回采移植。回采移植就是把很多所谓陈旧不用的技术，赋予现代技术加以改造，可能会有很多意想不到的创新。例如，水利工程技术研究都江堰水利工程的原理技术，将其应用于现代水利工程设计施工和管理中，结果更加节能环保，与外部环境更为协调。

三是功能移植。功能移植主要是把通用技术功能以某种合适的方式应用于其他领域。例如，在自然界，湿地有大量的植物和细菌，能够消化有机物，变成水和一氧化碳，环保人员把这一功能运用到城市的污水处理，引进净化细菌并令其大量繁殖，达到把污水去污变清的目的。

四是方法移植。方法移植主要是把某些领域的方式方法移植运用到其他领域，形成技术创新。例如，2022年北京冬奥会开幕式现场效果非常震撼，就是大量采用了航空航天方法，每个参演人员都有信号精准跟踪，就是非常好的例证。再如巨轮在不能泊岸时，往往采用驳船靠岸的方式，这个方法被移植到航天领域，美国"阿波罗11号""月球轨道指令舱"顺利与"登月舱"分离。在现代企业管理中，大量移植采用心理学方面的知识，提高了管理水平。

3. 仿生学方法

生物原型是现代发明的源泉，仿生学已经成为现代技术发明的重要途径之一，其功能原理主要是通过模拟生物的结构或功能原理产生的发明创造。主要途径有信息仿生、控制仿生、力学仿生、化学仿生、技术仿生和原理仿生等 6 个方面。

四、列举法

列举法，是以列举事物各方面属性的方式，把问题展开，用强制性的分析，寻找发明的目标和途径。列举法是人们思维活动的重要表现形式，有助于人们全面感知事物，防止遗漏，同时把思维从僵化麻木的状态释放出来，使感知更加敏感。例如，对老的产品进行改进，发明新的产品。常用的列举法主要有三种。

（一）属性列举法

运用该技法时首先要对创造发明对象的主要属性进行详细分析，探讨是否能进行创新。每个新生事物一般是从别的事物中产生发展而来的，多是对旧事物改进改造的结果。因此对需要改进的对象进行观察分析，列举该事物各方面的特性或者属性，然后确定应该加以改进的方向，实施改进。

属性列举法一般分为以下几个步骤。第一步是选择适宜的对象。第二步列举出其三个方面的属性——名词属性（整体、部分、材料、制作方法）、形容词属性（颜色、形状、感觉、性质、状态）和动词属性（功能）。第三步是从以上三方面的属性出发，提出问题，找出缺陷和不足，通过疑问诱导出革新的方案。一般是在各项目下使用可以替代的各种属性加以置换，引导出独创性的方案。第四步是提出方案，进行论证讨论，使新的产品更加符合人们的需要。

用属性列举法分析家庭烧水的水壶。

1）名词属性。

整体：水壶。

部分：壶嘴、壶把手、壶盖、壶体、壶底、蒸汽孔。

材料：铁皮、钢材、搪瓷、玻璃。

制作方法：焊接、浇筑、冲压等。

根据以上特性，可以提出相关问题：壶嘴发出的蒸汽能否保护手，壶嘴长度是否便于倒水；壶把手材料是否可以换成不烫手的材料等。

2）形容词属性。

颜色：黑色、灰色、白色等。

形状：圆形、椭圆形、方形等。

感觉：软、硬。

性质：轻、重。

状态：是否美观、是否清洁、高低、大小。

根据以上特性，可以提出相关问题：颜色、形状如何变化以适应新潮流；怎样改进形状、轻重，以便于打理清洁。

3）动词属性。

功能：烧水，倒水、保温。

能否在壶体内外加装保温材料，提高热效率并保温；如何改进壶嘴从而在倒水时不容易洒落；在壶底加装材料，增加热效率以节约能源；如何在壶嘴加装装置从而在水开时自动停止加热并鸣笛提醒等。

（二）缺点列举法

生活中的各种事物不会十全十美，总会存在这样或那样的不足或者缺点。如果我们对这些事物，有意去找不足之处，然后利用新技术，想出各种办法加以改进，就会创造出新的产品来。

缺点列举法就是抓住事物的缺点，进行分解，确定创新目的。这是人们最常用的、使用最广泛的创造技法。具体来说，就是指积极地寻找挖掘各种事物存在的不方便、不美观、不实用、不便宜、不安全等缺点或不足，从而确定创新目标的一种创新技法。步骤主要是确定对象，尽可能列举其缺点或不足，归类整理后，针对每一项缺点或不足来分析改进，创新发明新的产品。

实施程序一般分为以下几部分：①尽量列举某一事物的缺点或不足；②将缺点或不足归类整理；③针对所列缺点或不足，逐项分析，研究改进方案。

（三）希望点列举法

通过列举希望新生事物具有的属性以寻找新的创新目标的创造技法，其步骤主要是先激发人们的希望，然后将希望点收集后研究，根据希望创造出新的产品以满足人们的需求。

希望点列举法是从创新者的角度提出各种新的设想，可以不受原来事物的束缚，是一种积极主动的创新方法。希望点列举法的实施方法比较灵活，常见的有以下三种。

1. 书面收集法

按照事先拟定的目标，设计表格，发动相关人员，请他们写出各种各样的想法。

2. 会议法

一般是召开 5～10 人的小型会议，针对创新项目，征集意见。激发与会者积极性，头脑风暴，畅所欲言。

3. 访谈法

派人走访相关人员，如客户等，倾听意见和建议。

第三节　TRIZ 创新方法

　　TRIZ 是由苏联发明家根里奇·阿奇舒勒（Genrich S. Altshuler）和他的研究团队，自 1946 年起花费大量人力物力，在分析研究世界各国近 250 万件专利基础上提出的"发明问题解决理论"。TRIZ 为拉丁文 teoriya resheniya izobreatatelskikh zadatch 的词头缩写，其英文为 theory of inventive problem solving。在 1991 年 12 月 25 日苏联正式解体之前，TRIZ 一直是苏联的国家机密，在军事、工业、航空航天等领域均发挥了巨大作用，成为苏联的"国术"。目前国际上对 TRIZ 评价很高，一些创造学专家甚至认为，TRIZ 是发明了发明与创新的方法，是 20 世纪最伟大的发明之一。

　　2008 年 4 月，科技部、国家发展和改革委员会、教育部和中国科学技术协会联合颁发的《关于加强创新方法工作的若干意见》要求，"推进技术创新方法的引进与发展。针对建立以企业为主体的技术创新体系的重大需求，推进 TRIZ 等国际先进技术创新方法与中国本土需求融合；推广技术成熟度预测、技术进化模式与路线、冲突解决原理、效应及标准解等 TRIZ 中成熟方法在企业的应用。"

一、TRIZ 的起源

　　在 TRIZ 诞生之前，人们通常认为发明创造是智者的专利，是少数人的专利，是灵感爆发的结果。纵观人类的发明史，一项发明创造或者创新，往往需要摸着石头过河，没有明确的思路或方向，需要经历漫长的过程或无数次的失败，才能够获得成功，但往往也不能使问题得到彻底的解决。

　　被称为"TRIZ 之父"的阿奇舒勒，1926 年 10 月 15 日出生于苏联的塔什罕干。阿奇舒勒在 14 岁时就获得了首个专利证书。15 岁时他制作了一条船，船上装有使用碳化物作燃料的喷气发动机。1946 年，阿奇舒勒开始了 TRIZ 的研究工作。当时阿奇舒勒在苏联里海海军的专利局工作，在处理世界各国著名的发明专利过程中，他总是考虑这样一个问题：当人们发明创造、解决技术难题时，他们是否有可遵循的科学方法和法则，从而能迅速地实现新的发明创造或解决技术难题呢？他发现任何领域的产品改进、技术变革、创新和生物系统一样，都存在产生、生长、成熟、衰老、灭亡过程，是有规律可循的。人们如果掌握了这些规律，就能能动地进行产品设计并能预测产品的未来趋势。以后数十年中，阿奇舒勒穷其毕生的精力致力于 TRIZ 的研究和完善。在他的领导下，苏联的研究机构、大学、企业组成了 TRIZ 的研究团体，分析了世界近 250 万份高水平的发明专利，总结出各种技术发展、进化遵循的规律模式，以及解决各种技术矛盾和物理矛盾的创新原理和法则，建立了一个由解决技术问题、实现创新开发的各种方法、算法组成的综合理论体系，并综合多学科领域的原理和法则，建立起 TRIZ 体系。

　　1956 年阿奇舒勒在《心理学问题》杂志发表了《发明创造心理学》一文，轰动了苏联的科技界，1961 年出版了第一本有关 TRIZ 的著作《怎样学会发明创造》。阿奇舒勒经过研究发现，由 39 个通用工程参数组成的近 1500 对技术矛盾和物理矛盾，可以通过运用发明原理而相对容易地解决。他说："你可以等待 100 年获得顿悟，也可以利用这些原理用 15 分钟解决问题。"1969 年阿奇舒勒出版了他的《发明大全》。在这本书中，他将自己的 40 条创新原理全面地阐述给读者，这套书是第一套解决复杂发明问题的完整理论。1970 年他创办了第一所进行 TRIZ 研究和推广的学校，后来培养了很多 TRIZ 应用方面的专家。1989 年，苏联 TRIZ 协会正式成立，阿奇舒勒成了当之无愧的 TRIZ 协会主席。

二、TRIZ 的发展

TRIZ 创立之后，国外就比较注重对 TRIZ 的研究、教育和实践工作。

苏联把国民创新能力的开发载入苏联宪法，并在大学中开设"科学研究原理""技术创造原理"等相关创新课程，以提高学生的创新思维能力。从 20 世纪 60 年代末开始，苏联建立了各种形式的发明创造学校，成立了全国性和地方性的发明家组织，其中最著名的就是 1971 年在阿塞拜疆创办的世界上第一所发明创造大学。事实上苏联及东欧国家科学家大都运用 TRIZ 从事发明创造的工作，不仅在大学理工科开设 TRIZ 课程，甚至在中小学阶段也采用 TRIZ 设计各科的教材、教法。在创新实践方面，苏联大力推广 TRIZ，从而使苏联在 20 世纪 70 年代中期专利申请量和批准量跃居世界第二，在冷战时期与美国保持了军事力量平衡。

20 世纪 80 年代中期前，该理论对其他国家保密，80 年代中期，该理论逐渐脱密，应用于产品开发领域，在全世界产生了重要的影响。目前 TRIZ 已成为最有效的创新问题求解方法和计算机辅助创新技术的核心理论。在俄罗斯，TRIZ 已广泛应用于众多高科技工程（特别是军工）领域中；欧洲以瑞典皇家理工学院（KTH）为中心，集中十几家企业开始了实施利用 TRIZ 进行创造性设计的研究计划；日本从 1996 年开始不断有杂志介绍 TRIZ 方法及应用实例；以色列也成立了相应的研发机构；美国也有诸多大学相继进行了 TRIZ 研究，有关 TRIZ 的研究咨询机构相继成立，TRIZ 在众多跨国公司内得以迅速推广。

如今 TRIZ 已在全世界广泛应用，创造出成千上万项发明成果。经过几十年的发展，TRIZ 已经发展成为一套解决新产品开发实际问题的成熟理论和方法体系，并经过实践的检验，为众多知名企业和研发机构取得了重大的经济效益和社会效益。

三、TRIZ 的基本内容

TRIZ 体系庞大，包括诸多内容，并且在不断发展完善中。从目前来看，TRIZ 的主要内容有两大部分：一是 TRIZ 的基本理论体系；二是 TRIZ 的解题工具体系。我们将其归纳为以下内容。

1. 创新思维方法与问题分析方法

TRIZ 提供了如何系统地分析问题的科学方法，问题的分析采用了通用且详细的模型，该模型中问题的系统化知识是重要的。其将解决问题的过程系统化，以方便地应用已有的知识。

2. 技术系统进化法则

技术系统进化理论属于 TRIZ 的基本理论。主要观点是技术进化并不是随意的，而是遵循一定的客观规律和模式，不断地向前发展。

技术系统进化的理论和模式可被概括为八大技术系统进化法则（完备性法则、能量传递法则、协调性法则、提高理想度法则、子系统不均衡进化法则、向超系统进化法则、向微观级进化法则、动态性进化法则）。利用这些技术系统进化法则，可以分析确认当前产品的技术状态，并预测技术系统未来发展的方向，开发富有竞争力的新产品。

3. 技术矛盾解决原理

技术矛盾是指技术系统中两个参数之间存在相互制约，简单地说就是在提高技术系统某一参数（特性、子系统）时，导致另一参数（特性、子系统）的恶化而产生的矛盾。例如，将卫星送入太空时希望卫星的重量越轻越好，但若要减轻重量，势必就要缩小尺寸，从而使卫星的性能受到影响，这样在卫星的重量和尺寸之间产生的矛盾即技术矛盾。

不同的发明创造往往遵循共同的规律。TRIZ 将这些共同的规律归纳成 40 个发明原理，针对具体的技术矛盾，可以利用这些发明原理，结合工程实际，寻求具体的解决方案。

4. 创新问题标准解法

创新问题标准解法是指物质-场问题及其解法。物质-场是指实现技术系统功能的某结构要素，它由两个物质（S1、S2）和一个场（F）三个基本元件构成。例如，在汽车传动系统中，机械能（F）通过发动机（S2）作用于车轮（S1）而使车轮向前行驶，组成系统的三个基本元件都存在，且都有效，能实现预期功能。

为解决物质-场问题，TRIZ 总结了五大类、18 个子系统，共 76 个标准解。针对要解决的实际问题，在标准系统中找到相应的标准解法，就可以根据这些标准解法的建议得到具体的问题解决方案。

5. 发明问题解决算法

发明问题解决算法（ARIZ）是 TRIZ 中的一个主要分析、解决问题的方法，其目标是解决问题的物理矛盾。按照 TRIZ 对发明问题的五级分类，一般较为简单的一到三级发明问题运用创新原理或者发明问题标准解法就可以解决，而那些复杂的非标准发明问题，如四、五级发明问题，往往需要应用 ARIZ 做系统的分析和求解。

ARIZ 中，创新问题求解的过程是对问题不断描述和标准化的过程，在此过程中初始问题最根本的矛盾被清晰地显现出来。它是一个对初始问题进行一系列变形及再定义等非计算性的逻辑过程，实现对问题的逐步深入分析、问题转化，直至问题的解决。

6. 知识效应问题解决法

TRIZ 将高难度发明问题所要实现的功能归结为 30 个，并赋予每个功能以相对应的代码，建立《功能代码表》，以及与其相对应的、通常采用计算机辅助技术支持的、由 100 个物理效应和现象建立的《物理效应和现象知识库》（又称效应知识库）。效应知识库涵盖了物理学、化学、几何学等多学科领域的原理，对自然科学及工程领域中事物之间纷繁复杂的关系进行了全面描述。应用效应知识库解决发明问题，可以大大提高发明的等级并加快创新进程。

TRIZ 中的这些创造性思维方法一方面能够有效地打破我们的思维定式，提升我们的创新思维能力，另一方面又提供了科学的问题分析方法，保证我们按照合理的途径寻找问题的创造性解决办法。

创新能力是人的一种潜能，经过一定的学习和训练能使这种能力得到激发和提升。创新是有规律可循的，人类在解决工程技术问题时所采用的方法都是有规律的，并且这些规律可以通过总结和学习加以掌握和应用。相对于传统的创新方法如试错法、头脑风暴法等，TRIZ 具有鲜明的特点和优势。实践证明，运用 TRIZ 可大大加快人们创造发明的进程，帮助我们系统地分析问题情境，突破思维障碍，快速发现问题本质或者矛盾，确定问题探索方向。

第四节　CODEX 创新技术体系

CODEX 创新技术体系是目前国际上最新的创新技术体系，起源于谷歌、高朋、乐爵士等公司的创新实践，融合了 TRIZ、SIT 等创新领域的方法论，以及金融、心理学等最新成果，在 2014 年底由高茂源先生引入中国。经过以北京大学计算机学院陈钟教授为首的、包含来自中国移动、泰康人寿、微软中国等单位在内的 15 位业内专家的评审和建议，联合国内一线专家对其进行了大量本地化的工作。

目前 CODEX 创新技术体系已经走进了百度、阿里巴巴、京东、海尔、华为、中国移动、中国银行等大型国际化企业。另外，CODEX 创新技术体系还孵化了大量的传统上市企业面向互联网转型的项目，涉及大量行业，可谓硕果累累。

CODEX 创新体系最大的特点是从人的思维成熟度出发来思考创新，根据个体成熟度的不同水平将创新分了 5 个级别，每一级对应于不同的创新场景，这样不仅可以为自己的项目构建成长地图，定位自己的创新等级水平，同时也可以针对竞争对手的创新等级，预测其下一步的发展路线。CODEX 可以大规模化创新，也可以在更高级别上进行创新，如商业模式、产品布局等。

一、复制

复制是第一层级的创新模式，这种思维模式，就是跨地域、跨领域、跨时空复制，照搬他人经验理论。比如，我们在聊创新的时候，会引用乔布斯等商界精英曾经说过什么，这种思维就属于本地化思维。当下很多大公司或者成功的创业企业都曾用过这种模式，这种复制模式又分为同行复制和跨行业复制，复制模式的核心是"快"。

复制是指在不同的地域、时间或者领域进行复制，将其他行业的先进经验和独特运营模式等借鉴到自己的企业，将会产生巨大的创新；将其他完全不同的行为或模式借鉴到自己的企业或者个人身上，会得到另一番奇迹。不管是同行复制还是跨行业复制的企业，未来生命周期都是基于后期是否做维度的改变。因此，复制是最安全的创新方法，不需要因为解决用户的某个痛点才去创新，先从复制开始，有了产品，再考虑痛点和用户体验。

复制的训练案例

首先挑选一个与本人从事项目完全不同的某行业著名品牌，列举出自己认为该品牌比较先进的理念、运营模式、体验方式、营销渠道等，然后讨论是否可以把该品牌的优秀做法复制到自己的项目中，比如，"将小米的饥饿营销法搬到我们企业该如何做？""如果我们要实现客户定制产品全程跟踪，实时查询，该如何做？"

通过将其他著名品牌的优势借鉴到自己的企业，这样会产生有别于本行业其他企业的创新，将本行业还没有出现、大家公认的著名品牌的优势复制到自己公司来用，可能会产生意想不到的结果。

二、优化

优化是第二层级的创新模式，即优化创新。这是目前国内实践最多、最成功的一种模式。换句话说，就是利用现有的资源进行优化式创新，而这种创新模式的核心是执行，其本质思维方式就是"戴明环"，即对产品创新按照计划、执行、检查、调整的闭环方式不断地进行更新迭代的行为，主要思路就是在不改变原来项目商业模式的情况下，利用有限资源给公司带来体验的增加、成本的降低、效率的提高等正向改变，这就是优化级创新的最大特点。

优化级创新几乎涵盖了 SIT 和 TRIZ 的所有方法，一共有 100 多种创新方法。目前国内流行的微创新就是优化级创新很好的例子。下面简单介绍几种优化级创新的方法。

1. 极简

即减去某个基本的部分，减去的部件越基本，创新越具有挑战性。基本步骤如下：首先列举产品或服务的内部组成部分，选择一个基本部分，将其部分删除或完全删除，想象删除后的结果，思考是否具有可行性，是否可以付诸实践，或者是否可以通过调整来提高其可行性。在这里要注意几点：一是删除的部分，既不是最核心的，也不是最不重要的，而是处于中间地带的；二是不要仅删除有缺陷的部分；三是不要立刻找替代品；四是要避免认知偏差。

比如麦当劳，他们采用价格简化的方法，提供低于竞争对手一半的价格，来供应高品质的汉堡，他们进行价格简化的方式是：首先，将菜单上的菜品减少到只有几种，这么做减少了原料品种，并因此能够大批量购买原料；其次，他们采用流水线的方式批量化地生产食物，这样大大减少了人力成本；最后，他们还说服客户自助服务，这样既提高了点餐效率，也满足了顾客随点随取、不用排队等待的愿望，顾客吃完后也会自行收拾。麦当劳就靠着这样的简化方式，从 1948 年到 1961 年价值增长了 11.4 倍，实现了 20.6% 的年复合增长率。

另一个极简的例子是春秋航空。春秋航空是中国首个民营资本独资经营的航空公司，它在经营过程中采用极简创新方法，大胆砍掉头等舱和商务舱，只设经济舱，推出 99 系列特价机票，去掉门店经营渠道，改为网上直销，大大节省了不必要的开支，开航以来平均客座率在 95% 左右，居全球低成本航空之首，飞机利用率高于国内行业平均 20% 左右，成为民航领域经营的典范。

2. 倍增

即对产品或服务的某一方面进行复制并改动。基本步骤如下。首先，列举产品或服务的内部组成部分，选择一个或几个部分进行复制，列举出该部分可能发生变化的特性，如颜色、位置、方式、温度等；其次，选择其中一个基本属性，并采用颠覆传统的方式改动，设想一下新产品或新服务的样子，然后思考几个问题：新产品或新服务有什么潜在的价值和优势？有无市场需求？是否可以付诸实践？能否可以通过调整提高其可行性？在这里要注意几点：一是切勿做简单的加法，不是用数量换功能；二是务必采用颠覆传统的方式对某个部分进行改动；三是切勿对某个属性进行倍增。

2014 年，亚马逊推出全球第一款智能音箱 Echo，产品一经上市便很快在美国走红。2015 年，科大讯飞受到 Echo 的启发，于是联合京东推出国内第一款智能音箱叮咚。在该产品的设计中，即采用了倍增的优化创新方法：在音箱中只内置一个麦克风的话，智能音箱在对语音进行识别时，容易受其他因素干扰，导致识别出现问题，因此设计人员在音箱里内置了多个麦克风，形成一个麦克风矩阵，这样就解决了一系列在嘈杂环境下语音识别的问题。该方法现在也成了世界标准。

3. 解构

即将一个产品或服务解构成多个部分，再将其部分重新组合。基本步骤如下。首先列举产品或服务的内部组成部分，以任一种方法进行解构，如功能型结构、物理型结构、保留型解构等，想象解构后的结果，然后思考：新产品或新服务有什么潜在的价值和优势？有无市场需求？是否可以付诸实践？能否可以通过调整提高其可行性？在解构过程中，可以从列举清单入手，按时间和空间进行重组，同时使用三种解构方法。

功能型解构指对产品的各个部分按照功能进行解构或重组。比如欢乐唱吧迷你KTV，就是颠覆传统娱乐游戏形态，集唱歌、专业录音、游戏、社交等娱乐功能于一体的自助娱乐吧。把分属于不同产品的功能组合起来，形成新的产品或服务。物理型解构指把产品按照物理属性进行分解或重组，如深受小朋友喜爱的各类拼装玩具、拼图等。保留型解构指保留产品的基本功能，但是对其他部分进行解构重组，比如，电脑硬盘不方便随身携带，于是就发明了小巧易携带的 U 盘；小袋食品、分装茶叶、酒店的分时租赁、银行的分期付款等，也属于此类。

三、维度

维度是第三层级的创新模式。维度就是不同的角度，维度有别于事物的属性，是特指从不同的角度来看待同一件事情，这种角度带有环境的视角，往往会有让人眼前一亮、豁然开朗的感觉。一定要和竞争对手在不同的维度，如果在同一维度只能叫功能完善，而依靠痛点和功能完善的创业风险是巨大的。

比如淘宝和京东，作为我国知名的电商平台，销售的商品颇有雷同。但是它们的维度是不一样的，淘宝的维度是店铺，京东的维度是商品。为预防出现商品质量问题，淘宝重心在做商铺管理，京东重心在做商品质量监控。所以很多人买电器时，同样价格下，为省心会选择在京东买。这就是维度的不同。

《犹太人的思考术》中举过一个例子，可以用来说明这种方法：如果让一个电工从事管理工作，由于其具有最专业的电工知识，那么当他用电工领域的知识来看待管理的时候，他便具有了平常管理者所不具有的看问题的视角。例如，他会考虑如何进行信息的有效传递——串行或者并行，如何设置管理的控制点——类似于电工领域的开关。这就是所谓的维度，这种维度的方法，往往可以让创新者找到一片"蓝海"。

CODEX 以产品的全生命周期为着眼点，从生产者、产品、渠道、消费者等四大体系总结出 6 个维度、112 种创新方法，完整涵盖企业内部管理、产品商业模式、产品与服务体系构建等产品全生命周期价值链。

维度创新案例

在某一 CODEX 创新技术培训课堂上，教师以一只普通的发光二极管（LED）灯为目标产品，请学员们举一反三：如果应用维度级创新方法，可以做出哪些产品？短短几分钟内，仅仅在"产品表现"这一个维度上，学员们就想出了几十种创新。

增加功能：叫醒灯、定时灯。

环境保护：环保灯、健康灯。

定制：图案灯、星座灯。

使用便利：快速更换灯、电压预警灯。

交互功能：声控灯、体感灯、签到灯。

环境敏感：烟雾探测功能、热感功能。

特性集成：音乐灯、浴霸。

聚焦：特殊灯片、香味灯。

简化产品功能：见光不见灯。

时尚：情侣灯、情调灯、其他浪漫造型灯。

安全：过电保护、防水、防潮、耐磨。

卓越产品：10 万次不坏灯。

增加价值：学习联盟。

售后保障：帮忙拆卸。

扩展和插件：连接 Wi-Fi 的智能灯、手机控制。

模块化系统：家庭用灯方案组合。

产品捆绑：捆绑家装服务。

产品或者服务平台：网上社区。

礼宾服务：用眼关爱店。

租赁或者贷款：厂矿空闲照明灯共享。

四、生态

生态是第四层级的创新模式。所谓生态就是从整个产业的角度出发来看待目前进行创新的产品和项目。创新重点从单一的产品或者项目转移到产品之间、企业之间、用户之间，甚至在产业之间进行高度协同。

微软的 Windows 操作系统就是一个典型的例子。微软的目标是让所有人的电脑都用上该公司的 Windows 系统，而 Windows 系统并不是微软最赚钱的，最赚钱的是 Office 办公软件，正因为微软想推广自己的系统，才有了 Office 这样有战略意义的产品。当你解决了生态问题，当生态里的人从中受益，结果就水到渠成。生态创新的核心就是要看到一个结构，因此需要从解决生态利益问题着手。

生态层级的创新属于现在新时代环境下的高级创新等级，目前只有少数企业可以达到这个级别。生态层级的创新需要懂得行业特点的、可以从产业的视角来看待整个项目的人或者企业的专家来指导进行。

生态创新案例

我们早已进入了智能手机时代，目前大家公认的智能手机时代开创者是苹果公司，而实际上诺基亚才是最早尝试和生产智能手机的厂商之一，且远远早于苹果。但是苹果手机出现之后，诺基亚仿佛一夜之间便失去了霸主地位，沦为末流企业。诺基亚手机的产品质量和功能都做到了近乎极致，为什么却被苹果手机击败呢？苹果手机采用的就是生态层级的创新。当诺基亚还拼命在功能和质量上下功夫的时候，苹果手机却利用苹果手机商店构建了一个开发者到消费者的生态圈，让每一个参与者充分获益。这就是生态层级创新的威力。

五、驱动

驱动是第五层级的创新模式，驱动创新就是哲学，是创新的终极模式、元模式。假设你做了一个电脑游戏的世界，里面小人的行为是会有一点概率性的，就是你知道这个小人的行为是你不能完全控制的，这个时候你就是它的元模式。元模式就是在创新模式下，这件事的驱动是什么。元模式是基于对人性的深入认知而进行的创新。

比如，谷歌比苹果更有元模式，谷歌想要做的是人类世界的驱动，它的愿景就是人的任何一种行为都可以被谷歌支持（powered by Google），人通过谷歌可以达成自己的行为目标，大致可以理解为谷歌的数字化生活。

国内最火的应用软件之一——微信，其实它的终极目标也是基于元模式——连接所有，在这种模式下是没有竞争的，因为我帮你做你想做的事，然后和你的产品建立连接，帮你做事的时候，也让别人通过我连接到你的产品。

【本章小结】

随着人类文明的发展，创新技法层出不穷，人们创造出多种多样的创新成果。传统创新技法主要有头脑风暴法、设问法、联想类比法、列举法等。进入新的时代，TRIZ创新方法和CODEX创新技术体系渐次出现，传播到我国，在社会上得到广泛的应用，显著提升了企业创新的效果。了解掌握和运用这些技法，会大大提高创新者的能力和创新素养。

【思考题】

1. 请找出你所在学校中一个大部分同学有意见的设施或者制度，运用本章的创新技法加以改进。

2. 对于家庭所用的汽车、电器或者家具等物品，请找出一个，运用创新技法加以改进。

第五章　大学生创新实践项目展示

第一节　"扶梯式智慧鱼道"项目策划书

华北水利水电大学　丁泽霖团队

一、研究背景

鱼道是在河流中沟通鱼类洄游通道的设施。目前鱼道主要有以下几种布局措施。第一类为建设鱼闸，鱼闸主要通过让鱼从尾水进入充水的闸室，当闸室的水位和上一水位线向平齐时，关闸传鱼。鱼闸的使用不受水流高度的限制，可以利用水流自身的冲击力进行加水加压传输，所要依靠的外界条件较少。但是采用鱼闸存在容积有限的问题，当大量鱼类想要洄游，不利于寻找入口，当鱼闸堵塞时，鱼类只能被迫退到下游，想要再次使鱼类回到鱼闸入口处进行传送较为困难。同时使用鱼闸可能会出现闸口网栅淤积阻塞，闸门出现故障、失灵等问题。第二类为建设人工孵化场及产卵槽，这样的方式可以给鱼类在繁衍生存上提供大量的空间条件。人工划分一个专业性的繁殖基地，为保存鱼类多样性提供便利。但是建设人工孵化场及产卵槽固化了鱼类的流动自由性，不同种类的鱼类同时存在于一个区域，可能会导致生物链不平衡等问题，与建设鱼道的初衷有些相违背。第三类为拓宽池室、加厚隔板的方法。该方法主要针对降低鱼类紊动旋涡的尺度和提升鱼类克服流速阻碍的能力，在已知条件下，进行大量模拟实验，利用池室的水利条件来使鱼类更多地自然跟随鱼群进行洄游。但是针对国内大部分水道不宽、长度不够的问题，其不能够提供参考。

二、国内外鱼道结构研究现状

现如今，随着对生态环境的重视，人们对鱼道有了更深入的研究，在鱼道的结构形式上也更加趋于对生态环境的保护。除了简单槽式、丹尼尔式、堰流式、竖缝式鱼道，还有淹没孔口式、涵洞式、组合式鱼道以及新型的仿自然、仿生态式鱼道。

1. 我国鱼道发展现状

与国外鱼道相比，我国关于鱼道的研究起步较晚。最早提及鱼道概念的是在开发富春江七里垄电站时进行的关于科学试验和水系生态环境的调查。1966 年 7 月在大丰县斗龙港闸建成了我国第一个鱼道。到 20 世纪 80 年代，我国建成的鱼道设施在 40 座以上，主要过鱼对象一般为珍贵鱼类、鲤科鱼类和虾蟹等幼苗。然而到建造葛洲坝水利枢纽时，出现了有关过鱼工程措施的争议，最终采取了建设增殖放流站，通过人工繁殖和放养的方法解决中华鲟等珍稀鱼类的物种保护问题。这直接导致在接下来的近 30 年时间里我国在河道上兴修水利工程时几乎都不再考虑修建过鱼设施。而且，之前建造并已经投入使用的各种鱼道也因为管理维护不当、运行效果不理想、重视程度低等问题，渐渐趋于荒废。我国鱼道建设进入停滞期。

进入 21 世纪以后，我国水利水电工程建设蓬勃发展，天然渔业资源严重退化，我国河流中的珍稀洄游鱼种濒临灭绝，鱼道问题重新被提出，并逐渐得到人们的关注。环境影响报告中要求，具备条件的水利水电工程在新建与修复重建过程中要增设鱼道工程措施，以期达到生态修复与维护生物多样性、减小对鱼类影响的目的。此后修建了如北京的上庄水库鱼道、广西长洲水利枢纽过鱼道工程、浙江曹娥江挡潮大闸右侧鱼道、西藏狮泉河鱼道、珠江长滩枢纽鱼道和长江小南海鱼道等各种坝上过鱼设施，鱼道建设进入新的发展阶段。

2. 国外鱼道发展现状

国外的过鱼设施比我国早 300 多年的历史。鱼道的雏形诞生于 18 世纪的法国，其做法是疏浚河道中的障碍，同时，布置捆绑的树枝和石块来降低流速，为鱼类提供洄游通道。1909～1913 年，丹尼尔提出在鱼道内设置一定间距、与底部成 45°角的隔板，以增加水力损失来降低水流流速。这种鱼道结构形式被后人称为丹尼尔式鱼道，适用于游泳能力较强的鱼类和上下游水位差不大的枢纽。1938 年，美国哥伦比亚河上建成了世界上第一座堰流式鱼道，是鱼道建设历史上的一次重大突破。它属于隔板式鱼道的一种，采用低堰作为隔板，水流经过低堰流向下一个池室。堰流式鱼道适用于具有一定跳跃能力的鱼类。1943 年，加拿大弗雷泽河上修建了著名的鬼门峡鱼道，开创了竖缝式鱼道的先河。在水槽两边设置隔板，使两隔板之间形成竖缝。水流通过两个竖缝分别进入池室。竖缝式鱼道主要依靠水流的收缩、扩散、回流等方式进行消能，适用于各种游泳能力相差不大的鱼类。1994 年，澳大利亚把部分池堰式鱼道改造成竖缝式鱼道，改造后，在过鱼数量和过鱼种类上都有明显改善，但在过鱼效率上仍然存在许多欠缺。

综上所述，国内外鱼道的建设都存在一定的局限性，全方位、整体性的措施还比较欠缺，对落差较大水位的鱼类自然跨输也存在空白。因此，"扶梯式智慧鱼道"项目组通过创新设计、科学研究与模拟试验，为设计在特定条件下扶梯式智慧鱼道高纬度跨输鱼类的实验提供可行性分析。可重复试验的产品设计及多种供能方式解决了实际工程试验成本过高和工作环境差异大的问题。扶梯式智慧鱼道图像采集装置更加方便了实验观察及数据整理，使得实验结果更有参考意义。

三、产品介绍及研究意义

1. 开发思路

水利水电工程因拦断河道而对流域生态造成影响，随着国家对生态环境保护越来越重视，越来越多的水利水电工程需要建设鱼道。至今，已建的部分鱼道过鱼效果不佳，甚至完全失效。因此，对于创新鱼道，高效鱼道的设计尤显重要。

基于自动扶梯的原理对传统的池式鱼道及槽式鱼道进行结构形式和功能方面的改进，借助于探鱼诱鱼系统、梯路导轨系统、供能系统、实时监控系统的协同作业，将鱼类在鱼道中依靠自身的力量克服流速溯游至上游的过程自动化、可视化，将大大提高鱼道的过鱼效率。同时，新理念、新材料、新结构、新工艺、新技术的加入也使得鱼类洄游难、效率低、阻力大的问题得以解决。

2. 新技术构成

本项目基于自动扶梯的工作原理及鱼道的工作性质，结合远端实时监控系统，设计了自动扶梯式智慧鱼道。同时针对不同库区的实际情况提出了两种自动扶梯的供能方式，可以实现鱼道高效过鱼、绿色环保、因地制宜。作品利用自动扶梯的原理及导鱼槽的设计，通过三大结构、四个系统的协同工作及相互配合实现精准诱鱼、高效过鱼、助鱼洄游的工作目的。研究技术主要包括以下方面。

1）进行基于自动扶梯原理和导鱼槽设计的总体技术方案的研究，其中包括对三大结构、四个系统基本构成的合理性与可行性研究。研究下游引水、中部输鱼、上游导流三大结构各自的功能与衔接方式。扶梯式智慧鱼道在其下部转向导轨前安置了引水墙，便于将下游的水引入鱼道。通过扶梯式智慧鱼道的输送到达上游库区，在鱼道上转向导轨系统前亦安置导流墙，以引导鱼类游入上游库区，达到助鱼洄游的设计目的。此创新不仅使过鱼效率大大提升，同时也实现了节约水库水源、节能高效用水的目的。该技术立足前沿科技，通过创新设计、科学研究与模拟试验表明了创新作品的科学性与可行性；解决了鱼类在鱼道中靠自身力量克服流速溯游至上游阻力大、受控条件多的难题，提高了过鱼效率与成功率，具有广阔的应用发展前景。

2）研究四个系统——探鱼诱鱼系统、梯路导轨系统、供能系统、实时监控系统的协同工作方式及作业效率。

3. 研究意义

1）克服了鱼类在鱼道中靠自身力量克服流速溯游至上游阻力大、受控条件多的难题。提出了下游引水、中部输鱼、上游导流的三大结构，三大结构协同配合，共同作业以实现快速诱鱼、高效过鱼、助鱼洄游的功能，具有巨大的环境价值与社会意义。

2）优化了传统鱼道的结构系统，保证了过鱼的高效性与节能性。提出了探鱼诱鱼系统、梯路导轨系统、供能系统、实时监控系统协同工作、相互配合的作业方式。结合不同库区的实际情况选用不同的供能模式，达到因地制宜、节能环保的社会效益。同时安置数据监控设备，便于获取实时的鱼道信息，便于做出调整与分析。

3）提出了基于自动扶梯原理的新型智慧鱼道，设计诱导鱼、运输鱼一体化的导鱼槽，优化传统鱼道的系统结构，实现精准、环保与高效便捷的过鱼要求。通过研究创新，完善现有鱼道结构，逐步实现传统鱼道向智慧鱼道、高效节能鱼道的转型升级。

四、结构原理及技术说明

（一）探鱼及诱鱼系统

1. 导鱼槽设计

参考自动扶梯中梯级的设计原理设计可蓄水存鱼的导鱼槽，其设计如下所述。导鱼槽是特殊结构的四轮小车，有两只主轮、两只副轮。导鱼槽主轮与导鱼槽链条铰接在一起，副轮固定在导鱼槽上，全部的导鱼槽通过按一定规律布置的导轨运行，在自动扶梯的上分支的导鱼槽保持水平，而在下分支的导鱼槽可以倒挂。

2. 探鱼及诱鱼功能设计

1）在槽体内侧安置的声呐探鱼器，可以实时感测鱼类进入槽体情况，原理即利用超声波换能器发射信号，通过空气或水的传播，利用超声波在水中接触鱼类反馈回来的信号，然后经过内部处理器的处理，即可启动该梯式导轨，带动导鱼槽向上输鱼。当声呐探鱼器未感知到鱼类进入时梯式导轨不工作，从而达到节能高效的诱鱼、输鱼效果。

2）国内外关于鱼类对不同声音的趋音性研究表明，鱼类对声音的敏感程度主要是由声波的大小、频率和波形等所决定的。鱼种间的差异性，使不同鱼类对同种声音的敏感程度不同，而同种鱼类对声音敏感程度也会随着流域内水环境的变化、季节变化、昼夜节律以及个体的不同发育阶段而变化。鱼类正趋音性使其能在鱼道进口附近大量聚集并引诱鱼类进入鱼道进口，负趋音性能让鱼类在上溯过程中顺利找到上游通道的进口，避免误入其他通道。声音诱鱼的优势在于声信号在水中具有传播距离远、传播速度快以及影响范围广等特点，通过实验监测不同声波在其波及范围内对鱼类趋避行为影响的研究，为声源的合理布置提供参考。本设计在导鱼槽槽身处加入了声波诱鱼器，通过改变不同声音类型实现对鱼类的定向高效诱导。

3）在导鱼槽槽身内，安置可抽拉装卸的内置隔网，在鱼道正常工作期间，将诱鱼饵料安置其下，起到引鱼进槽的作用。同时，内置隔网也将鱼类和诱饵分隔开，防止其进食过量从而影响鱼道的正常功能。当鱼道检测系统检查到隔网下鱼饵减少时，人们通过抽出内置隔网即可更换新饵料。

3. 导鱼槽链条设计

导鱼槽链条主要由导鱼槽主轮、内外链片、圆柱销轴、套筒等组成。于导鱼槽两侧各装设一条，两侧导鱼槽链条通过导鱼槽轴连接起来，一起牵引导鱼槽运行。导鱼槽链条在下转向导轨系统的转向壁处通过张力调整器张紧，以修正链条因运行磨耗等原因产生的链条伸长。

（二）梯路导轨系统

导轨系统分为上、下转向导轨系统和中间直线导轨系统。上、下转向导轨系统端部附有使导鱼槽、导鱼槽链条回转的转向壁结构，下部转向壁可移动，配合张力调整器结构来满足导鱼槽链条张力之需要，梯路导轨使导鱼槽按一定的规律运动，以防止导鱼槽跑偏，承受导鱼槽主轮和副轮传递来的梯路载荷。梯路导轨系统具有光滑、平整、耐磨的工作表面。

梯路导轨系统的工作原理是，当上游开闸放水时带动水轮机转动，梯路通过齿轮传送至梯路导轨传动齿轮处，系统内部齿轮工作使其内部导轨自下而上运动，从而带动导鱼槽副轮沿着规定的轨道运行。当导鱼槽运动时，其主轮也会沿着上部导轨同步滑动，以达到多槽同步同轨输送运行。

（三）供能系统

扶梯式智慧鱼道的动力来源可分为内部供能和外源输入，两种方式均可为扶梯式智慧鱼道供能，进行鱼类的梯级传输，现列举其中可行性较大的两种供能方式加以描述。

1. 外部电源供能

若该地域因地势落差不大、河流流速不高、流量不大等因素无法达到水能发电的要求或存在生态环境脆弱问题不宜采用水能发电，可采用外部电源供能，持续稳定输送电能，用此来为扶梯式智慧鱼道供电，进行鱼类的梯级传输，带动其内导轨转动，而安置在导轨上的导鱼槽即可实现将下游的鱼由下游输送至上游水库，从而实现抬升过程的自动化，同时加以过载保护装置对起动过程进行保护。

优点是对环境要求较小，缺点是设备的维护和运行条件高，且要对运行中的电机设备提供保护。

2. 内部水力供能

若周围有溢洪道工程，我们可以选择水力供能。水轮发电机组能够灵活地启动、停机，是电力系统理想的调峰、调频和事故备用电源。在溢洪道之后安装水轮发电机组，进行水力供能，用此电来为扶梯式智慧鱼道供电，进行鱼类的梯级传输。

由于水流按照一定的水文周期不断循环，从不间断，因此水力资源是一种再生能源。所以水力发电的能源供应只有丰水期和枯水期的差别，而不会出现能源枯竭问题，诠释了能源再生性的可能性。水力供能优点是溢洪道的水量多、落差大、弃水少，在成本低、高效灵活的同时实现能源再生。水轮发电机组通过收集每一次从溢洪道排出的水流，形成水头。水头通过尾水管道推动水轮机转动，使水能转化为机械能。缺点是对周围环境及设施要求高，对水流的流速和流量有较高的要求。

（四）实时监控系统

在扶梯式智慧鱼道典型断面设置监测装置，监测水位、水温、水流速等信息，为鱼类洄游习性分析提供原始数据；监测通过断面的鱼的数量、长度及实时图像，为过鱼情况的统计分析提供依据，主要功能设计如下。

1）多参数监测。鱼道过鱼监测除了监视过鱼情况外，还能监测水温、流速等环境状态，以便最终实现对过鱼情况的综合分析。

2）观测装置自动清洗。根据国内已建鱼道的过鱼监测系统应用情况，由于河道水质一般比较浑浊，特别在汛期，装置在水中长时间运行后，表面附着大量污垢，影响观测效果，需人工定期清理去污，因此，系统设计了自动清洗功能，以提高观测效果、降低装置运行维护工作量。

3）综合监控与分析。对鱼道闸门、水位、水温、水流速、过鱼影像、过鱼计数等各类数据进行综合监控和分析，实现统一监视、联动与统计分析。新型扶梯式鱼道监控系统是对鱼道通流状况和导鱼设施进行监控、对鱼道生态环境进行监测、对鱼道过鱼情况进行观察和记录的系统，主要包括对鱼道水位、水流速、水流量、水温、水质、过鱼数量、过鱼影像、过鱼种类、过鱼长度、过鱼年龄段等指标的监控。

五、关键技术及工作流程

1. 关键技术

1）下游引水、中部输鱼、上游导流的确定与优化。

2）自动扶梯式工作原理的方案确定与优化，导鱼槽工作的稳定性。

3）力求探鱼诱鱼系统、梯路导轨系统、供能系统、实时监控系统间协同运行，实现低能耗、高效率的过鱼效果。

2. 工作流程

1）通过引水墙将下游水和鱼类引入系统中，安置在导鱼槽上的诱鱼系统将鱼类诱引至导鱼槽中。

2）探鱼器探测到鱼类进入后启动梯路导轨系统，其内导轨转动，带动导鱼槽向上输送。

3）运输至上游时导鱼槽倒置，将内部水体及鱼类倾倒入上游水域，通过导流墙引导鱼类游入上游库区。

4）基于自动扶梯的工作原理，当一个导鱼槽完成工作后，会继续随着内导轨的移动从上游水面返回至下游库区。

5）全过程通过鱼道监测系统可以对鱼道过鱼种类、水位、水流量、水温、水质、过鱼数量等情况实时观测，以便及时做出调节。

六、市场营销

（一）作品创新点

1）提出了具有下游引水、中部输鱼、上游导流的三个工作部分，克服了鱼类在鱼道中靠自身力量克服流速溯游至上游阻力大、受控条件多的难题。

2）提出了探鱼诱鱼系统、梯路导轨系统、供能系统、实时监控系统协同工作，相互配合的作业方式，优化了传统鱼道的结构系统，保证了过鱼的高效性与节能性。

3）提出了基于自动扶梯原理的新型智慧鱼道，设计诱导鱼输鱼一体化的导鱼槽，优化了传统鱼道的系统结构，实现精准、环保与高效便捷的过鱼要求。

（二）市场现状分析

1. 社会发展层面

随着国家经济发展和人们生态环境保护意识的增强，国家对鱼道建设越发重视，因此有必要对鱼道进行更深入的研究。通过查阅文献和现场调研，对鱼道附属设施的配置、鱼道监控和鱼类识别发展状况进行研究。经过调研发现，国内鱼道虽然经过了多年的发展历程，已经有了长足的发展，但很多方面还存在不足，大部分鱼道监控系统设施落后，且无法识别过鱼种类，对鱼道的建设和运行管理起到的作用不大，鱼道智能化和集成化监控方面有待加强。

2. 环境保护层面

随着我国经济的迅猛发展以及人们生活水平的大幅提高，工程建设的安全性和经济性不再是唯一要求，生态环境的保护也逐渐受到关注，要求做到开发与保护并举，以实现人与自然和谐相处。鱼道作为水利水电开发建设中的一项生态补偿措施，具有非常重要的作用。近年来，生态环境部、水利部、交通运输部都陆续出台了相应的政策和文件。总体来说，国家对鱼道建设越来越重视，要求也越来越规范。除了传统的鱼道建设方法，鱼道建设需要结合工程实际，有更多的创新。

3. 技术实现层面

对于高效节能鱼道的技术实现，可从鱼道入口设计、诱鱼方式、鱼道出口设计、鱼道的监测与维护四个方面进行创新设计。对我国现存鱼道的总结分析如下。

1）鱼道入口设计。鱼道的入口能否被鱼类很快发现并且是否方便进入是鱼道设计建设成功与否的关键。鱼道入口位置应尽量设在鱼类洄游路线的途中、有活水下泄的位置。一般采用电站泄水，或者是利用溢洪道侧旁的下泄水流来诱鱼。部分研究资料表明，葛洲坝三个船闸的下游是鱼类积聚最多的地方。这也证明了，有流动水下泄的地方容易让鱼类聚集，使鱼类方便辨认。

2）诱鱼方式。目前我国的鱼道大多是借鉴国外的鱼道进行设计的，然而我国的鱼种与国外不同，所以要求的水流流速、温度也不一致。因此，应针对不同的鱼道、不同的洄游鱼类进行分析，使鱼道具有兼容性，建设后能适应不同季节、不同种类的鱼类洄游。

3）鱼道出口设计。鱼道的出口应远离溢洪道，靠近河岸，以免沿鱼道溯游的鱼类被卷入水流或进入分水干渠。出口外水流要平顺，流向明确，没有漩涡。

4）鱼道的监测与维护。鱼道的内部应设有采样点，监测整条鱼道中的水温、水质和鱼类洄游等情况，并要投入一定经费定期检修维护。

扶梯式智慧鱼道实用性高，理念新颖，结合三大结构、四个系统的协同工作，将水坝的工程设计和传统商场自动扶梯的工作原理相结合，优化了传统鱼道，提高了过鱼效率，保证了河道上下游的连通和生态发展，较传统鱼道，过鱼效果更佳。扶梯式智慧鱼道在保证水利设施建设的同时，能够保障河道水生物的生物多样性，降低人类活动和水利建设对生态环境的影响，实现水利水电工程与生态环境的共赢和可持续发展。

（三）目标市场选择

国内外鱼道的建设都存在一定的局限性，绿色环保、环境友好的措施还比较欠缺，对落差较大水位的鱼类自然跨输研究也存在空白。传统的鱼道存在设计目标单一、设计方式落后、施工材料和方法不利于环境保护等问题。产品的市场选择定位如下。

1）为大中型水利水电工程、水利工程建设部门提供订制化技术服务。

2）为具有相关研究技术的高校、各大流域科研机构提供理论支撑。

（四）市场竞争分析

当前我国越来越重视生态水利工程的建设，对于传统的过鱼设施进行了许多改进与完善，但由于发展时间短、过鱼效果不佳等问题，对于可以高效过鱼同时兼顾节能环保的过鱼设施还有待进一步完善。以下是当前已经投入使用的一些过鱼设施弊端和扶梯式智慧鱼道的设计由来。

1. 升鱼机的弊端

升鱼机不能维持水系连通，无法连续过鱼，鱼类为被动过坝，依赖于运行调度，且不可用于下行过鱼，鱼类适应集鱼斗、运鱼箱较难，可能会因拥挤而造成损伤，且运行设备人工操作和维护工作量大，后期运行费用高。

2. 传统鱼道的弊端

传统鱼道设施方式运用较多，比较适应在低水头枢纽运行。在已建成的鱼道中效果参差不齐，有些效果比较好，有的仅成摆设。在高水头枢纽中甚至不能采用鱼道方式，一是鱼群经过数公里或数十公里的长途跋涉，早已疲惫不堪，甚至耗尽体能仍不能到达上游水库；二是高水头枢纽往往选址在场地狭窄处，在平面上根本无法布置鱼道；三是工程费用巨大，往往达到几亿元甚至十亿元以上，导致项目在经济上通不过。因此，上述传统的过鱼方式不能很好地满足工程效益和环境保护的要求。

3. 集运鱼设施的弊端

集运鱼设施的原理是通过一定的诱鱼手段，将下游的鱼集中到船体或箱体当中，然后通过船闸或者汽车运输，将鱼运输到坝上，从而达到翻坝的目的。该方法适合于高水头的大坝，也会作为一种上行过鱼设施建设前的过渡措施。集运鱼设施在国内仅有一次尝试，其效果远远不能满足鱼类过坝的要求。一是鱼类收集困难，过坝效率低；二是鱼在运输途中受到伤害的风险较大。

4. 仿自然通道的弊端

仿自然通道是在岸上人工开凿类似于自然河流的小型溪流，通过溪流底部、沿岸由石块堆积成的障碍物的摩阻起到消能减缓流速的作用。由于坡度相对较小，其所需空间大，运行条件苛刻，一般仅运用在上下游水位差不大的工程上。

考虑到以前的鱼道过鱼效果不佳，究其原因，主要有以下几点：一是鱼道尺寸小，鱼不易找到过鱼通道；二是鱼道坡度较大，洄游能力较差的鱼没有足够体力过坝；三是运行管理麻烦，过鱼没有得到足够的重视。由此，项目团队创新设计了扶梯式智慧鱼道。

（五）产品宣传

1. 借助网络搜索引擎

现代人生活节奏紧张，主要通过网络获取信息。因此做好网络基本信息的铺设十分重要。公司将通过百度产品——百度、百度体验、百度文库、百度百家、百度口碑、百度贴吧等互联网宣传，预计能够起到很好的品牌推广作用，公司还将建立微信公众平台官方账号，并对账号进行维护和运行，设置相关精美的推广文字、图片、视频和网页链接，然后将相关精美网页和链接推广并转发给我们在水利建设部门的校友、同学和朋友。

2. 借助行业垂直网站

行业垂直网站具有很强的参考意义，许多经销商会从中选取适合自己的品牌。扶梯式智慧鱼道创办初期影响力小，但如果能在行业垂直网站中频频露面，会给客户留下较深的印象。

3. 借助热点时事

国家一直重视环保事业，公司将借时事创作软文，植入扶梯式智慧鱼道的广告，让更多从业者和相关机构了解生态水利的重要性和必要性，了解鱼道在水利建设过程中不可或缺的重要作用。

4. 社群营销

社群营销也称为社交零售，即通过聊天、互动来让用户产生购买行为，可以把有效客户转移到公司已建立好的社群里，再利用专业的讲师或课程，为用户提供有价值的内容，提高用户黏性，建立良好的企业形象或口碑。

5. 线上线下相结合

可以在学校、科技场所进行宣传，利用好新媒体力量，通过微博、微信配合线下活动来吸引顾客。公司将派专业学术人员前往开设水利及生态相关专业的高校进行宣传演讲，同时参加如全国水利大会、水资源与环境国际会议等相关学术会议及学术论坛，对公司产品和技术进行宣传交流。

（六）总结

绿水青山就是金山银山。随着环保理念的普及，生态环境保护在工程建设中越来越受到关注。为实现人与自然的和谐相处，在水利水电工程开发建设中，设计和建设鱼道等生态补偿措施，有较大的发展空间，将会起到非常重要的作用。

第二节　"甩枪达人"创新手游商业策划书

—— 全球俯视视角多人枪战手游

华北水利水电大学　李雷团队

一、项目背景

近年来在手机游戏（简称手游）市场上枪战游戏异常火爆，《全民枪战》《穿越火线》等手机游戏已经成为人们茶余饭后休闲娱乐的主要游戏。《星际争霸》、《红色警戒》、《魔兽世界》、《反恐精英》、《魔兽争霸》及《英雄联盟》等电子竞技游戏火爆数年，电子竞技游戏的魅力是无法阻挡的，已经成为经典的竞技项目。

第三人称俯视视角作为一个经典的枪战视角，在直观性、精彩度、不易头晕方面有很大的优势。但是目前这种视角的枪战游戏没有多人对战性质的，也没有电子竞技性质的，存在着无法即时对战、竞技性较差、付费影响竞技公平等问题。所以市场上急需一个俯视视角的、可以随时随地多人枪战的手机游戏。

本项目在吸取国内外相关游戏精华的基础上，将"甩枪达人"定位为"全球俯视视角多人枪战手游"，提出俯视多人枪战模式，重点强调竞技性、公平性。另外我们也会设计闪冲、甩枪等操作技巧上的创新点。

二、国内外情况调查

国外的枪战游戏有不少，比如《反恐精英》《使命召唤》。国内的枪战游戏有《全民枪战》等。针对第三人称俯视视角，却没有多人枪战类型的游戏，这种视角观赏性强、不易头晕，所以在这种视角下实现多人枪战模式，将会成为一个经典的竞技游戏。

所以我们研究出一套俯视视角多人枪战手游玩法，让多个玩家能在同一个场景中即时对战，让玩家相互射击，这样将大大增加游戏的乐趣。

三、主要研究内容

本项目主要研究了如何在俯视视角枪战游戏中实现多人对战功能，以及设计闪冲、甩枪等一系列的操作技巧使之成为一款经典的竞技游戏。

本项目的主要研究内容如下。

1）第三人称俯视，避免头晕问题。采用第三人称俯视视角，然后以角色的移动带动摄像机平滑地运动，这样能形象地看到队友和对手的动作，不易出现头晕问题，也具有很强的观赏性。

2）弹道慢速可见，提高观赏性。之前枪战游戏的子弹射速太快，看不清子弹的轨迹，导致经常败得莫名其妙。所以把子弹的速度降低、体积调大，这样就能看清子弹的运动轨迹，还能进行相应的闪躲，增加观赏的直观度和精彩度。

3）弹跳闪避，提高观赏性。子弹靠近玩家之后，玩家可以跳起来躲闪，在空中处于无敌状态。这样游戏中不仅要射击敌人，还要躲避子弹，游戏性大大增强。

4）闪冲技巧，提高竞技性。玩家通过娴熟的操作，使用闪冲技巧瞬间转移躲避子弹，竞技性和观赏性大大提高。

5）甩枪技巧，提高竞技性。电脑版的《反恐精英》游戏有经典的甩枪、甩狙技巧，玩家通过练习使用该技巧能在游戏中具有更强的战斗力。

6）手机与电脑互联。本项目可以生成电脑版和手机版，并且实现电脑和手机之间的通信互联，让玩家能够在两个平台同场景进行游戏，减少硬件的障碍。

四、创新点

1. 俯视视角多人枪战

国内外的多人枪战游戏基本都是第一人称的视角，而在第三人称俯视这个同样经典的视角下却没有多人枪战游戏。所以本项目的创新点是在第三人称俯视视角下实现多人枪战模式，可以让多个玩家在同一场景中相互射击、相互战斗。同队的玩家相互合作，敌队的玩家相互竞技，这样会大大提高游戏的乐趣，并且适合观赏，适合举办比赛直播。

2. 甩枪系统

甩枪是指玩家在用枪发射子弹的一瞬间如果迅速转动射击方向的话，本身的直线伤害便会变成大面积的范围伤害。目前第三人称俯视视角的枪战游戏中没有这种技巧，所以本项目把这种高级技巧创新地应用在第三人称俯视视角多人枪战手游当中。

3. 闪冲系统

本项目推出闪冲系统。由于射击的子弹速度较慢，玩家在游戏过程中可以躲避子弹，所以可以利用闪冲技巧来瞬间转移躲避子弹。

闪冲是玩家通过双击方向键来进行短暂的瞬间移动，每次闪冲的持续时间是固定的，距离也是固定的，因为力的方向不同，所以玩家闪冲的方向也不同。方向由玩家点击触摸屏滚轮第二次的方向确定。

4. 竞技公平（玩家付费不影响竞技公平）

目前最火爆的竞技游戏之一当属《英雄联盟》，它火爆的一个重要原因在于游戏付费不影响竞技的公平性，让玩家在一个公平的世界里、公平的规则下对战。但是对于目前大多数的枪战游戏，付费都会影响竞技公平，玩家付费买了好枪，就会在游戏中处于优势地位，这样就会让囊中羞涩但水平很高的玩家被埋没在游戏的世界中。

所以本项目将采用竞技游戏最常采用的盈利模式，那就是永久保持竞技公平，付费不影响竞技性，通过其他方式来实现盈利。

五、盈利模式

本游戏采用电子竞技游戏的常用盈利模式，总体思想是不影响竞技公平性，付费不改变竞技属性。

1. 广告盈利

在游戏流程空档处插入广告，赚取广告费。目前大多数小游戏都采用这种盈利方式，玩家玩得多、点击得多、广告弹出得多就会带来盈利。当年《愤怒的小鸟》一天的广告收入为数万元。

2. 喇叭盈利

在游戏内嵌入喇叭系统，玩家可以在里面自由交流，还可以设置全服喇叭等，通过这些特殊服务来收取一定的费用，也能带来可观的收入。

3. 皮肤盈利

商店里提供各式各样华丽的皮肤，吸引玩家购买。

4. 关卡道具盈利

玩家在闯关的时候可以购买一次性道具来帮助过关，《开心消消乐》采用的就是这种模式。

六、创新点前景预测或展望

手机游戏的市场非常大，我们目前虽然在推广能力和运营能力方面比较欠缺，但是本项目的核心技术没有问题，是先进的，我们也可以寻求相关的渠道发行商和游戏运营公司来合作。我们相信，拥有核心技术比拥有其他东西要重要得多。

七、团队管理

团队管理是一个值得一生去思考的问题，而本项目经过几年的磨合，发现一个重要的规律就是，很多技艺高超的技术人员并不能很好地胜任管理者的角色。一个技术人员要转为一个管理人员，首先要从心态上发生转变。以前你是一个人在工作，现在你要领导一个团队工作，其中的沟通能力、情绪控制、协调能力、压力控制以及项目的进度控制、难点攻关等，都是一门值得深入思考的学问。

八、团队结构

1. 负责人

李雷（有多年游戏行业经验和创业经验）。

2. 研发团队

游戏程序：范高征（游戏程序高手，有 4 年运行游戏程序经验）、徐国成、崔丰功、傅盛阳、邵文豪。

游戏美工：刘军君、震震（有多年美工经验）。

游戏策划：杨廷潇（游戏高手，进行游戏新模块的设计）。

3. 推广团队

推广宣传：李振（软件学院学生会主席，口才好，组织能力强）、付英健（学生会成员，综合能力优秀）、曹宇。

九、目标市场

本项目的目标市场是所有的枪战类手机游戏爱好者。

这个市场非常大，很多人的手机上或多或少地都会有几款枪战游戏。全民枪战游戏成为最赚钱的手机游戏之一。

潜在市场是所有的游戏爱好者。目前的俯视视角枪战游戏因为设计得不够好，所以导致很多玩家的流失。我们会考虑所有玩家的感受，逐渐把它改进成一款全民竞技手游。

十、资金

本团队已经找到了研发部分的投资，游戏正在加紧制作。所以现在需要的是推广部分的资金，或者可以与游戏推广公司联合推广，然后进行利润分成。

1. 方案 1（需要 10 万元）

先进行试点推广，然后再根据市场反应和盈利情况进行调整，决定以后的推广费用。如果不追加投资，就利用之前赚的钱让资金流慢慢滚动。另外寻找游戏推广公司进行合作推广。

2. 方案 2（需要 50 万元）

用来进行大范围全面推广，包括线上、线下广告，举办游戏比赛，联系游戏推广公司等。方案 2 相比方案 1 的优势在于盈利周期更短，见效更快。

3. 方案 3（需要 100 万元）

思路和前两个方案相似，但是见效更快、效果更好。

十一、股权模式

股权模式分为研发股权和推广股权。

1. 研发股权

研发部分已经找到了投资并获得了省教育厅的扶持基金。所以这部分不需要再投资，股权归研发方所有。

2. 推广股权

1）如果投资 10 万元，投资方收入占 33%，研发方占 67%。
2）如果投资 50 万元，投资方收入占 70%，研发方占 30%。
3）如果投资 100 万元，投资方收入占 83%，研发方占 17%。

十二、风险

风险在于推广的费用和盈利之间的矛盾关系。所以我们先将一所学校作为试点，计算推广费用和盈利之间的关系来决定下次推广的费用。然后再考虑是否推广到全市、全省甚至全国。

十三、推广模式

1. 线下推广

线下推广主要包括打广告、发放传单、现场比赛等，以校园为单位。

毕竟游戏现在主要面对的是年轻人，所以将游戏的起始点放在学校是一个很好的方法，我们团队有很多学生，他们了解年轻人，并有大量的人脉，这也对线下的推广起到了很好的基础保证，在本校中可以派人去发放部分传单和挂条幅，并且现在学校的电子竞技社也逐渐有了一定的规模，这就意味着可以通过线下电子竞技社，和其他学校的电子竞技社联系，通过比赛的形式引起大家的兴趣，这样就能保证基础的游戏玩家数量。

2. 线上推广

线上推广主要包括网站广告、QQ 群、微信公众号、微博、游戏直播网站等。

现在微博上有很多的微博红人，我们可以通过这些人的影响力来推广自己的游戏；建立大量 QQ 群进行线上比赛，以发红包的形式吸引玩家的注意力；现在的游戏直播深受青少年的喜欢，每天的浏览量极高，可以通过在游戏直播平台增加一个版面来直播游戏或者在游戏网站投放我们制作游戏的过程，加大他们想要去尝试的欲望。

3. 利用广大安卓应用商店

在多个应用商店发布游戏可能会影响游戏的分发，但是多个分发渠道也意味着更多分发选择和能获取接触更多不同层次的用户的机会。如果能够迎合所有渠道，游戏玩家总量自然非常大。

罗维奥（Rovio）公司创建《愤怒的小鸟》时就充分利用了这一点。但主要问题是不同的应用商店有不同的政策，从开发资源的角度上看，这一点难以处理。比如，奇虎 360 就有严格的要求，支付系统必须使用奇虎 360 支付，广告必须用奇虎 360 广告，登录必须用奇虎 360 登录，几乎所有的功能都要使用奇虎 360 提供的，每接一个功能都需要花费一定的人力和精力，这个工作量是巨大的，并且这还只是一个奇虎

360 平台。

　　但市场上也有一些服务商能够减缓这一方面的压力。他们通过包装技术，允许开发者把免费增值的谷歌市场（Google Play）应用商店的安卓安装包（APK）打包，在各个渠道进行推广。

　　对于付费应用，这些服务商可通过玩家试玩后再购买的模式，让玩家试玩精品付费游戏，再让玩家选择是否购买。

　　这种打包技术整合了运营商付费（月付费、短信付费等）、信用卡和第三方软件开发工具包（SDK）等。

4. 联系游戏推广公司

　　与游戏推广公司合作推广，然后分成，比如腾讯、英雄互娱、网易、巨人等大型公司。他们在运营方面相当有经验，可以找他们发行本项目，以一定的比例进行分成。如果通过我们的创新点去打动他们，获得他们的支持的话，会加快我们成功的步伐。

5. 联系电子竞技协会

　　联系相关的电子竞技协会，借助他们举办比赛来推广。本项目是电子竞技类型游戏，是非常适合比赛的，通过电子竞技协会来组织一些游戏比赛能很好地宣传本项目。

十四、财务预测

　　财务预测表见表 5-1。

表 5-1　财务预测表

行次	项目	2016 年	2017 年	2018 年
1	主营业务收入/万元	10	50	100
2	主营业务成本/万元	5	15	20
3	主营业务税金/万元	0.25	2.5	5
4	主营业务利润/万元	4.75	32.5	75
5	主营业务利润率/%	47.5	65	75
6	净利润/万元	4.75	32.5	75

注：财务实际情况会根据推广投资的不同而不同，这里是投资 10 万元的情况。

十五、心得体会

　　可能我们小时候喜欢玩游戏，我们在玩的同时也愿意去思考其中的规律，一个游戏为什么要这样设计，为什么有的游戏好玩、有的游戏不好玩，这就成为一门学问。游戏是一门包含了数学、美术、竞技等各个方面的综合学问，涵盖面比较广。

十六、总结

《魔兽争霸》《英雄联盟》《反恐精英》等电子竞技游戏至今仍然很经典，玩家在全球范围内仍然数量庞大，这是由电子竞技游戏的公平性、竞技性带来的，所以电子竞技游戏的发展空间十分广阔。

我们的优势在于我们有充足的时间进行充分的研究，当然我们也会针对目前的情况不断地改进，在通往成功的道路上永不停歇。

第六章　创业概述

【学习目标】

了解创业的概念、类型以及创业对大学生的意义；了解创业的具体过程及其阶段划分；帮助大学生提高自身素质，培养创业能力，为今后成功创业打下坚实基础。

【案例导入】

犀利哥——连峰

"一个人要想成功，除了老老实实做人，踏踏实实干事，关键还要有犀利的眼光和超前决策。"2015年5月，在文化路北段记者见到了河南斗升机械设备有限公司董事长连峰，谈到创业经历，连峰这样告诉记者。

求学期间，他学会了观察社会

连峰从小生活在农村，父母每天辛苦劳作，让他从小就体会到了生活的不易。2000年考上华北水利水电大学后，连峰就暗下决心：自己打工养活自己。当别人"两耳不闻窗外事，一心只读圣贤书"、打游戏、谈恋爱、享受美好大学时光时，他却利用课余时间悄悄地观察生活、了解社会，思考以后如何生存。他在学习之余挤时间给人送水、收废品、帮饭店洗碗，提前步入社会。大学四年，连峰没有向家里要过一分钱，还不定期地向家里汇钱。

送水期间，连峰发现过去人们都喝自来水，随着生活水平的提高，越来越多的人开始注重生活质量，不少人开始喝纯净水。他想：纯净水市场才刚露端倪，未来市场必将火爆。所以，毕业后，连峰带着自己的想法开始着手创办纯净水厂。想法有了，可是谁来投资呢？为此，连峰做了份策划书。经过朋友推荐，连峰认识了郑州市亚新工贸有限公司的老板魏林，连峰说："未来纯净水市场肯定很大，就拿我们学校来说，每个班几十人，一个系多少个班？哪个院校没有十几个系？且别说社会上那么多家庭、单位，仅学校方面就有巨大的需求！再加上社会，甚至广大的农村，纯净水市场的前景值得期待！"魏老板听后很感兴趣，他对连峰说："小伙子，你很有眼光，刚毕业，就学会了捕捉商机。我给你出资，你来经营，你看怎么样？我相信你能做好！"真是雪中送炭啊！解决了资金的难题，水厂如期开业。连峰果然不负所望，时间不长就获得丰厚的收入，为自己赢得了毕业后的第一桶金。

企业成败，他看到营销是关键

在日益激烈的市场竞争中，市场营销决定着企业的成败。连峰看到了这点，2006年连峰毅然转租了水厂，应聘到宇通重工做营销。企业根据需要，派他到东北地区开辟业务市场。初来乍到，人地两生，营销对他来说是个新课题。如何在激烈的市场竞争中打开局面，创造一片属于自己的天地呢？连峰在苦苦思索，每天奔波在客户、公司、宾馆三点之间，白天跑市场、做调研，晚上加班加点攻读《市场调查与预测技术》《消费行为分析》《客户关系管理》《推销与商务谈判技巧》《经济学及应用》等书籍，还尽量挤时间参加大型企业营销专家讲座，学习别人成熟的营销策略。在其他产品营销商和客户花天酒地时，连峰不断地"充电"，提高自己的营销技巧，培养捕捉市场动态和把握市场走向的眼光。这样，在宇通重工的第一年，连峰在东北市场上打开了销路，为宇通重工创造了一亿元的营业额。与此同时，他广结善缘，为自己以后的创业铺路，更为自己的公司做大做强奠定了基础。

看准商机，超前决策

时间就是金钱，信息就是财富。郑州是全国的交通枢纽，又是河南省省会，来郑州出差、旅游、转站、走亲访友的人数不断攀升。然而，星级酒店的标准、价格在很大程度上并不适合大众群体。他想：要是针对不同人群，制定不同标准和主题，开一家特色快捷宾馆，在服务、管理不减分的情况下，满足不同来客的需求，生意一定很火爆。他发现，从2004年到2009年，快捷宾馆开始走进河南，但偌大的郑州，快捷宾馆却寥寥无几。看到这一商机，于是他毅然决定在郑州北环开办了"123营销主题宾馆"。

"小富即安"不是连峰的性格。不久他发现，随着生活、工作节奏的加快，网上购物、消费成了一种时尚，节时、省力还打破了区域垄断，人们在家里就可以享受到来自不同地域且物美价廉的商品。他还发现微信、QQ、微博也都是可以做生意的，他想："现在电商做得风风火火，已经进入了人人做微商的时代，可是每天的刷屏不仅浪费流量而且容易让人审美疲劳，怎样才能够改变这一状况？"在深入研究了阿里巴巴和微信的经营模式后，2012年，连峰开始筹建自己的团队，成立了公司，几经反复，研制开发了"木鲤鱼"软件。试运行阶段，用户感觉良好。为更好地服务社会，连峰向记者表示：下一步将加大融资力度，吸引外资加盟，运用云数据做后盾，实现人人都是消费者、人人都是经营者的营销模式。

一个企业要想保持较强的生命力，必须要有犀利的眼光和超前的决策理念，紧紧抓住市场动向和发展趋势，在事业转型的关键时期，及时捕捉商机，并将产品做到：你无我有，你有我优，你优我转。始终把握市场的主动权，这样才能在时代的浪潮中，激流勇进。连峰就是这样说的，也是这样做的。

【案例评析】

创业简单地说就是创立事业。通俗地讲，创业就是运用自身所学的知识和具备的能力，为实现自己心中的理想而奋斗的过程。创业过程不是一帆风顺的，需要创业者有不屈不挠的恒心和敢于突破的决心。承受不起挫折、不能战胜自己的人，很难在创业的过程中坚持下去，很难体会到创业的成果。所以，创业的过程，既是创业者成长、成熟的过程，又是创业者学习、超越自我的过程。

第一节　时代呼唤创业

现在是一个崇尚创业的时代，创新创业已经成为我国的主旋律，国家出台各种政策和优惠措施，鼓励和扶持大学生自主创业。大学生应该抓住这一难得的历史机遇，提高自身素质，培养创业能力，为今后成功创业、实现不悔人生打下坚实的基础。

一、当今时代是一个创业的时代

创业已经成为当今社会拉动经济发展的重要引擎。在欧美等西方发达国家，大学生的创业活动引人注目。许多著名的美国高科技大公司，几乎都是大学生创业者利用风险投资创造出来的，如英特尔（Intel）的摩尔、葛洛夫，微软（Microsoft）的比尔·盖茨、艾伦，惠普（HP）的休利特、帕卡德，网景（Netscape）通信公司的安德森，戴尔（Dell）公司的戴尔等，无一不是当今大学生创业者的典范。据统计，美国95%的财富是由1980年以后受到良好创业教育的创业一代创造的，创业已经成为美国经济持续增长的重要推动力。麻省理工学院的一项统计显示，自1990年以来，该校的毕业生和教师平均每年创办150家新公司，截止到1999年，该校毕业生已经创办了4000多家公司，雇用了110多万人。可见，大学生创业对经济发展作出了重要贡献。

创业型就业也是美国就业政策成功的核心。著名管理学家彼得·德鲁克分析了1965～1984年美国就业结构，发现年龄在16～65岁的人口从1.29亿人增加到1.78亿人，增加了38%，同期就业人数从7100万人增加到1.03亿人，增加了45%，几乎所有的就业机会都是由中小企业创造的，原来作为主要就业提供者的政府和大企业，雇佣人数不但没有增加，反而减少了。有研究指出，美国15%的新公司创造了94%的新就业机会。清华大学经济管理学院中国创业研究中心在2006年发表的《全球创业观察中国报告》中指出，1997～2001年，我国国有企业、集体企业等净减少5343万个工作机会，而创业活跃的民营企业等提供了1407万个工作机会。很显然，一个或几个创业者的创业活动，可以解决几十人、几百人甚至成千上万人的就业。因此，创业活动是促进就业的一项根本途径。

二、现代社会为大学生创业提供了良好环境

中国正处于一个转型时期，处于一个伟大时代。这个时代推陈出新、瞬息万变、多姿多彩、气象万千，焕发出勃勃生机，孕育着无限商机。这正是大学生自主创业、大显身手的良好时机。

　　从世界经济发展情况来看，知识经济为创业者提供了良好的创业机遇。当今时代，世界正处于知识经济时代，高新技术产业迅猛发展，为科技人员创业提供了广阔的市场。如果说，在传统经济时代，创业需要大量的资金、人力和物力，这些传统的生产要素是决定企业成败最为关键的因素。但是现在，企业的发展更需要的是知识、技术，尤其是高新技术，拥有高新知识的高新人才成为最重要的生产要素。这对于缺乏大量资金、人力和物力，但是拥有一定的知识技能的大学生而言，无疑是一个良好的时机。

　　从我国经济社会发展情况来看，产业结构调整为大学生创业者提供了绝好机遇。我国改革开放已经进行了40多年，取得了举世瞩目的伟大成就，目前已经进入了关键阶段。随着经济社会的进一步发展，改革开放的进一步深化，经济发展方式转变进一步推进，产业结构调整也将进一步加快步伐。新的行业、新的产业、新的投资主体将迅速崛起，为大学生创业带来无限商机。

三、当今时代为大学生创业提供了优良的教育条件

　　知识经济时代的悄然来临、高等教育改革与发展的迅速推进都为大学生提供了越来越好的教育条件，促进他们成长成才，激发他们开拓创新。尤其是近年来在高校举行各种各样的创业教育，更是直接激发了大学生创业的激情。

　　创业教育（entrepreneurship education）可分为广义的创业教育和狭义的创业教育。广义的创业教育以人的创新能力和综合素质的培养为核心，狭义的创业教育以具体操作技能的培养为主要目标。前者包含着后者，但其内涵、层次、目标等有着明显的差别。广义的创业教育有两个层面：意识层面（主要着眼于人的创新能力和创造性的培养以及综合人文素养的形成）、实践层面（关注人的具体创业技能的传授）。也有人认为，创业教育不只是一种教育内容，不仅要教授具体的创业内容、创业方法、创业技术等，还要将创业教育视为一种教育理念，正如素质教育一样，不是一种教育方法和教育内容的问题，而是一种教育理念，必须渗透、贯穿到整个教学活动中。有人认为，传统高等教育是一种"就业教育"，学生毕业后只能被动地寻找工作，而创业教育则应该主要教育学生毕业后能够自己创业，这样不仅解决了自己的就业问题，还能解决别人的就业问题，为社会创造出更多的就业机会。因此，整个高等教育中都应贯穿、体现一种指导思想和理念，即注重强调培养学生的创业精神、创业意识、创业思想、创业能力，而不是以创业技术、知识、教材、方法、内容等为主要内容。

　　其实，自1947年哈佛大学商学院的Myles Mace教授率先开设创业课程"新创企业管理"（management of new enterprises）以来，世界高等教育发达国家都非常重视创业教育。例如，哈佛大学和宾夕法尼亚大学从20世纪90年代中期已经开始培养有关创业学方向的工商管理博士，哈佛大学商学院有十几位教授专门从事创业学研究，斯坦福大学通过创业教育使其最终成为美国乃至世界顶尖大学。联合国教育、科学及文化组织在"面向21世纪教育国际研讨会"上甚至将创业能力作为学生学习的"第三本护照"，要求把大学生创业能力教育（创新性）提高到与目前高等教育（学术性）和职业教育（应

用性）同等的地位。

我国大学生创业教育兴起较晚，1997 年清华大学发起的首届"清华大学创业计划大赛"拉开了创业教育的序幕；2002 年 4 月，教育部高等教育司在北京召开的普通高校"创业教育"试点工作座谈会上提出：对大学生进行创业教育，培养具有创新精神和创造、创业能力的高素质人才是当前高等学校的重要任务。此后，全国各个高校中陆续成立创业学院、创业中心等，开展对学生创业教育的管理、研究和教育、实践工作。中国共产主义青年团、中华全国青年联合会与国际劳工组织于 2005 年 12 月完成了《大学生 KAB 创业基础》教材的翻译与改编，并于 2006 年在清华大学、北京航空航天大学、黑龙江大学、中国青年政治学院、北京青年政治学院、天津工业大学 6 所高校中试点该项目，截至 2017 年，KAB 已经在清华大学、浙江大学、黑龙江大学、中国青年政治学院等全国 50 多所高校展开。KAB，英文全称是 know about business，意思是"了解企业"，至 2007 年已在 20 多个国家实施，是国际劳工组织为培养大学生的创业意识和创业能力而专门开发的教育项目。

目前，我国高校创业教育已经形成了多种模式，主要有以下几种。

第一种以清华大学、中国人民大学为代表，强调创业教育"重在培养学生创业意识，构建创业所需知识结构，完善学生综合素质"，将第一课堂与第二课堂相结合来开展创业教育，鼓励学生创造性地投身于各种社会实践活动和社会公益活动中，通过开展创业教育讲座以及各种竞赛活动等方式，形成了以专业为依托、以项目和社团为组织形式的"创业教育"实践群体。

第二种以北京航空航天大学为代表，以提高学生的创业知识、创业技能为侧重点，其特点是商业化运作，建立大学生创业园，教授学生如何创业，并为学生创业提供资金资助以及咨询服务。学校成立了"创业管理培训学院"，专门负责与学生创业有关的事务，学校还设立 300 万元的创业基金，对经评估后可行的学生创业计划书进行种子期的融资。

第三种以上海交通大学、黑龙江大学为代表，进行综合式创业教育，其中上海交通大学一方面将创新教育作为创业教育的基础，在专业知识的传授过程中注重学生基本素质的培养，另一方面为学生提供创业所需资金和必要的技术咨询。学校投入 8000 多万元建立了若干个实验中心和创新基地，全天候向全校各专业学生开放，以培养学生的动手能力。由该校研究生成立的学子创业有限公司，已经入驻上海慧谷高科技创业中心。黑龙江大学成立创业学院来进行创业管理、创业教育、创业研究、创业辅导，并开辟 3000 多平方米的大学生创业园，投入 600 万元进行装修和配套工作，以免费或低租的方式供在校大学生入园进行创业实践活动。

第四种以中山大学为代表，以"培养创业精神"为主导，整合各方面资源，将创新创业理念贯穿学校的创业意识培养和创业实践两个层面及六大教育环节，即创业基础教育、创业策划活动、学生创业社团建设、创业实践——大学生创业基地建设、创业辅导跟踪服务、创业研究等。他们认为，高校创业教育工作，是一个跨部门、跨专业的系统工作，在学校的统一部署下，通过学校的就业指导中心、团委、管理学院、科技园管理公司、校友会共同努力，密切联系团中央、地方政府、广州市海珠科技产业园、校友资源，以务实的态度，简单快速有效地建立起一个较为完整的高校创业教育体系，扎实推进该校创业教育工作。

四、新职业不断产生，为大学生创业提供了广阔天地

随着社会的发展、科技的进步、生活的多元化，以及人们需求的个性化、差异化、复杂化，社会分工越来越精细，新兴职业不断涌现。据统计，我国目前已有 1000 多种新兴职业，并且还有逐年增加的趋势，比如新闻线人、道歉人、聊天护士、星探、代驾人、茶艺师、点菜师、私人管家、私人保镖、私人理财师、私人美容顾问、私人裁缝、私人陪护、私人形象顾问、私人按摩师、钟点秘书、家宴厨师、汽车陪驾、同声传译、职业指导师、医疗经纪人、网络管理员、农产品经纪人、证券分析师、品牌经理、信息管理师、企业培训师、物流师、技术经纪人、试药人、插花师、游戏玩家、网商、人体模特、手模特、房模、车模、网络律师、职业写手、家庭保姆等（叶冰和储著斌，2012）。这些新职业的兴起，正像一场风暴一样，以势不可挡的趋势卷入潜力无穷的劳动力市场，也为大学生自主创业带来新的希望。

可以说，这些新兴的职业不仅为大学生就业提供了更多的机会，还为大学生自主创业开辟了广阔的天地。事实上，不少大学毕业生，由于经验缺乏、资金不足、人手不够，立即创立一个很大的公司不太现实，往往从一些不起眼的小的新兴的行业做起，然后逐渐做大，最后成功转型。

第二节　创业的概念和分类

一、创业的概念

《新华字典》（第 11 版）对"创"有如下解释：开始、开始做。如创办、创立、创建、创造、创意等。对"业"有如下解释：学业、专业、就业、事业、家业、企业等。从词义上看，创业为"开创事业"或"创立企业"之意。

创业的概念目前还没有统一的定义，西方学者从不同角度对创业的概念内涵进行了分析定义。1998 年莫里斯在分析欧美创业核心期刊的文章和教科书中出现的 77 个创业定义时发现，77 个创业定义出现频率最高的关键词有开创新业务、创建新组织、资源重新整合、创新、寻找机会、承担风险、价值创造等（辜胜阻等，2008）。

一般认为，创业是指创业者运用知识或经验，以创新精神寻找、抓住商业机会，承担风险，进行资源整合，实现社会价值和自我价值的管理活动过程。这个定义包含以下几方面的内涵。

1）创业者首先要有创业精神和知识经验。有知识就有智慧、有头脑，能想出创业的点子，知识经验为创业者的创业提供强大的支撑，可以说创业精神、知识经验是成功创业的必要条件。

2）创业必须以创新为前提，以创新带动创业。创新是创业者的灵魂，是创业的核心。创新必须勇于进取，敢于打破传统和条条框框，取得新的突破。创新是创业发展的

原动力。作为创业原动力的创新，可以是多元的，技术、产品、管理、营销、商业模式等都可以作为创新的内容。创业之初，一般创业者都缺少资源，他们能突破资源限制，进行有效的资源整合，力求以最少的代价获取更多有用的资源，包括有形的或无形的资源。

3）创业者必须能寻找、识别、抓住商业机会，这是创业的开始。商业机会时时都有，处处都有，关键是能不能识别和抓住。商业机会就是创业机会，抓住了商业"机会之窗"，才能为创业打开"财富的大门"。

4）创业伴随着风险。创业者选择创业本身就有相当大的不确定性，即有高度的风险性，需承担一定的风险。风险与价值呈正相关性，高风险带来高回报，低风险带有低回报，无风险也就无回报或低回报。由于市场环境、资源供给、制度环境等方面的不确定性，创业者必然会冒较大风险。

5）创业者能进行有效的资源整合。创业者能够不拘泥于当前资源的约束，通过寻找资源、合理配置资源、有效利用资源，达到创业的目标。创业的过程是由资源缺少到资源增多增值的过程。

6）创业能实现自我价值和社会价值。创业者追求的目标是价值实现，包括个人自我价值实现。按照马斯洛的需求层次理论，创业也是为满足生存、安全、爱、尊重和自我实现的需要。他认为："这些基本需要互相联系，按优越性的等级排列。当某一些需要得到相当好的满足之后，另一占优势的（更高的）需要会显现。"当然，他也承认社会上一般人的各种欲望大多是部分得到满足和部分没有得到满足。在人们实现不同层次需要的同时，社会价值也得以实现。从一定意义上说，个人价值实现是社会价值实现的基础，个人价值实现层次越高，价值越大，社会价值就会越大，经济社会发展也会越快，社会生产力发展也会越高。因此，当创业者在实现了自我价值的同时，也实现了社会价值。

二、创业的分类

创业的路各不相同，可以从不同的角度对其进行分类。

1. 依创业目的可分为机会型创业和生存型创业

机会型创业是指创业的出发点并非谋生，而是为了抓住、利用市场机遇。它以市场机会为出发点，以创造新的需要或满足潜在需求为目标，因而会带动新产业发展。生存型创业是指为了谋生而自觉或被迫地创业，大多偏于尾随和模仿，因而往往会加剧市场竞争。

2. 依创业起点可分为创建新企业和既有组织内创业

创建新企业是指创业者从无到有地创建全新企业的过程。这个过程充满机遇和刺激，但风险和难度也大，创业者往往缺乏足够的资源、经验和支持。既有组织内创业是指在现有组织内的有目的的创业过程。以企业组织为例，可指企业由于产品、营销以及组织管理体系等方面的原因，在企业内进行重新创建的过程。例如，企业流程再造正是通过两次、三次乃至连续不断地创业，使企业的生命周期不断地在循环中延伸。

3. 依创业者数量可分为独立创业和合伙创业

独立创业是指创业者独立创办自己的企业，其特点在于产权归创业者个人所有，企业由创业者自由掌控，决策迅速，但创业者要独自承担风险，创业资源整合比较困难，并且受个人才能限制。合伙创业是指个体与他人共同创办企业，其优势和劣势正好与独立创业相反。

4. 依创业项目性质可分为传统技能型创业、高新技术型创业和知识服务型创业

传统技能型创业是指使用传统技术、工艺的创业项目，比如酿酒、饮料、中药、工艺美术品、服装、食品加工、修理等。这些独特的传统技能项目在市场上表现出经久不衰的竞争力。高新技术型创业是指知识密集度高，带有前沿性、研究开发性质的新技术、新产品创业项目。比如，将航天等高新技术领域的成果实现产业化，形成新产品，微波炉进入千家万户就是最好的例子。知识服务型创业是指为人们提供知识、信息等的创业项目。当今社会，会计师事务所、工程咨询公司等各类知识性咨询服务机构不断细化和增加，这类项目投资少、见效快，竞争也日渐激烈。

5. 依创业方向和风险可分为依附型创业、尾随型创业、独创型创业和对抗型创业

依附型创业可分为两种情况：一是依附于大企业或产业链而生存，在产业链中明确自己的角色，为大企业提供配套服务，成为在位企业的供应商，这是许多创业者初期的选择。二是特许经营权的使用。例如，利用知名品牌效应和成熟的经营管理模式，通过连锁、加盟等方式进行创业。

尾随型创业即模仿他人创业，行业内已经有同类企业或类似经营项目，新创企业尾随他人之后，学着别人做。当然，此时创业者虽为模仿，但有特色，例如质量更高、价格更低等，不然无法在市场上胜出。

独创型创业是指提供的产品或服务能够填补市场空白，大到独创商品、小到商品的某种技术，如环保洗衣粉等。

对抗型创业是指进入其他企业已形成垄断地位的某个市场，与之对抗较量。例如，针对 20 世纪 90 年代初外商在中国市场上大量销售合成饲料的局面，希望集团建立了我国西南最大的饲料研究所，研发的产品与外商竞争市场，一举取得成功。

6. 依创新内容可分为基于产品创新的创业、基于营销模式创新的创业和基于组织管理体系创新的创业

基于产品创新的创业是指基于技术创新或工艺创新的成果，用新产品产生新的消费群体，从而促使创业行为的发生。例如，利用工艺创新，将原先的玻璃杯做成紫砂杯，甚至紫砂保温杯，使一批品茶爱好者可以买到中意的茶杯。

基于营销模式创新的创业是指采取一种有别于其他厂商的市场营销模式，因而可能给消费者带来更高的满足感。零售店的开架销售模式就是最典型的例子，从中进一步开发出的连锁超市几乎更是形成了日用商品零售端的革命性变革，超大规模购物中心（shopping mall）则是在一定程度上改变了人们的购物习惯。

基于组织管理体系创新的创业是指采取一种有别于其他厂商的企业组织管理体系，因而能更有效地实现产品的商业化和产业化。例如，事业部制既保留了直线职能制组织模式的优点，又使得组织的管理和控制规模得到较大的扩展，在一定程度上减轻了"大企业病"对组织的危害。

第三节 创业过程和阶段

一、创业过程

创业过程包括创业者从产生创业想法到创建新企业或开创新事业并获取回报的全过程，涉及识别机会、组建团队、寻求融资等活动。国外学者在调查的基础上归纳了创业者的创业活动所涉及的近 30 项行为，包括感知机会、组建团队、购买设备、寻求融资等。创业过程中包含的活动和行为较多，创业活动通常可分为以下六个主要环节。

（一）产生创业动机

创业动机是识别创业机会的前提，是创业的原动力，它推动创业者去发现和识别市场机会。创业活动的主体是创业者，创业活动首先取决于个人是否希望成为创业者。创业动机不仅是打算创业的一时冲动，还是对创业目标与预期收益的深思熟虑后的决定。

一个人能否产生创业动机，进而成为创业者，直接受三方面因素的影响。

1. 个人特质

创业者个人特质主要指创业者个体的心理特征、背景经验和技能水平。比如，温州人的创业动机较为强烈，其中环境起到了很大的作用。

2. 创业机会

创业机会即市场中存在某种情境，在这些情境下引入可创造经济价值的新产品、服务、原材料和组织方式。

3. 创业的机会成本

创业的机会成本是指创业者如果不创业而是从事其他工作，他们获得的收入和需求的满足程度一般会低于自己创业。创业者创业的机会成本低，则创业动机强；机会成本高，则创业动机相对弱。创业者可以自由地谈话、读书、思考、旅行、做事，但是需要付出代价，创业者可能付出的代价主要有：艰苦的工作、自身的压力、破产的风险，创业阶段需要抵御稳定工作的诱惑，甚至需要面对各种困难。

（二）识别创业机会

识别创业机会是对可能成为创业机会的诸事件的分析和创业预期结果的判断。许多企业创业失败，并不是因为创业者没有努力，而是因为没有真正的机会去开始。识别创业机会是创业过程的核心。

1. 市场需求的挖掘

创业机会虽然来源于动态的市场环境、新兴的成长性产业及创新的商业模式，但市场需求始终是创业机会存在的首要条件，同时也是技术创新商业化取得成功的重要条件。市场需求欠缺，即便有优质的创业者特质和领先的创新成果，都难以得到良好的创业结果。市场需求包括显性需求和隐性需求，显性需求是指市场中已显露的顾客需求，而隐性需求是指暂时隐藏于市场中，须由创业者主动挖掘才能显露的需求。市场中的显性需求易于挖掘，但竞争激烈，获得高额回报的可能性较低；隐性需求虽然不易挖掘，但竞争相对缓和。

2. 创业背景经验的积累

有些人能够发现创业机会而其他人却不能。大量研究表明，创新性是创业者具备的一种典型心理特征，创新性使得创业者在纷繁复杂的信息中抽取有效信息，形成创新的产品或服务。创业背景经验是创业机会得以有效识别的基础，创业背景经验的积累影响着创业者的创业敏感性，使其能迅速识别环境中的创业机会。另外，创业者本身具备的技能水平在一定程度上决定了创业机会的可识别性和可开发性，具备较高技能水平的创业者能开发并利用难度较高的创业机会。

3. 信息收集和概念创造

机会识别过程是一个人类感知的主动过程，拥有比别人更好地获取信息的途径和更有效地分析这些信息的方法，这对于创业机会的认知起着至关重要的作用。机会形成是一个演进和重复的过程，这一过程由两方面的认知行为构成：信息收集和概念创造。

4. 创业机会的评估与决策

众所周知，好的创意是创业成功的一个重要因素，然而好的创意并不等于现实可行的创业机会，也并不一定会带来创业的成功。创业者在因商业创意而激动兴奋之前，必须了解创意是否能够填补市场的某种需要，以及是否满足创业机会的标准。对于创业者来说，理解机会和创意之间的区别非常重要。从最初创意的酝酿，机会的搜寻和评估，到最后创业决策的制定，创业者需要在此过程中不断地权衡创业机会的预期价值及其实现的可能性。

从本质上来看，创业机会的识别、利用和开发是主观和客观相结合的产物，创业机会客观存在于市场环境中，但只有具备一定知识和经验的创业者才能充分利用并开发这些机会。创业者的个人特质是作用于创业机会的主观因素，创新成果和市场需求是作用于创业机会的客观因素。具有创业敏感性和创新性的创业者，在识别客观市场需求的同时，发现能满足这些需求的技术和产品创新成果，然后创建新企业，将技术和产品推向市场，从而完成对创业机会的识别、利用和开发。

（三）整合资源

资源是创业的基础性条件，整合资源是创业者开发机会的重要方式。创业过程中，创业者需要整合一系列资源。

1. 整合人力资源

当今社会的多元化和多极性，科学技术的精细化和综合性以及创业本身的复合性和复杂性，都终结了单枪匹马闯天下的个人英雄主义时代，从而使团队创业成为当今创业的主流，创业团队成为很多新创企业盛衰进退的关键因素。

2. 整合资金资源

对很多创业者来说，自我筹资虽然是融资的一种途径，但它不是根本性的解决方案。一般来说，创业者个人的资金对于新创企业而言，总是十分有限的，特别是对大规模的创业项目来说，几乎是杯水车薪。需要多渠道巧妙整合和利用资金，创业融资的主要渠道包括自我融资、亲朋好友融资、天使投资、商业银行贷款、担保机构融资和政府创业扶持基金融资等。

3. 整合运营资源

整合行业经验资源，对该行业资讯与常识进行积累；整合技术资源，对该行业技术发展方向和技术创新方向有准确的把握；整合管理资源，使创业团队具备经营管理企业的能力。

4. 整合市场资源

整合业务资源和客户资源，整合市场认知度及市场占有率，有时还需整合行业准入资源，因为某些行业受到一些政策的保护与限制。

创业活动所需的资源，有些是个体必须具备的，有些是创业团队必须具备的。但是也有一些可以通过市场化的办法解决，不一定非要个体具备。创业本身也是一种资源的重新整合，通过对不同资源的整合和利用，使其发挥最大的效益。

（四）创建新企业或新事业

新企业的创建和新事业的诞生是衡量创业者创业行为的直接标志，包括公司制度设计、企业注册、经营地址的选择、确定进入市场的不同途径等。对于公司内部创业活动来说，可能没有公司制度设计问题，但同样要设计奖惩机制，甚至需要制定利益分配原则；可能没有企业注册问题，但同样要有资金投入及预算控制机制等问题。

（五）实现机会价值

创业者整合资源、创建新企业的目的是实现机会价值，并通过实现机会价值来实现自己的创业目标。这是创业过程中的重要环节，确保新创建企业的生存是创业者必须面对的挑战，但创业者不能仅仅考虑生存，同时还要考虑成长，不成长就无法生存得更好，在竞争激烈的环境中尤其如此。创业者需要了解企业成长的一般规律，预见企业不同成长阶段可能面临的问题，采取有效的措施予以防范和解决，使机会价值得到充分的实现，同时不断地开发新的机会，把企业做活、做大、做强、做长。

（六）收获创业回报

对回报的正当追求是创业活动的目的，有助于强化创业者对事业的执着。对创业者来说，创业是获取回报的途径，是一种载体。回报可能是多种多样的，对回报的满意程度在很大程度上取决于创业者的创业动机。例如，为了实现职业理想的创业动机与为了追求物质财富的创业动机，回报满意度是不一样的。

二、创业阶段

从创业发展的观点出发，借鉴企业生命周期理论，对创业过程进行阶段划分。我们认为，创业过程大体包括四个阶段，即孕育期、投入期、发展期和成熟期。

1. 孕育期

孕育期是创业者思考、寻找、选择、抓住创业机会的时期，是创业的初始阶段。产生创业动机、识别创业机会等属于这个阶段。这时创业的方向和市场目标仅仅是粗线条的状态，还不能给予明确肯定的答案。初步的创意大体明确后，就需考虑各种有形或无形资源的投入以及寻求合作伙伴，组建创业团队，进行前期的各种准备工作。

2. 投入期

创业者明确了创业方向和目标后，就要投入各种资源要素，组建创业团队，构建商业模式，准备迎接市场及客户的检验，这是新创企业能否进入发展期的关键环节。整合有效资源创建新企业或新事业等环节属于这个阶段。如果新创企业的产品或服务被市场认可，并赢得客户好评，那么新创企业就能比较顺利地度过风险期，战略投资者经过评估进入，促进新创企业的快速发展。

3. 发展期

在以产品或服务为导向的市场开发完成后，企业将进入以销售为导向的规模增长期。实现机会价值、收获创业回报属于这个阶段。随着市场规模的扩大，企业资源也越来越多，盈利能力也持续增强，企业成长快速，进入扩张期，并逐步形成经济规模，产品或市场占有率达到一定水平。这一时期，创业团队不断调整，提高管理效能，创业资源丰富，商业模式也相对稳定下来，风险降低，投入产出比较高，盈利能力和价值创造达到了较高水平，各项管理制度和运作机制比较完善，风险投资开始进入新创企业，使企业发展有了更加坚实的基础。

4. 成熟期

新创企业的核心产品或服务已经在市场上占有较大的份额，优质产品、品牌产品占有一定的比例，市场认同度较高，客户满意度较高，销售额及盈利额增长很快。企业组织结构非常完善，企业在市场的知名度很高，具备了很强的核心竞争力。

但值得注意的是，成熟期也正是经营存在潜在风险的时期，管理者创业成功后自满、自大，陶醉在成功的喜悦中，被成功冲昏了头脑，故步自封、墨守成规、创新精神降低，管理决策失误等，都会使企业发展停滞不前甚至出现衰退。

【本章小结】

创业已经成为时代的主旋律。国家鼓励各种形式的创新创业，积极鼓励和大力支持大学生自主创业。大学生要进行创业活动，首先必须要充分认识创业的内涵，深刻理解创业是一项具有创新性、风险性和价值创造性的活动。根据不同标准划分了不同的创业类型，如机会型创业和生存型创业等。根据创业企业的成长特点，可将创业的过程划分为产生创业动机、识别创业机会、整合有效资源、创建新企业或新事业、实现机会价值和收获创业回报六个主要环节。创业过程大体包括孕育期、投入期、发展期和成熟期四个阶段，不同的阶段有不同的任务和重点。

【思考题】

1. 不同创业类型对创业者素质的要求有什么不同？
2. 创业过程中不同阶段的重点工作是什么？
3. 如何看待大学生自主创业？

第七章 创业准备

【学习目标】

帮助学生对创业有正确的认知，了解作为创业者，应该具备的创业精神、知识储备和能力等，对个人进行客观的评估，做好创业的前期准备。

【案例导入】

大学在校生创业卖假发 销售到海外月入万元

在"互联网+"如火如荼的今天，大学生也渴望从互联网中分一杯羹。凡是有过创业经历的人都知道，创业容易坚持难。但在西安翻译学院，有一个在校大学生将假发卖到了美国、俄罗斯等国家。在大学生创业的热潮中，他是如何做到的？

在传统观念中，假发是脱发人士、头发稀少的人才用得着的，市场需求并不是特别大。靳亚飞不这么认为，他感觉这是一个很有前景的行业。于是，他通过跨境电子商务平台将假发卖到国外，在假发上做"文章"，靳亚飞挖到了第一桶金。说自己的艰辛、聊未来的规划，靳亚飞侃侃而谈，让人很难想象，这样的一个电子商务人士在上高中之前，竟然几乎没有接触过互联网。

高中前几乎没接触过互联网

靳亚飞出生在河南许昌农村，在上高中之前，互联网对他来说，是一个未知而神奇的东西。"初中学校管得严，加上自己的班级是火箭班，全班同学都专心学习，根本没有时间上网。"

之后，靳亚飞到县城上了高中，开始真正接触到网络世界。他知道了马云及阿里巴巴。靳亚飞笑着说，"对于电子商务，那时候只是觉得神奇，毕竟它改变了一些传统模式"。考大学时，靳亚飞毫不犹豫地选择了西安翻译学院电子商务专业。"其实选专业的时候，我对于电子商务是没有概念的。"直到上了大学之后，通过学习一些课程，"电子商务"这四个字在靳亚飞心中才开始逐渐清晰。这时候，他已经不甘心单纯地学习，而是盘算着，自己利用互联网做点什么。

首个创业项目以失败告终

不过，靳亚飞首个创业项目并不顺利。"我的第一个项目叫'易蔬菜'，属于蔬菜的线上线下一体化（O2O）形式，用户在网上下单，我们从菜农那里进货，然后为用户配送。"

　　这一切源于靳亚飞的生活。2013 年 8 月，他老家的辣椒进入采摘季，但是出现了滞销的情况，8 毛钱一斤的辣椒眼看就要烂在地里。同期，西安辣椒的批发价是 2 元/斤，超市、菜场则卖到 4 元/斤。有没有什么办法既能帮助菜农解决滞销的菜品，同时又让西安市民不用花几倍价钱去购买蔬菜？于是，就有了"易蔬菜"，这一年，靳亚飞还只是一名大一学生。

　　他用这个项目参加了大学生创业竞赛，结果并不理想。"事后我进行了认真的分析，为什么会失败？项目本身没有任何问题，但无论是资金还是配送货等，并不是我们学生能够完成的。"于是，靳亚飞收拾起失落的心情，开始寻找新的商机。

假发卖到了美国、俄罗斯和巴西

　　2014 年，国内电子商务的竞争用"白热化"来形容似乎都不够。靳亚飞要在这种竞争中开辟出一条路，并不是一件容易的事情。于是，他将目光转向跨境电商——将"中国制造"卖到国外去。

　　"蓝海"，本是用来形容新兴的跨境电商产业的。在多如牛毛的商品中，不乏"竞争小、利润高"的产品，电商又将其称为"蓝海"产品。靳亚飞想到了老家许昌：那是全国最大的假发生产地。于是，靳亚飞开始寻找假发货源，并最终将此作为自己的主打产品。

　　三家网店，六个人来做，这是靳亚飞团队目前的工作状态。其中，两个人负责商品的采购、进货，两个人负责售前、售后服务，一个人受理订单，剩下的一个人负责更新、发布产品。"除了我和合伙人，剩下四个人都是我的学弟、学妹，我创业成功了，给他们提供就业的机会。"现在，靳亚飞的产品已经卖到了美国、俄罗斯和巴西。

假发带来了十几万元的利润

　　靳亚飞透露，所有电子商务平台，都有淡季、旺季之分，消费者购物需求主要集中在下半年，尤其是"双 11"购物狂欢节等大型活动的刺激，往往能够带来可观的收入。"现在，我每个月营业额大概有 5000 美元，下半年可能会多一些。一年十几万的利润。"

　　"没有做不成功的事情，只有不为之努力的人。"这是靳亚飞的座右铭。他对未来有着清晰的规划——先借助第三方平台，发展团队，积累经验，"主要是多挣点钱"，靳亚飞笑着说。接着，重新选择产品，打造自己的品牌，最终建立独立的跨境电子商务平台。

【案例评析】

　　在政府的大力倡导下，"大众创业、万众创新"的观念对大学生也产生了很大的影响，许多大学生都在摩拳擦掌。但是，大学生普遍缺乏创业教育，学校教育体系中死记硬背的东西比较多，而调查的训练比较少，导致大学生创业前甚少经过细致的市场调查，不少人都是跟风创业，风险比较大。如果毕业前没有在学校做过一些小生意，大部分人对于创业并无概念，对于进货渠道、如何撰写商业计划书、宣传、亏损到多少应该及时止损等都没有明确的想法，即使是电子商务等专业的学生也仅仅接触到表面知识，没有系统的创业知识。这些因素导致许多学生创业最终以失败而告终。

因此，学生在决定创业之前，应该多了解创业知识，学习成功的案例，做好创业前的规划和心理准备。创业前应对自己想要涉足的市场做一些调查，避免跟风创业。另外，应避免单打独斗，尽量找一些合作伙伴共同创业，既能互相支持，又能够分散投资风险。

第一节　创业与创业者

一、创业

创业是指创立基业或创办事业，也就是自主地开拓和创造业绩与成就，是愿意吃苦、有创新精神的人通过整合资源、捕捉商机，并把商机转化为盈利模式的过程。创业有广义和狭义之分。广义上的创业，泛指人类一切带有开拓意义的社会变革活动。它涉及的领域非常广泛，无论政治、军事、文化艺术事业，只要人们从事的是前无古人的事业，都可称为创业。狭义的创业，是专指社会上的个人或群体从头开始的、以发展经济实力为目的的社会活动。这里我们所指的创业是狭义上的创业活动。

创业者是置身于创业过程核心的个人或团体，是创业的主体，创业者承担个人钱财和声誉上的风险从事创业活动，包括商业机会的识别、企业组织的创立、融资、产品创新以及资源获取、有效配置及运用、市场开拓，在创业过程之中起着关键的推动和领导作用。

随着高校的扩招，我国大学毕业生数量逐年增加，这使得毕业生的就业形势越来越严峻。大学生自主创业随着高等教育的普及化而越来越引起人们的重视。国家不断推出针对大学生创业的各种优惠政策，鼓励和支持大学生自主创业。各地政府部门，如上海、广州、北京等地推出了针对大学生的创业园区、创业教育的培训中心等，以此鼓励大学生自主创业。部分高校也创立了自己的创业园，为学生创业提供支持。鼓励大学生积极进行自主创业，对于大学生的自身发展、融入社会、知识转换、解决就业压力等，都具有重要的现实意义。

二、创业精神与创业能力素质

（一）创业精神

创业精神是指在创业者的主观世界中，那些具有开创性的思想、观念、个性、意志、作风和品质等。它的内涵包含三个层次：哲学层次的创业思想和创业观念，是人们对于创业的理性认识；心理学层次的创业个性和创业意志，是人们创业的心理基础；行为学层次的创业作风和创业品质，是人们创业的行为模式。创业精神包括以下几个方面的特征。

1. 高度的综合性

创业精神是由多种精神特质综合而成的。诸如创新精神、拼搏精神、进取精神、合作精神等都是形成创业精神的精神特质。

2. 三维整体性

无论是创业精神的产生、形成和内化，还是创业精神的外显、展现和外化，都是由哲学层次的创业思想和创业观念、心理学层次的创业个性和创业意志、行为学层次的创业作风和创业品质三个层面所构成的整体，缺少其中任何一个层面，都无法构成创业精神。

3. 超越历史的先进性

创业精神的最终体现就是开创前无古人的事业，创业精神本身必然具有超越历史的先进性，想前人之不敢想、做前人之不敢做。

4. 鲜明的时代性

不同时代的人们面对着不同的物质生活和精神生活条件，创业精神的物质基础和精神营养也就各不相同，创业精神的具体内涵也不同。创业精神对创业实践有重要意义，它是创业理想产生的原动力，是创业成功的重要保证。

（二）创业者的创业能力素质要求

创业要想取得成功，创业者必须要具备一定的创业能力素质，具体包括以下几点。

1. 强烈的创业意识

强烈的创业意识是创业者取得成功的关键。作为创业者要问清楚自己：为什么想创业？如果仅仅是想找些事情去做，那么创业成功的可能性就比较小。创业者具有强烈的创业意识可以帮助创业者克服创业过程中的困难，将创业目标作为自己的奋斗目标。事业的成功总是属于有思想准备的人，也属于有创业意识的人。

2. 良好的创业心理素质

创业之路不可能一帆风顺，难免遇到艰险与曲折，创业者要去面对变化莫测的竞争以及随时出现的需要解决的问题，这就要求创业者具有良好的创业心理素质。良好的创业心理素质是指在创业实践过程中对心理和行为起调节作用的个性心理特征，主要体现在人的独立性、坚韧性、克制性、适应性、合作性等方面。只有具备良好的心理素质，才能在创业的道路上自强不息、竞争进取、顽强拼搏，才能从无到有、从小到大，创造出一片属于自己的天地。

3. 创业精神

自主创业是对创业者自身智慧能力、气魄胆识的全方位考验。它对创业者的个人素质和能力有特定的要求，只有那些能够承担更大风险的大学生才适合自主创业。创业精神包括以下几个方面。

一是要具有冒险精神。这是创业精神的必然要求，冒险虽有失败的可能，但是更有可能成功。只要把握好，就可以避免或减少损失并获得巨大利益。但要注意：不冒无把握之险，成功的冒险不是盲目的，而是在正确的计划指引下进行的，另外还要多思考、多实践、多总结。

二是要具有拼搏精神。在经济快速发展的现代社会，每个人都面临"适者生存"的残酷竞争，这就需要提高自己、完善自己、奋力拼搏。创业大学生要培养自己的拼搏精神，就要牢固树立不断进取的观念，还要抓住机遇求发展，抓紧对课堂知识、社会实践、科技竞赛等各个环节的学习，提高自身素质，为创业做准备。

三是要具有竞争意识。竞争是市场经济最重要的特征之一，是企业生存和发展的基础，更是立足社会不可缺乏的一种精神。创业者只有敢于竞争、善于竞争，才能取得成功，如果创业者缺乏竞争意识，甚至害怕竞争，就只能一事无成。

四是要具有顽强的意志。大学生在创业过程中不可能一帆风顺，难免会遇到各种各样的挫折和困难，只有具有顽强的意志，才能承受住创业过程中的磨难，才能走出困境。

五是要具有合作精神。创业者要有强烈的团队合作意识，团队成员间相互依存，同舟共济，彼此间信任，相互帮助，利益成就共享，责任共担。

4. 全面的创业能力素质

1）创新能力。创新能力是创业能力的重要组成部分。它包括两方面的含义，一是大脑活动的能力，即创造性思维、创造性想象、独立性思维和捕捉灵感的能力；二是创新实践能力，即人在创新实践活动中完成创新任务的能力。广博的知识、扎实的专业基础知识、熟练的专业技能、丰富的实践经验使人具备创新能力。

2）创业知识储备。创业者的知识储备对创业起着举足轻重的作用。创业者要做出正确的决策，必须具有广博的知识，不仅需要扎实的专业知识基础、经营管理知识，还必须具备与社会各方面交往所需的综合性知识。经营管理知识是从事经营管理工作必须具备的知识，综合性知识是发挥社会关系运筹作用的多种专门知识，其中包括政策、法规、工商、税务、金融、保险、人际交往、公共关系等。

3）分析决策能力。在竞争激烈的市场环境中，创业者往往被要求在较短时间内对各种信息作出分析，对经营形势作出判断，对创业行为作出选择，这就要求创业者具备快速准确的分析决策能力。

4）交往协调能力。交往协调能力是指能够妥善处理与公众之间的关系，以及能够协调下属各部门成员之间关系的能力。戴尔·卡耐基（Dale Carnegie）在其《人性的弱点》中说过，一个人的成功，15%靠他的专业技术，而85%要靠他处理人际关系的能力。创业者应该做到妥善处理与外界的关系。同时要善于团结一切可以团结的人，团结一切可以团结的力量，这样才能建立一个有利于自己创业的和谐环境，为成功创业打好基础。

5）坚韧不拔和处理危机的能力。大学生在创业的路上会碰到各种困难，要有长期忍受痛苦的思想准备，要耐得住寂寞，能够经得起各种困难的考验，并有百折不挠的奋斗精神。

三、将你作为一个创业者来评价

任何一个企业的成功，在很大程度上取决于创业者的素质、技能水平和经济状况等。成功的创业者之所以成功，不是因为他们走运，而是因为他们工作努力，并具有经营企业的素质和能力。在决定创办一个企业之前，个体必须认真地审视自己，以判断自己是否适合创业，目前是否具有创业的基本条件。有人从众多的创业者中总结出了关于成功创业的关键要素，即创业动机、经验和能力以及创业资源。

（一）创业动机

无论是个人还是团队，要想成功创业，都需要具备强烈的创业愿望和坚定的创业动机。那么什么是创业动机？简单地说，就是"我为什么要去创办企业""我未来企业发展的目标是什么"。创业动机是个体能否成功创办企业的前提和基础，所以在创业之前，个体要正确评价自己的动机，动机越强烈，目标越明确，创业的成功率就越高。

另外创业不是一帆风顺的，许多成功的创业者都是在一次又一次的失败中重新站立起来的。强烈的创业动机是创业者面对困难和失败时保持信心和毅力的关键。大学生要清醒地认识到，挫折和失败是创业中难以避免的，在挫折和失败中坚定创业信念，不气馁，不放弃，从头做起，才能迈向真正的成功。

（二）经验和能力

要想成功创办企业，另外一个重要的问题就是，个体或者合伙人是否具备相关的经验、特殊能力和素质，包括创业的知识，企业管理者的决策、执行、沟通能力，相关的专业技能和行业经验，以及应对企业风险的心理素质等。

（三）创业资源

作为一名创业者，需要获得充足而有效的资源，包括资金、场地、设备、人员等，才能顺利创业。另外，基础设施（如水、电、交通等）和外部的支持条件（如政府的政策、各种创业服务机构的帮助等）也是非常重要的。

足够的资金是创业必不可少的资源。如果你自身没有存款，也没有任何可以抵押的物品，你就不可能从银行或其他金融机构获得贷款。即使你有足够的资金，在创业时，你也不能把所有的资金都投进企业去，一般情况下，一个新创办的企业需要经营 3 个月或者更长时间，才能赚到足够的钱来支付创业者的生活费用，因此创业者必须留有一定数额的资金来担负企业获得盈利之前的生活费用及其他支出。

总之，创业是一个复杂而艰辛的过程，企业的成败取决于创业者。在创业者决定创业之前，应该分析评价一下自己，看看自己是否具有创业的素质、技能和物质条件。创业者必须事先对自己有充分的认识和了解。思考以下问题，可以帮助你判断一下自己创业成功的可能性有多大。

1）承诺。要想成功，你应对你的企业有所承诺，也就是说你应把你的企业看得非常重要，要全身心地投入。

2）动机。如果你是真心想创办企业，那么成功的可能性就大得多。你要问问自己，你为什么想创办自己的企业？如果你仅仅想有些事情可做，你创业成功的可能性就不大。

3）诚实。如果你做事不重信誉，名声不太好，那么这对你创办企业是不利的，会对你的生意产生负面影响。

4）健康。你必须健康。没有健康的身体，你将无法兑现自己对企业的承诺。要知道，为企业操劳会影响你的健康，你要衡量一下自己的身体条件，是否能够适应创办企业的需要。

5）风险。世上没有绝对保险的生意，失败的风险随时可能发生。你必须具有冒险精神，甘愿承担风险，但又不能盲目地去冒险。先思考你可以冒什么样的风险。

6）决策。在办企业的过程中，你必须做出许多决定。当要做出对企业有重大影响的决定而又难以抉择时，你必须果断。也许你不得不辞退勤劳而忠诚的员工，只要有必要，就应这么做，不要都发不出工资了，还碍于情面保留雇员。

7）家庭状况。办企业将占用你很多时间，因此，得到家庭的支持尤其重要。你要征求家庭成员的意见，如果他们同意你的创业想法，支持你的创业计划，你就会有强有力的后盾。

8）技术能力。这是你生产产品或提供服务所需要的实用技能。技能的类型将取决于你计划创办的企业的类型。

9）企业管理技能。这是指经营你的企业所需要的技能。市场营销技能固然很重要，但掌握其他经营企业的技能也很必要，如成本核算和做账方面的技能等。

10）相关行业知识。对生意特点的认识和了解是最重要的，懂行业知识更容易成功。

第二节　创业素质

一、对创业的基本认知

（一）创业不是简单地做自己的老板

现在就业压力大，加之现今媒体对大学生创业的宣传，很多学生都对创业跃跃欲试。但我们冷静分析一下：自己想做什么？自己适合做什么？有哪些资源？或许创业想法源于一个创意、朋友的一个建议或倡议、一笔资金，甚至是一时的冲动……大学生在创业之前或准备创业时，一定要清楚一个道理：创业不是简单地做自己的老板。因为创业是一项系统工程，做老板需要考虑到人、财、物、进、销、存、竞争、市场细分、定位、管理体系、团队、财务、退出机制等一系列的事情。

第一个扛起创业大旗的人，一般来讲最大的优势是协调能力强、富有激情，相对来说其弱点可能是专业能力不足。所以，创业需要一个互补性很强的团队，要有基本的创办企业或项目的架构。创业者不但要做自己的老板，而且要做他人的老板；自己能力强还不行，还要有能力带领团队一起做事。

另外，目前国家出台了许多有利于大学生创业的政策，对于大学生创业者而言，创业环境方面较之前几年有了很大改善。

创业者至少需要具备几个条件：一是强健的身体；二是心胸够宽广，能适应不同的规则；三是定位要清楚。"天将降大任于斯人也，必先苦其心志，劳其筋骨，饿其体肤"，强健的身体是创业者创业的本钱。创业过程需要创业者殚精竭虑，奋斗不止，如此才有可能成功。在创业前，身体的储备是必要的。创业过程是一个适应市场与环境，又获得竞争优势的过程。该过程所涉及的一切对象、一切事情都需要谈判与磨合，对不同的规则要有足够的承受力与适应力。在波折的创业过程中，创业者需要具备足够的心胸来面对与容忍。对于创业者而言，创业前一定要定位准确。定位分两个层面，一是对自我的定位与认知要准确；二是对所做项目的市场定位要清晰，做好市场细分与定位。

创业是一项系统复杂的市场活动，需要很多条件与准备，创业不是简单地做自己的老板。

（二）创业过程是超越个人人格、建立组织人格的过程

任何组织都是由人和人的行为构成的，创业也不例外。创业者作为创业组织中的人，必须使自己的行为符合整体创业的需要，表现为组织人格。同时，作为有血有肉、有思想、有个性的完整的创业者，也必然表现为个人人格。任何组织的人都具有双重人格，即组织人格和个人人格。组织人格是由组织的性质、目的、结构、准则和价值观等决定的，是由组织的权力运行方式和组织环境塑造而成的，是符合组织管理的需要和组织发展的需要的；个人人格是个人的需要、动机、个性、能力、道德观和价值观的凝聚，是符合个人的需要和发展的。组织人格是模式化的、非个性化的、非感情化的人格；个人人格则是多姿多彩的、个性化的、感情化的人格。组织人格更强调理性，个人人格更强调个性。个人的存在、组织的发展，形成不同的人格。

创业的过程，实际上是创业者超越个人人格、建立组织人格的过程。个人人格与组织人格的矛盾特性，使创业陷入两难选择。创业成功必须克服个人人格与组织人格的不一致，需要创业者超越个人人格，带领团队建立组织人格。面对两种人格的冲突，大部分人强调个人人格，很少有人强调组织人格，导致很多创业团队的离散，甚至分道扬镳。成功的创业者，需要改变自我，同时还需改变团队个体的个人人格，使其贴合组织人格。

（三）创业过程本身是充满冒险的过程

很多创业是在没有机会的情况下成功的。我国第一批创业人员，是20世纪80年代的劳改释放人员。这些人员是就业的弱势群体，没有工作机会，只好去创业。调查表明：30%的大学生都有创业愿望，但付诸行动的只有1%。

创业是一项风险极高的活动。据不完全统计，创业企业的失败率高达 70%以上，而大学生创业成功率只有 2%～3%，远低于一般企业的创业成功率。但可喜的是现在大学生创业已经非常务实和理性。智联招聘的调查显示：65%的大学生认为应先在大公司积累经验，30 岁以后再考虑创业；21%的大学生认为大学毕业后 1～2 年就要创业；9%的大学生认为创业风险太大，还是要慎重；还有 4%的大学生没想清楚；只有 1%的大学生无论如何，均不考虑创业。创业有风险，选择须慎重。大学生最好先就业历练积累，时机成熟再去创业，降低创业失败风险。

对于决定创业的人，一定要明白一点，那就是创业初期要专注。无论是创业成功的案例，还是创业失败的教训，都证明"专注"很重要。道理也很简单，当人有很多机会的时候，一般的人很难坚守自己创业的初衷，从而陷入关注很多目标而不能专注一个目标的失败怪圈。很多人成于没有机会，败于有机会。在创业准备时，要善于选择别人不认为是机会的机会。

二、创业的心理准备

1. 创业者要有积极、乐观、自信的心态

战略上藐视敌人，战术上重视敌人。创业也许很顺利，也许是一条充满艰难和风险的道路。但不管怎样，对于一个创业者来说，首先要自信，要相信自己的选择是正确的，相信自己能成功。自信是人生和事业成功的基础，如果创业者对自己的选择一点都没信心，那就不如放弃。当然自信不是盲目自信，而是建立在理性分析基础上的自信。创业具体的准备工作则是越详细越好，尽量考虑各种风险和可能，对自己的资源和优劣情况作全面分析，在此基础上考虑各种应对的办法，甚至还要考虑失败后的退路。但一旦决心和计划已定，就要勇敢地跨出第一步。这里还需强调一下身体素质，创业者需要有一个健康的体魄，古往今来，成功者往往是那些精力旺盛的人。因为首先，身体越健康、精力越旺盛，人就越能应付未来的繁重工作。其次，很多不良情绪往往与身体状况有很大的关系，身体状况越好，情绪也就越好，人就越会有积极、乐观、自信的心态。

2. 要有吃苦的心理准备

创业者不同于普通上班族，朝九晚五，时间固定，每个星期还有两天假日可休息，可娱乐，可进行心理休养。自己创业则意味着没有休息日，意味着没有固定的休息时间，加班变成一种常态，意味着没有很多时间从事家庭工作，不会有很多时间陪伴家人。也有可能什么活都要做，重的、轻的、精通的、不熟悉的，创业者都要能拿得起。创业没有老板的约束，创业者必须克服身上的惰性，学会自我约束。当然，一旦创业者的工作走上正轨，创业者就有可能比普通上班族更轻松、更自由。

3. 要有独立分析和决策的心理准备

读书时，作为学生的你不用操心，因为父母给你安排好了一切，你的道路很清晰。上班时，作为一个普通员工，你已经习惯了老板或上司给你分配工作任务，或者你有相

对固定的工作内容，一些难以决策的事情还可以请教上司、请教同事，甚至请上司定夺，决策时，即使你要承担一定的风险和责任，也相对有限，总之，你可以有一定的依赖性。当你选择了自己创业，你就无法享受这种依赖性。一切都要依靠你自己，你必须对自己负责，父母和朋友只能起辅助作用，甚至根本无法依靠。这时你就必须培养独立的分析能力和决策能力。你必须自己制订工作计划，学会时间和事务管理。你必须自己决定经营和发展方向，自己决定怎样调配资源。要考虑进什么产品，还要考虑怎样提高销售额。假如你聘请了员工，你还要对员工进行管理，学会员工管理和任务分配。开始时也许你事无巨细都要自己参与，有时事情复杂，你难以决断，但最终还是要你拿定一个主意。

4. 要有承受压力和挫折的心理准备

因为是自己的事业，你会面临很多压力：经营处于低潮期怎么办？客户纠纷怎么处理？员工工作不称职怎么办？工商税务怎么对应？现金流中断怎么办？遇见突发事件怎么办？这一切都会让你产生压力感和挫折感，让你痛苦，让你辗转难眠。严重的压力感和挫折感还有可能影响你的判断能力和决策能力，使你工作效率低下，甚至影响你的身体健康。同时创业还面临一定的风险，你也有可能失败，甚至出现亏损，让你第一次创业遭受沉重的打击。

三、创业的信息准备

随着科学技术及互联网的快速发展，人类已经进入了知识、信息大爆炸的时代。美国前总统卡特曾经说过："在美国，有三分之二的成果来自有关的信息活动。信息是经常提供重要情况的火花，点燃天才创造和发明的火焰，帮助人们解决日益复杂的世界问题。"这段话说明了美国对信息资源开发和利用的程度，也说明了信息资源对美国社会和经济所产生的作用。事实也证明在当今信息时代，竞争及创业的成败在很大程度上取决于创业者对信息掌握的速度与质量。对于创业者来说，信息是十分重要的，及时准确地把握了市场信息，就意味着在市场竞争中拥有了主动权。因此大学生在创业前，要尽力做好信息的收集工作，以便于做好充足的准备。

搜集信息的过程其实也是对市场形势调查分析的过程。信息无时不有、无处不在，因此搜集信息时，既要注意拓宽搜集渠道，又要注意辨别信息的真伪。随着科技及互联网的发展，信息已经成为一种产业，谁拥有新的信息，谁就拥有市场，谁就可能成为市场竞争的强者，创业者对信息的准备，是为了开发信息，利用信息为创业实践服务，因此要坚持"积极开发，为我所用"的原则，通过互联网、报刊等各种新闻媒体以及各种市场和人际交往等方式来搜集信息。

1. 互联网

当前，我国的互联网发展速度日新月异，移动互联网的普及速度更是呈几何级数量发展。大量的信息都是通过互联网传递的，网络已经成为大多数群体获取信息的主要途径。

2. 报刊

报刊具有普及性和新闻性，其捕捉信息的速度和信息容量是十分惊人的，作为创业者一定要养成看书读报的良好习惯。阅读不仅可以增加信息存储量，同时也可以拓宽自己的视野，丰富自己的知识。

3. 保持与相关协会或团体的联系与沟通

一些协会如电子协会、广告协会等，可为会员提供名录、出版物和介绍新成果的小册子。同时，有些会员本身就是业主，多与他们保持联系，经常沟通，可使我们通过日常交往掌握大量的信息，可能其中一些信息就是我们所需要的。因此，加强社会交往，拓宽信息搜集渠道，对我们做好创业活动帮助很大。

创业者不仅要善于搜集信息，同时也要善于处理信息，能从千千万万条信息中寻觅自己需要的信息，分析筛选出对自己有利的部分，为创业决策提供依据。分析信息时，可考虑以下五个要素。

第一，考虑信息的可信度。即要考虑所获得的信息是不是道听途说的，可信度如何，能否为自己的经济活动服务。

第二，注意地区差别。同一信息在不同的地区产生的效应是不同的。因为不同地区的人口密度、气候状况、风俗习惯和消费水平等存在着一定差异。

第三，衡量信息的时效性。信息的生命力具有流动性。从时间上说，信息可分为过去信息、现时信息和未来信息三种。为此一定要从多方面分析和衡量信息的时效性，在运用信息时努力做到对信息的选择准确无误。

第四，充分分析和估计信息发展的各种趋势。要预计到在信息指导经营时将会发生的各种情况，有备无患方能立于不败之地。

第五，深挖信息背后的信息。人们有时对一条信息进行细究深挖，很可能就会发现一条母信息中包括许多很有价值的子信息，这些子信息从表面看起来与创业活动没有直接关系，而实际上却能起直接作用，有时甚至是重大间接作用。因此，创业者不能忽视对边缘信息的搜集和利用。

四、创业的知识准备

（一）专业、商业知识

作为创业者，要有生产产品和提供某项劳务的专业知识，还应有投资理财知识。大学生作为高知识人群，对专业技术有一定的了解，而且一部分学生在专业领域有深入的研究，但相对缺乏商业方面的知识。大学生创业的最佳组合是工程师的技能加上商人的头脑，实现资源最优化。如果从未经商，就要学点商业知识、经营之道和技巧。没有丰富的商业知识和经营之道，就难以把握商机，甚至开展不了业务。如不懂商品成本、利润、批发、零售等基本知识，就无法做好经营销售业务。

创业者应具备的专业、商业知识主要有：创业项目所涉及的专业知识；市场预测与调查知识，定价知识和策略，产品知识，销售渠道和方式知识，批发、零售知识，产品质量和有关计量知识，货物运输保管储存知识等。

（二）工商税务知识

不懂工商税务知识，就无法办齐各种经营手续，也难以做到合法经营、依法纳税。工商方面主要是企业登记、年审的知识，包括有关私营及合伙企业、有限公司的组织形式，办理验资的方法，申请开业登记的程序，需要办理经营许可的行业及其手续，企业年审的规定等。税务方面主要是办理税务登记、纳税以及领购和使用发票等知识。值得说明的是，创业者制订创业计划时，不可不考虑税收问题，应了解以下主要税种：①增值税。从事商业经营的个体户通常按照其销售额 3%的征收率缴纳增值税；从事工业生产的，征收税率为 3%，且月销售额在 30 000 元以下的暂免征增值税。②营业税。从事服务业的个体户应当按照其营业收入缴纳 5%～20%的营业税（分不同行业）。③城市维护建设税。这种税是按照个体户缴纳的增值税、消费税、营业税税额附征的，实行 1%～7%的地区差别税率。④个人所得税。其中，生产、经营所得应当按照 5%～35%的五级超额累进税率纳税；股息、红利所得、财产租赁所得的税率为 20%。据悉，我国内外资企业新的税制已在加入世界贸易组织后开始实施。在新税制下，内外资企业所得税将进行合并，所得税税率为 25%。新税制规定，税率减免按行业制定，国家鼓励的行业将享有较多优惠。

（三）金融知识

有观点认为，金融意识的强弱、金融知识的多少，是衡量一个企业、一个创业者是否适应现代市场经济的重要标志。创业需要融资，要通过各种方式到金融市场上筹措资金。从现代经济发展的状况看，创业者需要比以往任何时候都更加深刻全面地了解金融知识、金融机构、金融市场，因为企业的发展离不开金融的支持，融资是企业经营的重要手段。创业者应该了解融资的渠道、融资的方式、融资的环境以及融资风险防范等。具体应懂得：银行开户程序和有关结算规定，信用及资金筹措，资金核算及记账，证券、信托及投资知识，财务会计基本知识，保险基本知识等。

（四）市场经济法律知识

市场经济从某种意义上讲就是法治经济，创业、投资离不开法律的引导、保障和规范，21 世纪的中国市场经济体制将在经济杠杆和法律调整中日趋完善。因此，创业者必须深谙市场经济法律法规，主要是企业设立、企业经营管理方面的法律。例如，我国企业立法已经不再延续按企业所有制立法的旧模式，而是按企业组织形式分别立法，根据《中华人民共和国民法通则》《中华人民共和国公司法》《中华人民共和国合伙企业法》《中华人民共和国个人独资企业法》等法律的规定，企业的组织形式可以是股份有限公司、有限责任公司、合伙企业、个人独资企业。了解有关规定，才能准确确定企业组织形式，按照规定条件和程序办理企业设立登记。为依法经营企业、依法维护企业的合法权益，还应了解《中华人民共和国合同法》《中华人民共和国担保法》《中华人民共和国票据法》《中华人民共和国商标法》《中华人民共和国消费者权益保护法》等基本民商法律以及行业管理的法律法规。

（五）企业经营管理知识

创业者了解掌握企业经营管理知识，有利于运用科学的思想、组织、方法，对企业生产经营活动进行有效的管理，提高经济效益。首先，要树立符合现代企业经济功能的经营观念，如战略观念、市场观念、用户观念、效益观念、竞争观念和创新观念等。其次，要了解企业经营管理组织方面的知识，包括管理体制、生产组织形式、组织结构等。再次，了解和掌握企业经营管理方法，包括经济规律所制约的管理方法、反映生产组织和生产技术规律的管理方法、反映有关人的活动规律的管理方法、反映行政和政治工作规律的管理方法等。最后，要了解和掌握现代化企业经营管理手段。

掌握并运用企业经营管理知识对创业者至关重要。一些成功创业者的实践证明，提高经营管理水平并不需要很多投资就可获得巨大的经济效益。不少企业甚至把经营管理现代化看成是一种重要的资源。

【本章小结】

创业是指创立基业或创办事业，是有创新精神的人通过整合资源、捕捉商机，并把商机转化为盈利模式的过程。

创业者是创业的主体，在创业过程中起着关键作用。

创业精神是指在创业者的主观世界中，那些具有开创性的思想、观念、个性、意志、作风和品质等。它具有高度的综合性、三维整体性、超越历史的先进性、鲜明的时代性等特征。

创业者应该具备的创业能力素质包括：强烈的创业意识、良好的创业心理素质、创业精神、全面的创业能力素质。

个体是否适合创业，可以从创业动机、经验和能力以及创业资源三个方面来进行评价。

创业前首先要做好创业准备，具体内容包括：对创业有一个基本认知；做好创业的心理准备；做好创业的信息准备；做好创业的知识准备。

【思考题】

1. 创业前需要做哪些方面的准备工作？

2. 假设把你作为一个创业者来评价，你认为自己哪些方面已经具备了创业的条件？哪些方面还有所欠缺？

第八章 创办企业基本步骤

【学习目标】

通过本章的学习，了解如何选择和评估创业项目、组建创业团队、整合创业资源、制订商业计划书，以及创办新企业的流程等。

【案例导入】

吃苦耐劳 踏实从容
——创业感想

创业不容易。离开自己的专业创业更不容易。学软件技术的李玥明同学经过积累和深思熟虑，在 2012 年毕业季，成功创办了属于自己的餐馆。这期间，他独立面对问题，处理了很多棘手的难题，使餐馆运营良好。以下是李玥明的自述。

我是华北水利水电大学软件学院毕业生，现自己经营一家餐厅。在大学的时候就想开发一个真正意义上属于自己兄弟朋友的地方，让他们在这个地方聚会、谈生意、谈事情，同时也能借此平台为他们提供一个跳板。大学的时候一直没这个机会，2012 年赶上毕业季，正好我哥也有这个想法，我们就商量开一家自己的餐厅。

2013 年 1 月，我和我哥就经常坐在一起筹备这个事。当时厨师已经找到，就是开封有名的豫菜大师刘洪涛，当时他研究豫菜已经将近 30 年。因为现在的一部分人吃饭讲究的是清淡、少盐、少味精、少油、精美，所以我们就把握住这些人的思想，做这些人的生意，恰巧豫菜就是他们所需要的菜系，所以才选择刘师傅。接下来就需要重点考虑几个方面。

第一：位置。

现在的一部分人不想再去一些奢华的、喧闹的地方，特别是在他们谈生意、说事的时候，他们想要一个清静、干净、远离人群、方便停车的地方。鉴于这个特殊原因，我和我哥就商量找一个安静的地方，别墅区当然是最好的，所以我们把店的位置定在了一个别墅区里面。

第二：执照。

做餐饮的执照非常多，包括餐饮服务许可证、社会信用代码营业执照、卫生许可证、消防许可证等。办理这些执照最好的时间就是在选择好位置后，准备装修的前一个月。

第三：装修。

装修讲究的原则就是少投入、出效果。

第四：菜品。

这一点在餐饮行当中是重中之重，师傅的技术不用说，我们所能做的就是要保证原料的正宗、新鲜，我们的许多原材料都是选自原产地。

新店正式营业时间是六月六日。开业的一个星期生意都是朋友照顾的。开始时人员需要磨合，许多事情都在预料之外，但是这些都是正常的。我需要在忙碌了一天之后去思考如何分配工作，如何改进服务质量，这些都是我应该去想的，因为我考虑到费用支出，没有聘请大堂经理。我是老板，同时也是大堂经理；是一个服务员，同时也是一个传菜员。所以一天下来，身体、精神都非常疲惫。在晚上该休息的时候不是立即就睡觉，而是想想明天该做点什么，会发生什么，该进什么东西，该在什么时间办什么事，办事的时候对方会对自己说什么，我该说什么话才能把这事办下来。这些都是开业那段时间我每天晚上要想的，我常常还因为这些事情睡不着觉。刚开始很艰难，不过当一切都进入正轨的时候就不会感觉麻烦了。

大学生刚毕业与其说是创业不如说是学做人，练心态，学会从容。下面是我的感悟与学到的一些东西。

第一：学做人。

别人做了什么，做得挺好、挺大，成功了，而你却说他机会好、家里有钱等一些没用的话。你没有为了一件事从晚上熬到天亮的经历就不要说这些话，你没有在冬天住过连窗户都没有的地下室的经历就不要说这些话，你没有在忙了一天还要背着一个200斤的朋友上下楼的经历就不要说这些话。学做人，多想、低调、会说、会办，这才是应该学的。毕业后的五年别忙着挣钱，钱迟早会有的，首先得学做人。

第二：练心态。

改掉大学时期的浮躁。在大学毕业后，一些朋友开着豪车，享受生活。这时候我们不要去羡慕。那是他们的生活，不是我们的。相信自己，一步一步靠自己，去经历、去磨炼。

第三：学会从容。

办事说话的从容，心态的从容，这个需要慢慢去练。要有这样的想法：我尊敬你但我不低贱，我不欠你什么，在人格上你也不比我高，大家都是平等的。还要有这样一种心态，比如，遇到别人否定自己或消极评价自己时，你要想：那是我快速学到经验的最好途径。有这样的想法就不会胆怯、害怕，你就会在你的道路上勇往直前。

现在这个店运营得还算不错，因为我们对店的定位就是中档消费、高档品质。所以说这个特别时期对我们的影响不是太大，我们的店价位不高、菜品质量好。

最后祝大家：想找工作的能找到好工作，想创业的能成功。

【案例评析】

李玥明同学的创业，没有豪言壮语，没有异想天开，没有投机取巧，有的只是踏踏实实做好每一件事情。在他平淡的叙述中，可以看出他为把餐馆做好，选择了可靠的合作伙伴和厨师，定位合理，规范办理各种繁杂的手续，精心装修，重视菜品质量等，这些有利的因素保证了其企业的顺利运营。

仔细分析他的创业过程，不难发现，他总结自己成功创业的经验：一是注重情商，即"多想、低调、会说（话）、会办（事）"，提高沟通能力、表达技巧，多积攒人脉。二是创业要有平常心，忌浮躁，要从容。踏踏实实地一步一步靠自己。多思考，如企业定位要准等。

创业成功是辉煌的，但是创业起步时期是艰难的，有大量的事情和难题等待着想创业的毕业生去处理。只要我们多看、多思、多想，踏踏实实，一步一个脚印地去做，未来一定更美好。

第一节　选择和评估创业项目

一、创业想法

（一）创业想法的概念

创业想法是用简短和精确的语言，对打算创办的企业的基本业务所做的描述。好的开始是成功的一半，一个好的创业想法是实现创业者愿望和创造商业机会的第一步。一个好的创业想法应具备以下四个方面的内容。

1）你的企业将销售什么产品或服务？产品或服务必须是人们愿意付款购买的。作为创业老板，你要选择了解的产品或擅长的服务。

2）你的企业将向谁销售产品或服务？顾客对每个企业来说都很重要，对潜在顾客的了解决定你的企业是否盈利。

3）你的企业将如何销售产品或服务？企业销售产品或服务的方式有零售、批发、批发兼零售，所以销售的对象可以是顾客，也可以是批发商。

4）你的企业将满足顾客哪些需要？一个好的创业想法不是以自己的喜好为标准的，而是以顾客的需求为出发点，因此调查潜在的顾客想要什么很重要。

（二）创业想法的产生

1）头脑风暴法。头脑风暴法是一个创造性解决问题和产生想法的技术方法。它的目的是尽可能多地产生想法。它经常从一个问题或一个难题开始，一个想法又激发出另一个或者更多的想法，最后产生大量的想法，集思广益。

2）调查所居住地区的企业。了解你周围居住地区有哪些类型的企业，并了解自己的创业想法在市场中是否有生存的空间。

3）调查所处的环境。发挥自己的创造力，在你居住的地区发现更多的创业想法。考虑一下你所在地区的所有资源和机构，看看它们能否转化为你的企业机会，从而产生好的创业想法。

4）利用经验。你还可以利用自己和别人的经验产生新的创业想法。你是否能从自己过去的经验中产生可能的创业想法？比如，想想过去你曾有过需要但很难找到的产品或服务。认真倾听别人的经历，比如家人、朋友以及其他人，尽可能与更多的人交流，包括不同地区、性别、年龄和阶层的人，了解他们在寻找需要的产品或服务时是否遇到问题。

（三）筛选确定创业想法

1. 筛选创业想法

通过头脑风暴法、实地调研等方法，你可能会产生许多创业想法，那么接下来就是要对这些创业想法进行筛选，仅留下最适合的想法。对创业想法的筛选，可以从以下四个方面进行考虑。

1）顾客。如何知道你所在地区对你所要创办的企业有需求？你的企业顾客是谁？顾客是否足够多？你的产品或服务的价格是顾客所能承受的吗？

2）竞争对手。你创办的企业是否是你所居住地区的唯一？如果有其他企业竞争，你如何才能立于不败之地？

3）资源和要求。你如何为顾客提供高质量的产品或服务？为创办企业获得资源的途径是什么？从什么途径获得创办这个企业的建议和信息？企业是否需要设备、厂房或合格的员工？你是否能够得到满足这些要求的资金？

4）个人的技能、知识和经验。你对这个企业产品或服务了解的程度如何？对于经营这个企业，你具备哪些技能、知识和经验？你创办的企业盈利的原因是什么？你能想象未来 10 年自己一直经营这个企业吗？你是否对这种类型的企业很感兴趣并愿意投入大量的时间和精力使企业获得成功？

2. 实地调研

为了分析外部环境因素，需要具有足够的信息，为了搜集信息，就要进行实地调研。在此过程中需要与顾客、供货商和企业界人士交流，目的是分析你接受或放弃创业想法的因素。实地调研要注意以下因素。

1）交谈对象。交谈对象取决于你的想法或调研领域。无论你有什么想法，都必须与潜在的顾客交流，顾客的看法对于你了解自己的想法是好是坏至关重要。

2）关键信息提供者。那些很有用的交谈对象为"关键信息提供者"，这些人对你计划进入企业领域知之甚多，或者对你潜在的顾客非常了解。他们可能是公司的采购员，也可能是公司的行政人员，也可能是政府机构的人员，也可能是大公司的经理，了解市场的总体情况。如果你接近其中一个关键信息提供者，他就有可能帮你引荐更多的关键信息提供者。

3）面谈。通过当面交谈向对方介绍你和你的创业想法，同时搜集相关的信息。对你的想法做正面的介绍，说明你为什么认为它是顾客需要的，这是你尝试推销自己的创业想法的第一次机会。

4）问问题。①问顾客问题。针对你的产品或服务在本地区市场情况，了解不同的需求。②问供货商、批发商和竞争对手问题。如果你打算开一家零售店，你需要与你的供货商交流。③问关键信息提供者问题。问关键信息提供者什么问题，很大程度上取决于这些人是谁。你选择问他们问题是因为他们有市场或了解产品的一些专业知识，同时他们也许是你的主要客户。

3. SWOT 分析

SWOT 中 S 代表优势（strength）、W 代表劣势（weakness）、O 代表机会（opportunity）、T 代表威胁（threat）。当你实地搜索完企业机会和风险方面的信息之后，就可以做 SWOT 分析。SWOT 分析就是基于内外部竞争环境和竞争条件下的态势分析，就是将与研究对象密切相关的各种主要内部优势、劣势，外部的机会和威胁等，通过调查列举出来，并依照矩阵形式排列，然后用系统分析的思想，把各种因素相互匹配起来加以分析，从中得出一系列相应的结论，而结论通常带有一定的决策性。这种分析法可以帮助你分析每个创业想法可能存在的问题和潜在的优势，帮助你筛选、确定企业想法。

1）企业内部。你所创办的企业的积极方面有哪些（优势）？你所创办的企业不太擅长的方面有哪些（劣势）？

2）企业外部。周围对企业有利的潜在发展因素是什么（机会）？可能发生的对企业产生负面影响的事情会是什么（威胁）？

4. 环境影响评估

（1）企业对环境的影响

所有企业都与我们的生活环境息息相关，企业对环境的影响可以是积极的，也可以是消极的。比如，一方面，企业向人们提供了就业和经济收入，对环境产生了积极的影响，另一方面，企业开采大量的非再生资源，或者在生产过程中污染环境，就对环境产生了消极影响。为了企业的可持续发展，所创办的企业必须将对环境的消极影响降到最低。如果无视企业对环境产生的消极影响，将会遇到很多问题。

（2）环境影响评估的目的

对环境影响的评估会帮助创业者确定企业对环境产生的负面影响。创业者不仅要使企业排放于环境中的污染物达到合格的排放标准，还要具体说明计划采取什么措施将企业对环境产生的负面影响降到最低。创业者计划创办的企业要符合国家的环保规定与要求，在许可审批范围内，需要获得环境保护许可证。

二、创业机会评估

创业过程中仅有创业构思和创业想法是不行的。即使你觉得你发现了一个非常不错的创业机会，但并不是所有的创业机会都会成功的。相反，在很多时候，一个看似前景远大的市场机会背后，可能隐藏着许多的困难和问题。如果仅凭一腔激情，对市场不进行深入细致的评估，而是草率做出决定，就很容易导致创业失败。因此，有了自己的创业构思之后，对创业机会进行客观的评估，以理性的方式来决定下一步的行动，是一名优秀的创业者所必须具备的能力。

对一个新的创业机会，我们可以从市场、效益、个人、竞争优势等方面入手，进行客观的评估，以确定创业机会的可行性。

（一）市场的评估

1. 市场基础

一个新的创业机会的产生，必须要有其特定的市场，能够满足目标客户的需要，并且在为客户服务的过程中，为顾客带来增值的效果。因此在对一个创业机会进行评估的时候，可以从这几个方面入手：市场定位是否明确，顾客需求分析是否清晰，服务顾客途径是否流畅，产品线是否可以持续衍生。若能给顾客带来更高的价值，则创业成功的概率就更高。

2. 市场结构

针对新创业机会的市场结构，我们可以从五个方面进行分析：进入障碍，上游厂商、顾客，渠道商的谈判力量，替代性竞争产品的威胁，以及市场内部竞争的激烈程度。由市场结构分析可以得知新创企业未来在市场中的地位，以及可能遭遇竞争对手反击的程度。

3. 市场规模

市场规模与成长速度也是影响创业成败的重要因素。一般而言，市场规模大者，进入障碍相对较低，市场竞争激烈程度也会略为下降。如果要进入的是一个十分成熟的市场，那么纵然市场规模很大，由于已经不再成长，利润空间必然很小，所以这项创业就不值得投入。反之，一个正在成长中的市场，通常也会是一个充满商机的市场，所谓水涨船高，只要进入时机正确，就必然会有获利的空间。

4. 市场占有率

预期可达成的市场占有率目标，可以显示这家新创公司未来的市场竞争力。一般而言，要成为市场的领导厂商，需要拥有 20%以上的市场占有率。但如果低于 5%的市场占有率，则这项创业的市场竞争力显然不高，自然也会影响未来企业上市的价值。

5. 产品的成本结构

产品的成本结构也可以反映该项创业的前景是否广阔。例如，由物料与人工成本所占比重之高低、变动成本与固定成本的比重以及经济规模产量大小，可以判断这项新创业能够创造附加价值的幅度以及未来可能的获利空间。

（二）效益的评估

1. 合理的税后净利

一般而言，具有吸引力的新创业机会，要能够创造 15%以上的税后净利。如果新创业预期的税后净利在 5%以下，那么就不是一个好的投资机会。

2. 达到损益平衡所需的时间

合理的损益平衡时间应该能在两年以内达成，但如果三年还达不到，则可能不是一个值得投入的新创业机会。当然这个时限也不是绝对的。

3. 投资回报率

考虑到新创业开发可能面临的各项风险，合理的应该在 25%以上。

4. 资金需求

资金需求量较低的新创业机会，一般会比较受投资者的欢迎。资本额过高其实并不利于创业成功，有时还会带来稀释投资回报率的负面效果。通常，越是知识密集的新创业机会，对于资金的需求量越低，投资回报率反而会越高。

5. 毛利率

毛利率高的新创业机会，相对风险较低，也比较容易达到损益平衡。反之，毛利率低的新创业机会，风险则较高，遇到决策失误或市场产生较大变化的时候，企业就很容易遭受损失。

6. 退出机制与策略

所有投资的目的都在于回收，因此退出机制与策略就成为评估一项新创业机会的重要指标。企业的价值一般也要由具有客观鉴价能力的交易市场来决定，而这种交易机制的完善程度会影响新创业退出机制的弹性。由于退出的困难度普遍要高于进入，所以一个具有吸引力的新创业项目应该要为所有投资者考虑退出机制及策略。

（三）个人的评估

1. 与个人目标契合程度

创业过程中遭遇的困难与风险极大，一般认为，新创业机会与个人目标的契合程度越高，创业者的投入意愿与风险承受意愿自然也会越大，新创业目标最后获得实现的概率也相对较高。因此，一个具有吸引力的新创业机会，一定有一个能充分与创业者个人目标相契合的创业计划。

2. 机会成本

一个人一生的黄金岁月大约只有 30 年光景，其间可分为学习、发展与收获等不同阶段，而为了这项创业机会，你将需要放弃什么？可以从其中获得什么？得失的评价如何？在决定进行创业之前，所有参与创业的成员都需要仔细思考创业所要付出的机会成本。必须经由机会成本的客观判断，才可以得知新创业机会是否真的对个人生涯发展具有吸引力。

3. 对于失败的底线

古人说，留得青山在，不怕没柴烧。创业必然需要面对可能失败的风险，创业者不宜将个人声誉与全部资源都压在一次创业活动上。理性的创业者必须要自己设定承认失败的底线，以便保留下次可以东山再起的机会。因此，在评估新创业机会的时候，也需要了解有关创业团队对于失败底线的看法。

4. 风险承受度

每个人的风险承受度可能都不一样，因此这也将成为影响新创业机会评估的重要因素。一般而言，风险承受度太高或太低均不利于新创业的发展。一个能以理性分析面对风险的人，才是比较理想的创业家。

5. 负荷承受度

创业团队的负荷承受度，也是衡量新创业机会的一项重要指标。负荷承受度与创业团队成员愿意为新创业投入工作量的多少，以及愿意忍受的辛苦程度密切相关。一般来说，由负荷承受度较低的创业团队所提出的创业构想，成功的概率也会较低。

（四）竞争优势的评估

1. 成本竞争力

一个好的创业方案，通常具有可以经由持续降低成本来创造竞争优势的能力。除了以发挥经济规模来降低成本之外，良好的品质管理、高效率的生产管理、优越的采购能力、快速的产品设计、比较高的自制率等，都是有助于降低成本的有效手段。因此面对一项具有吸引力的新创业机会，创业者应该能够对物料成本、制造成本、营销成本等拥有掌控与持续降低的能力。总之，新创业机会所呈现的成本竞争力，将是评价这项创业最后能否获得成功的重要指标。

2. 市场控制力

对于市场的产品价格、客户、渠道、零件价格的控制力，攸关企业的竞争优势，因此市场领导厂商通常都具有比较高的市场控制力。因此，一个缺乏市场控制力的新创业机会，它的投资吸引力也一定会比较低。如果一项新创业项目对于关键零件来源与价格缺乏控制力，对于经销渠道与经销商也缺乏控制力，同时订单几乎完全依赖少数一两个客户，那么这项创业面临的经营风险一定很高，要想持续获利也会非常困难。不过，如果新创业机会具有持续推进产品创新的能力，那么就比较有机会摆脱这种为他人所控制的市场困局。

3. 进入障碍

高进入障碍的市场，对于新创业开发相对不具有吸引力。同样地，新创业如果无法制造进入障碍，也不是一个好的投资机会。制造进入障碍的方式，包括专利、核心能力、规模经济、商誉、高品质低成本、掌握稀有资源、掌握通路、快速创新缩短生命周期等。在一个处处存在障碍的市场中，通常比较难发掘好的创业机会。不过缺乏进入障碍的新市场，却往往容易吸引大量的竞争者，而使毛利快速下降。因此所谓具有吸引力的新创业机会，进入的应该是一个障碍还不太高的新市场，但进入以后就需要具备制造进入障碍的能力，以用来保护自身的市场利益。

虽然前述针对新创业机会提出了许多评估准则，但创业本身就是一项具有高风险特质的活动，没有一个创业机会是完美的，因此是否决定投入创业，仍然还是一个比较主观的决策。人们看到的许多后来获得重大成功的新创业机会，都曾历经无数次的失败。

第二节　组建创业团队

一、创业团队的概念

团队就是合理利用每一个成员的知识和技能，协同工作，解决问题，达到共同目标的共同体。创业团队由少数技能互补的创业者组成，为了实现共同的创业目标，为达成高品质的结果而共同努力。

创业团队由四大要素组成：①目标。创业团队有一个既定的共同目标，这个目标是创业团队奋斗的方向，没有目标就没有团队存在的价值，更谈不上成功。②人员。人员是创业团队最核心的力量。任何计划的实施最终还是要落实到人的身上去。人作为知识的载体，所拥有的知识对创业团队的贡献程度将决定企业在市场中的命运。③团队成员的定位。团队成员的定位包含两方面：一是团队的定位，创业团队在企业中所处的位置、创业团队负责的对象、创业团队的规章制度；二是个体的定位，个体在创业团队中的角色、创业实体的组织形式。④创业计划。创业计划有两方面的含义，一是制定一系列具体的行动方案，二是按照既定方案进行创业。如此才能保证创业团队的工作顺利进行，使得创业团队逐步接近目标，从而实现最终目标。

二、创业团队的管理及要求

1. 创业团队的组建原则

1）目标明确。目标必须明确，这样团队成员才能清楚地认识共同的奋斗方向。与此同时，目标也必须是合理的、切实可行的，这样才能真正达到激励的目的。

2）志同道合。团队成员有相同的价值观、相同的梦想和相同的金钱观。在合作的过程中，没有志同道合做基础，常常会使朋友反目，甚至成为"掘墓人"。

3）优势互补。创业者之所以寻求团队合作，其目的就在于弥补创业目标与自身能力间的差距。只有当团队成员相互间在知识、技能、经验等方面实现优势互补时，才有可能通过相互协作发挥出"1+1＞2"的协同效应。

4）管理规范。俗话说，没有规矩不成方圆。合作伙伴之间的关系无论多么亲密，也要事先制定好相关的规章制度，让合作伙伴明确相互的利益关系和分配原则，权责明确。

2. 创业团队的要求

在创业的过程中，创业团队的作用是巨大的，很多时候它甚至直接决定了创业的成功与否。一个理想的创业团队，应该具备以下几点。

1）要有共同的价值观。一个企业要想发展壮大，它的团队必须要有统一的社会价值观，大家都为了这一共同的价值观在不懈努力和创造着。这样的企业才能又好又快地发展。反之，如果没有共同的价值观，团队就不叫团队了，可能"有利跟随，无利弃而走之"，就算是团队，那也是一个很糟糕的团队，因为没有共同的信念，效率只会越来越低，最终被社会所淘汰。

2）要有脚踏实地、一步一个脚印的心态。做事切忌心急，欲速则不达，共同的价值观是大家的共同理想和追求，实现它需要一个长期的奋斗过程，不是短期能实现的目标。所以需要大家紧密团结，脚踏实地，一步一个脚印地去走、去闯。

3）要有好的团队带头人。一个好的企业、一个好的团队需要一个扛旗带队的先锋，需要一个知识面宽广的教练，需要一个敢想敢为的司机，为企业的发展把握好前进的方向。与此同时，这样一个先锋、教练、司机不能把自己的个人情感掺杂进来，他代表的是整个团队的利益和追求，必须为公司的团队建设和组织机制的建设贡献出自己的最大力量。这个带头人要有眼光，有胸怀，有知识，有实力。

4）要有荣辱与共的思维。企业团队在成长的过程中要有风雨同舟、甘苦与共、有难同当、有福同享的心态和思维。更要互换思维、互换立场地考虑问题，互帮互助，共同成长。再大的痛苦一起分担，再大的激情一起释放，最好的幸福一同分享，最好的欢乐一同歌唱。另外，企业的成长不是一帆风顺的，要面临很多的困难和挑战，团队成员要有很好的心理素质。

5）以团队利益至上，按游戏规则办事。因为有的事情就算不想让它发生也可能会发生，但那是身不由己，团队的利益高于一切，一切应该从团队的整体出发来考虑问题。比如，我们在生活中是最好的朋友，在事业中也是很好的搭档，但是在创业的时候要按照规则办事，即使很可能得罪自己最好的朋友。

6）要有不断进取的学习心态，让团队真正成为一个学习型组织。人进行了"充电"才能"放电"，一味地"放电"是一件非常危险的事情，要在工作之外、生活之中，处处多学习。一个星期、一个月都没有看书或没有做与学习有关的事情的成员，他们的成长是受限制的。

7）大家能认可共有的规则。认可了的规则是团队合作的标准和规范，需要100%地去努力执行，没有任何借口。

8）有彼此的信任。对团队的领导者来说，所有人应对其有一份信任，但是领导者不能乱用大家的肯定与信任，团队是为实现所有人的共同价值而建立的，不是为实现某个人的个别想法而建立的，作为领军人不能为所欲为。在做每一件事、做每一个决定时要多考虑是否符合团队利益，是否与团队的核心价值相统一，当团队内部出现分歧时应严格按制度办事，同时也必须理解并尊重少数人的意见，有时候真理往往掌握在少数人的手里，同时，团队领导也要信任每一个人。

三、创业团队的组建策略

创业团队的组建是一个相当复杂的过程，不同类型的创业项目所需要的团队不一样，创建步骤也不完全相同，概括起来，组建程序大致如下。

1. 明确创业目标

创业团队的总目标就是要通过完成创业阶段的技术、市场、规划、组织、管理等各项工作，实现企业从无到有、从起步到成熟的发展。总目标确定之后，为了推动团队最终实现创业目标，将总目标加以分解，设定若干可行的、阶段性的子目标。

2. 制订创业计划

在确定了一个个阶段性子目标以及总目标之后，紧接着就要研究如何实现这些目标，这就需要制订周密的创业计划。创业计划是在对创业目标进行具体分解的基础上，以团队为整体来考虑的计划，创业计划确定了在不同创业阶段需要完成的阶段性子目标，通过逐步实现这些阶段性子目标最终实现总目标。

3. 招募合适的人员

创业团队成员的招募，主要应该考虑两个方面：一是成员之间的互补性，即考虑能否与其他成员在能力或技术上形成互补。这种互补既有助于成员之间的合作，又能保证整个团队的战斗力。二是适度的团队规模。适度的团队规模是保证团队高效运转的重要条件，成员太少无法实现团队的功能和优势，太多又可能会产生交流的障碍，甚至产生许多的小团体，大大削弱团队的凝聚力。

4. 职责划分

为了保证团队成员执行创业计划、顺利开展各项工作，必须预先在团队内部进行职权的划分。团队成员间职权的划分必须明确，既要避免职权的重叠和交叉，也要避免无人承担造成的工作上的疏漏。

5. 构建创业团队制度体系

创业团队制度体系体现了创业团队对成员的控制和激励能力，主要包括团队的各种约束制度和激励制度。一方面，创业团队通过各种约束制度（主要包括纪律条例、组织条例、财务条例等）指导其成员避免做出不利于团队发展的行为，实现对其行为的有效约束，保证团队的稳定秩序；另一方面，创业团队要实现高效运转，还要有有效的激励机制（主要包括利益分配方案、奖惩制度、考核标准、激励措施等），使团队成员看到随着企业的发展，其自身利益将会得到怎样的改变，从而充分调动成员的积极性，最大限度地发挥团队作用。

6. 团队的调整融合

完美的团队并非创业一开始就能建立起来的，很多时候是在企业创立一定时间后，随着企业的发展逐步形成的，随着团队的运转，一些在开始时所设定的制度的不合理性会逐渐暴露出来，这就需要对团队进行调整融合，问题的暴露需要时间，因此这是一个动态的、持续的过程，可能需要在经过一定时日的发展之后，团队才能逐渐完善。

第三节　整合创业资源

创业资源是企业创立以及成长过程中所需要的各种生产要素和支撑条件，是新创企业在创造价值过程中所需要的特有资产，包括有形资产与无形资产。创业就是把创业机会的识别与创业资源的获取及整合相结合的活动，创业资源的获取及整合伴随整个创业过程。了解创业过程中所需资源的种类，知晓创业资源的获取途径和方法，熟悉创业资源获取的技巧和策略，有助于降低创业者获取及整合资源的难度。

一、人脉

人脉即人际关系、人际网络，体现人的人缘、社会关系。稳健、强势的人脉对创业者来说是十分重要的，尤其是在当前市场经济条件下，拥有人脉对创业者顺利创业将起到极大的促进作用。拥有良好的人脉，能更容易找到投资人、获得新技术与新产品信息、建立有效的销售渠道等。

人脉按照形成的过程，可以分为血缘人脉、地缘人脉、学缘人脉、事缘人脉、客缘人脉等。

由家族、宗族关系形成的人脉，称为血缘人脉，相互之间由亲情维系。因居住区域形成的人脉，称为地缘人脉，即所谓的老乡关系。因共同学习而产生的人脉，称为学缘人脉。学缘人脉不只是求学时期的同学关系，随着人们现代交际意识的提高，各种短期培训班以及会议中，都蕴含着丰富的人脉资源，学缘人脉在专业、志向、职业等方面有相似性，往往对创业者有极大的帮助。因共同工作或处理事务而形成的人脉，称为事缘人脉，它不局限于工作中的同事、上级和下属，一段短暂的共事经历也能形成良好的人脉。因工作中与各类客户建立联系而形成的人脉，称作客缘人脉，比如厂家、供应商、加盟商等。

拥有良好的人脉，对创业的成功具有极大的促进作用，作为一个初期的创业者，可以通过以下途径来扩展自己的人脉资源。

多用熟人。一个人的能力再强，他的精力和时间也是有限的，熟人介绍是一种事半功倍的人脉资源拓展方法，熟人介绍加快了与人信任的速度，提高了合作成功的概率，降低了社交成本，具有倍增的力量。

善用名片。善用名片是拓展人脉资源的重要途径。首先，当你和他人在不同场合交换名片时，务必详尽记录当时的具体信息，记住对方的企业、职位、姓名、行业等。在过后的几天里，向对方发个邮件或打个电话，向对方表示结识的兴趣，加深对你的印象和了解。其次，要对名片进行分类管理，养成经常翻看名片的习惯。在工作的间隙，翻看一下你的名片档案，给对方打一个问候的电话，或者发送一个祝福的短信等，让对方感觉到你的存在和对他的关心与尊重。最后，要善于向别人发放名片，推销自己。要让尽可能多的人知道你从事的工作，这样在对方需要相关服务的时候，就会想起你。

二、技术

在创业过程中，技术资源占据十分突出的地位，创业企业的技术水平往往对企业整体的资源配置方式起决定性作用。创业企业成功的关键是寻找成功的创业技术。技术资源决定了竞争优势。

技术是生产流程和管理模式的决定性因素。企业的任何生产流程和管理模式都需要有相应的技术资源来支撑，在先进的生产流程和管理模式的实施过程中，技术资源往往是起决定性作用的。同时，高质量技术资源是诸多厚利行业最有效的进入壁垒。许多成功的公司将开发和拥有高质量的技术资源作为构筑市场进入壁垒的最重要的武器。各种资源产生的竞争优势可保持的时间长短是不同的，拥有不同生产资源的企业在竞争战略的设计中，拥有的选择权往往是不同的。其中，技术资源是获取难度大、对竞争优势贡献大而且维持时间非常长的一种生产要素，因为它往往得到官方的法律支持来维护其在一定时空范围内的合法垄断地位，所以拥有高新技术资源的企业在竞争中拥有更大的竞争优势。

技术资源的积累，关键是人才的积累。对于创业企业而言，人才是可遇而不可求的。选用人才的关键在于用那些有潜力并且有强烈事业心和企业认同感的人才。一方面要培养人才，另一方面要千方百计地留住人才。因此要建立一套人才资源规划体系，建立起完善的激励体系和培训机制，善待员工，量才而用，努力发挥人才资源的核心优势。

三、融资

任何企业的生产经营，都需要资金的支持。对于新创企业来说，更需要大量的资金投入，如何有效融资是创业者极为关注的问题之一。很多创业者最大的苦恼就是资金跟不上，筹措资金难。

创业初期，企业融资难的原因有三个。一是新创企业的不确定性太大，商业机会本身具有不确定性，新创企业的利润也具有不确定性。二是新创企业和资金提供者之间的信息不对称。创业者对自身能力、产品或服务、市场前景等的了解多于投资者，而投资者则处于信息的劣势。三是目前中国的资本市场还欠发达，缺少擅长从事中小企业融资业务的金融机构和针对新创企业特点的融资产品。企业上市的要求太高，投入资本的推出渠道不畅。产权交易市场不够发达，影响投入资本的回收。

1. 融资过程

一般来说，创业融资过程包括融资前的准备、资本需求量分析、商业计划书撰写、确定融资来源及展开融资谈判等五个方面。

1）融资前的准备。创业者在融资前要做充分的准备工作，对融资过程需有一定的了解，好好经营个人的信用，积累自己的人脉资源，学习估算创业所需资金的方法，知晓融资渠道，能够撰写商业计划书，努力提高自己的谈判技巧等，以提高自己的融资成功率。

2）资本需求量分析。任何一家企业，如果筹措的资金不足以支持企业的正常运转，企业就会面临破产清算的危机。但是并不是说越多就越好，资金都是有成本的，如果在资金使用过程中不能创造出高于成本的收益，企业就会发生亏损。因此在筹集资金之前，要能够运用科学的方法，准确地计算出资金需求量。

3）商业计划书撰写。新创企业对于资金的需要，需要通盘考虑创办和发展的方方面面，需要有全局的筹划。撰写商业计划书是一个很好的方法。因为在计划书中，创业者需要对未来的销售状况、企业发展状况做出统筹安排和评估，进而计算出所需要的资金数额。

4）确定融资来源。企业所需资金的数额确定之后，需要根据可能的筹资渠道、不同筹资渠道的优缺点、机会的大小以及对企业未来所有权的规划等，充分权衡，确定融资来源。

5）展开融资谈判。融资来源确定之后，创业者就需要与潜在的投资者进行谈判。创业者要对自己的创业项目非常熟悉，并充满信心，对对方可能提出的问题，要做好充分的准备，谈判时抓住重点，提高谈判成功率。

2. 融资渠道

融资渠道是指创业者筹集资金来源的方向与通道。目前中国社会筹资的渠道比较多，大体可分为私人资本融资、机构融资、风险投资的股权融资、政府扶持基金、知识产权融资等。

1）私人资本融资。私人资本融资包括个人积蓄、向亲友融资以及天使投资等。创业者的个人积蓄是创业融资最为根本的来源，几乎所有的创业者都向他们新创办的企业投入了个人积蓄，个人积蓄的投入对新创企业具有重要意义。向亲友融资，也是创业融资的重要来源，特别是在中国，以家庭为中心形成的血缘、亲缘、地缘等人际网络关系，对包括创业者在内的许多创业活动产生着重要影响。家庭成员以及亲朋好友，出于与创业者的个人关系，愿意投入资金，从而向亲友融资成为新企业十分常见的融资方式。天使投资是自由投资者或非正式机构对有创意的创业项目或小型新创企业进行的一次性的前期投资，是一种非组织化的创业投资形式。随着中国经济的发展，一部分富人在希望自己越来越富有的同时，也在寻求挑战，开始充当天使投资者，对于创业者来说，这也是一个不错的融资渠道。

2）机构融资。机构融资包括银行贷款和向非银行金融机构借款等。银行贷款：由于新创企业者缺乏经营历史，也缺乏信用积累过程，所以向银行申请信用贷款的机会比较小，比较适合的形式主要有抵押贷款和担保贷款两种。向非银行金融机构借款：非银行金融机构是指以发行股票和债券、接受信用委托、提供保险等形式筹集资金，并将所筹资金运用于长期性投资的金融机构，创业者可以从这些非银行金融机构中取得借款，筹集生产经营所需资金。

3）风险投资的股权融资。风险投资是指由专业机构投资于极具增长潜力的新创企业，并参与其管理的效益资本。风险资本的投资对象是处于创业期的未上市的新兴中小型企业，尤其是新兴高科技企业，风险资本常常采取渐进的投资方式、灵活的投资工具进行投资，但风险投资对目标企业的考察较为严格。

4）政府扶持基金。随着我国经济的发展，政府对创业的支持力度有了很大提高，提供的扶持基金也在不断增加，包括科技型中小企业技术创新基金、中小企业国际市场开拓资金、利用高新技术产品技术更新改造项目贷款贴息资金、国家重点新产品补助基金、产业技术进步资金、节能产品贴息项目计划、电子信息产业发展基金等。创业者要善于利用政府相关扶持政策，结合自身创业项目，争取获得政府的资金支持，降低融资成本。

5）知识产权融资。知识产权融资也是创业者值得关注的融资方式，具体包括知识产权作价入股、知识产权质押贷款、知识产权信托、知识产权资产证券化等融资方式。

3. 融资方式

新企业可以采用的融资方式主要有两类：股权融资和债权融资。

1）股权融资。股权融资形成企业的股权资本，是企业依法取得并长期持有，可自主调配运用的资金。股权融资包括内部股权融资和外部股权融资。内部股权融资主要是企业的内部积累，外部股权融资包括个人积蓄、亲友投入、合伙人资金和天使投资等。

2）债权融资。债权融资形成企业的债务资本，也称借入资本，是企业依法取得并依法运用、按期偿还的资本。向亲友借款、向银行借款、向非银行金融机构借款、向其他企业借款等是常用的债权融资方式。

股权融资和债权融资各有利弊。债权融资的资金成本较低，合理使用还能带来杠杆效应，但债务资金的使用也会带来企业清算或终止经营的风险。股权融资的资金成本较高，但由于在企业正常生产经营过程中，不用归还投资者，是一项企业可以永久使用的资金，没有风险。创业者在选择融资方式时，应对两者的优缺点进行比较分析，考虑企业的实际情况，进行综合分析，做出决定。

第四节　制订创业计划书

创业之初，创业者及其团队拟定一份详细完整、切实可行的创业计划书，是创业必备的一项准备工作。创业者通过大量的市场调查，进行大量的论证，规划出项目的经营模式，并预测利润。一份较好的创业计划书是创业者创业的行动指南，可让创业者理清思路，也可让投资方了解项目的投资价值。

一、创业计划书的作用

1. 创业计划书是投资者投资的主要依据

创业计划书是市场营销、财务、生产、人力资源等职能计划的综合，一份成熟的创业计划书包含企业的现实业绩、发展前景、市场竞争力和优势劣势、资金情况、需求偿还能力，以及创业者及其团队的能力等。这些都是投资者所关心的重要信息，是他们评价创业企业是否值得投资的依据和重要参考，可谓企业筹措资金的"敲门砖"。

2. 创业计划书是创业者规划企业发展的纲领

创业计划书是企业发展的"蓝图"，通过制订创业计划书，创业者及其团队能理清思路，明确创业的目标，并为实现这一目标制订行动计划。在撰写过程中，创业者及其团队必须明确企业构思和策略、产品市场需求规格和成长的潜力、财务计划及投资收回年限等，并做好市场和财务的分析预测。在制订创业计划书的过程中，创业者及其团队需要理清思路，规划企业如何操作，哪些问题需要提前注意，哪些环节需要理顺清楚，哪些困难需要克服，哪些"雷区"需要避免。通过对创业计划书的制订，创业者能明确创业方向，理清创业思路。

二、创业计划书的内容

一般情况下，创业计划书主要包括企业概况、创业者及其团队、营销计划、组织与管理计划、财务计划等。

1. 企业概况

企业概况是对创业相关事宜的总体介绍，包括企业状况，主要介绍：企业成立的时间、类型、经营范围及企业发展概述；企业目标及发展方向；产品或服务介绍；产业环境的发展、产品服务开发过程以及总体情况；公司的发展进度，如收入、市场份额、开发产品、合作伙伴、融资计划。

2. 创业者及其团队

创业者及其团队包括创业者以往的相关经验，创业者的教育背景、所学的相关课程等创业者个人信息及团队情况介绍。

3. 营销计划

营销计划主要内容包括以下三方面。①市场评估，市场评估应描述过去、现在和未来的市场需求，分析市场潜力，预测市场价格的发展趋势，列举市场上主要竞争者的优势、劣势，明确策略。市场评估具体应包括目标顾客的描述、市场容量和本企业预计市场占有率、市场容量的变化趋势、竞争对手的主要优势和劣势、本企业相对于竞争对手的优势和劣势等。②运营计划，提供有关产品生产和服务开发方面的信息，包括厂房选址、厂房建造、原料购置、设备购置、生产技术方法、制造流程、产品包装、生产计划等。③销售计划，主要说明未来的销售策略（销售方法、销售手段、定价策略）、销售计划、渠道、宣传方式及成本预算等。

4. 组织与管理计划

组织与管理计划主要包括企业组织机构、企业团队的基本资料、企业薪资结构、人才需求和培训计划等。

5. 财务计划

财务计划主要包括财务状况、融资计划、融资后财务预算与评估，以及未来 5 年的效益平衡分析。财务状况主要指资产负债表和损益表，融资计划主要指融资用途、时机与金额。创业者需要注意，固定资产中，要详细填写交通工具、办公用品和设备、固定资产和折旧概要。在流动资金方面要注意原材料包装以及其他经营费用，并做好销售收入预测、销售和成本计划以及现金流量计划。

三、创业计划书的基本结构

创业计划书一般由标题、目录、正文和附件四部分组成。

1. 标题

明确创业项目名称。

2. 目录

目录是正文的索引。按照章节顺序逐一排列每章大标题、每节小标题以及章节对应的页码。

3. 正文

正文是创业计划书的主要内容，包括摘要、主体和结语三大部分。

（1）摘要

摘要既是创业计划书的引文，以引起读者的阅读兴趣，又是创业计划书的总纲，提纲挈领，让读者对创业计划书的内容有一个整体的认识。因此，摘要是整份计划书的精华和亮点，也是整份计划书的灵魂。它涵盖整份计划书的要点，摘要的品质是决定投资者投资的关键。摘要是企业基本情况、创业竞争能力、企业市场定位、企业营销战略、企业管理策略、创业项目的投资前景以及风险预测等方面的综合概述。

摘要是对整个创业计划书做出的精华式总结，所以通常在计划书的主体完成后撰写。一份出色的摘要需简短而精练，1～2 页即可。

（2）主体

主体一般包括企业介绍、产品（服务）分析、行业分析、竞争分析、人员和组织结构、团队管理、市场预测、营销策略、制造计划、财务规划、募资说明、风险管理、结论、证明资料等。

企业介绍。这部分的目的不是描述整个计划，也不是提供另外一个摘要，而是对公司作出介绍，因而重点是介绍公司理念和公司的战略目标。要让投资者对他们所投资的公司有一个大概的了解。

产品（服务）分析。产品（服务）分析应该包括以下内容：产品的概念、性能及特性，产品的市场竞争力，产品的研究和开发过程，发展新产品的计划和成本分析，产品的市场前景预测，产品的品牌和专利等。要知道：你的产品或者服务到底是什么？有什么特色？能带给客户什么利益？如果产品或服务是创新、独特的，如何使人想买？如果产品或服务并不特别，为什么别人要买？在产品（服务）分析部分，创业者要对产品（服务）做出详细的说明，说明要准确，也要通俗易懂，使不是专业人员的投资者也能明白。一般情况下，还要附上产品原型、照片或其他介绍。

行业分析。所谓行业分析包括正确评价所选行业的基本特点、竞争状况以及未来的发展趋势等内容。关于行业分析的基本问题有：该行业发展程度如何？现在的发展动态如何？创新和技术进步在该行业扮演着怎样的角色？该行业的总销售额有多少？总收入为多少？发展趋势怎样？价格趋势如何？经济发展对该行业的影响程度如何？政府是如何影响该行业的？是什么因素决定着它的发展？竞争的本质是什么？你将采取什么样的战略？进入该行业的障碍是什么？你将如何发展？该行业的一般回报率有多少？

竞争分析。在下面三种情况下，要做竞争分析，并时刻留意竞争对手的动向。①当要创业或要进入一个新市场时，当然需要做竞争分析。②竞争有时是来自直接的竞争者，有时是来自其他的行业，所以当一个新竞争者进入你所经营的市场时要做竞争分析。③随时随地做竞争分析。竞争分析可以从以下五个方向去想：谁是最接近的竞争者？他们的业务如何？你和他们业务相似的程度如何？你从他们那里学到什么？你如何做得比他们好？

人员和组织结构。在企业的生产活动中，存在着人力资源管理、技术管理、财务管理、作业管理、产品管理等。人力资源管理是其中最重要的一个环节。作为创业者，你一定要考虑：现在、半年内、未来三年内的人事需求是什么？还需要引进哪些专业技术人才？需要全职的人，还是非全职的人？薪水是月薪还是年薪？所提供的福利有哪些？有没有加班费？对于任何企业来说，人是最宝贵的资源。在创业计划书中，你还要对主要管理人员加以阐明，介绍他们所具有的能力，他们在企业中的职务和责任，他们过去的详细经历和背景。此外，还应对公司的结构做一些简要介绍，包括公司的组织机构图、各部门的功能与责任、各部门的负责人和主要成员、公司的报酬体系、公司的股东名单、公司的董事会成员、各位董事的背景资料等。

团队管理。要在创业计划书中明确团队管理的相关事宜。你要弄清楚：自己的弱势有哪些？创业团队之间如何互补？以及彼此间职务及责任如何分工？职责是否界定明确？除了团队本身，是否有其他资源可分配和取得？要知道，中小企业98%的失败来自管理的缺失。对此，你要有深刻的认识。你一定要做好充分的准备工作，以应对投资者的"刁难"。

市场预测。市场预测就是预测你的产品卖给谁，先界定目标市场在哪里，客户是几岁到几岁的年龄层？是在既有的市场去服务既有的客户，还是在既有的市场去开发新客户，还是在新市场去服务既有的客户，或是在新市场去开发新客户？对于不同的市场、不同的客户，都有不同的营销方式。什么是市场营销？就是先找到客户是谁，然后想办法让客户从口袋里把钱拿出来买你的东西。所以，在制订创业计划书的时候，你要知道：真正的客户在哪里？产品对客户有什么样的利益？要用哪种营销方式？销售通路是直销还是要找经销商？等等。

营销策略。错误的营销策略是企业经营失败的最主要原因之一。在创业计划书中，营销策略应包括以下内容：市场机构和营销渠道的选择；营销队伍及其管理；促销计划和广告策略；价格决策。具体来说，要说明：产品定位和品牌策略；现在和未来5年内的营销策略，包括销售和促销的方式、销售通路和销售点的设置方式、产品定价策略、不同销售水平下的定价方法，以及广告和营销计划的各项成本；还要说明顾客服务体系建制构想和顾客关系管理的运转方式等。

制造计划。要在创业计划书中详细介绍产品制造计划，比如：建厂计划，包括厂房地点、设计和所需时间与成本；制造流程、生产方法、质量管理方法，以及制造设备的需求；物料需求结构，以及原料、零部件来源和成本管理，委托外制与外包管理情形；产品各项固定成本与变动成本的说明，以及详细生产成本的预估；生产计划，包括自制率、良品率、开工率、人力需求等。

财务规划。财务规划的重点是现金流量表、损益表和资产负债表的制备。流动资金是企业的生命线，因此企业在初创或扩张时，需要预先对流动资金有周详的计划和进行过程中的严格控制；损益表反映的是企业的盈利状况，它是企业在运转一段时间后的经营结果；资产负债表则反映某一时刻的企业状况，投资者可以利用资产负债表中的数据得到比例指标来衡量企业的经营状况以及可能的投资回报率。

募资说明。从企业自身的发展出发，说明对于未来3年资金的需求，以及如何满足这些资金的需求，可能来源包括募资、借贷、信用融资等。创业者需要说明募资的资金需求、获利保障或限制条款；募资前后的股权结构变化，也需要指出一些关键投资人和经营团队在募资前后的股权数量变化情形。募资的使用计划应尽量明确指出资金的具体用途；募资未来可能的投资报酬，包括回收方式、时机，以及获利情形。

风险管理。经营企业会有一定的风险。在创业计划书中对风险进行分析，就是为了确认投资计划可能附随的风险，并以数据方式衡量风险对投资计划的影响，目的是向投资者说明风险的应对策略。具体来说，创业者有义务告诉投资者：其公司在市场、竞争和技术方面都有哪些基本的风险；你准备怎样应对这些风险；在最好和最坏的情形下，创业者的5年计划表是怎样的；等等。如果你的风险估计不那么准确，应该估计出你的误差范围有多大。如果可能的话，对你的关键性参数做最好和最坏的设定。

结论。这一部分就是综合前面的分析和计划，最终说明你所创立的企业的整体竞争优势，指出整个创业计划的利益所在，并再次强调投资者投资你的企业的远大前景。

证明资料。在创业计划书中，还要列出一些证明资料。比如，能够证实前述各项计划的数据、详细的制造流程与技术方面的数据、各种具有公信力的佐证材料、创业者详细的经历和自传等。

当然我们在编制创业计划书时，可以根据具体情况进行安排。有些内容可以整合，一般以7~10部分为宜。

（3）结语

结语是对整个创业计划书内容的总结式概括。它和摘要首尾呼应，体现了文本的完整性。

4. 附件

附件是对主体部分的补充。受篇幅的限制，不宜在主体部分过多描述的，或不能在一个层面详细展示的，或需要提供参考资料和数据的内容，一般放在附件部分，以供参考。

附件包括：①企业营业执照；②审计报告；③相关数据统计；④财务报表；⑤新产品鉴定；⑥商业信函、合同等；⑦相关荣誉证书等。

第五节　创办新企业

一、选择合适的企业形式

在创办企业时，首先面临的问题是选择什么样的企业形式更适合自己创业。

根据法律规定，目前我国企业主要有个体工商户、个人独资企业、合伙企业、有限责任公司和股份有限公司等。对于创业者来说，这些企业形式各有优劣，无所谓好坏之分。创业者必须根据自己的创业情况，科学分析，选择适合自己的企业形式。

一般来说，大学生创业的形式主要有三种：个人独资企业、合伙企业、公司制企业。

（一）个人独资企业

个人独资企业是指依照《中华人民共和国个人独资企业法》设立，由一个自然人投资，财产为投资人个人所有，投资人以其个人财产对企业债务承担无限责任的经营实体。

设立个人独资企业的条件：①投资人为自然人；②有合法的企业名称；③有投资人申报的出资；④有固定的生产经营场所和生产经营条件；⑤有必要的从业人员。

个人独资企业的优势：①企业注册等手续简便，登记即可，费用低廉；②决策自主，创业者拥有企业控制权；③经营灵活，对市场变化反应较快；④税收负担较低，只需缴纳个人所得税，免交企业所得税。

个人独资企业的劣势：①企业融资困难，不易获得信用资金，财务有限；②创业者需承担无限责任，投资风险较大；③企业的成功更多依靠创业者个人能力，管理随意，可持续发展能力较弱。

（二）合伙企业

合伙企业是指自然人、法人和其他组织依照《中华人民共和国合伙企业法》在中国境内设立的普通合伙企业和有限合伙企业。一般是由两个或两个以上的自然人通过订立合伙协议，共同出资经营、共负盈亏、共担风险的企业组织形式。

我国合伙组织形式仅限于私营企业。合伙企业一般无法人资格，不缴纳所得税。

设立合伙企业的条件：①有两个或两个以上合伙人，并且都是依法承担无限责任者；②有书面合伙协议；③有各合伙人实际缴付的出资；④有合伙企业的名称；⑤有经营场所和从事合伙经营的必要条件。

合伙企业的优势：①注册等手续简便，费用低廉；②筹资能力有所提高，资金来源更广，信用度较高；③人才增多，优势互补，拥有团队合作优势；④税收较低。

合伙企业的劣势：①合伙人需承担无限连带责任；②易内耗，决策难，企业发展规模有限及长远发展困难；③合伙人财产转让困难。

（三）公司制企业

公司是指依法设立的，全部资本由股东出资，以营利为目的的企业法人，其形式主要是有限责任公司和股份有限公司。

有限责任公司是指根据《中华人民共和国公司登记管理条例》规定登记注册，由 50 个以下的股东出资设立，每个股东以其所认缴的出资额对公司承担有限责任，公司以其全部资产对其债务承担责任的经济组织。有限责任公司的优点是设立程序比较简单，不必发布公告，也不必公布账目，尤其是公司的资产负债表一般不予公开，公司内部机构设置灵活；其缺点是由于不能公开发行股票，筹集资金范围和规模一般都比较小，难以适应大规模生产经营活动的需要。因此，有限责任公司这种形式一般适合于中小企业。

股份有限公司是指公司资本为股份所组成的公司，股东以其认购的股份为限对公司承担责任。设立股份有限公司，应当有 2 人以上 200 人以下作为发起人，注册资本的最低限额为人民币 500 万元。股份有限公司的优点是股东只承担有限责任，风险较低；公司筹资能力较强，管理水平较高，易于发展；公司产权流动性强。缺点是创立程序严格，政府限制较多，税收等负担较重，费用高，不易保密等。

二、创办企业的程序

创办企业需要具备国家规定的一系列设立条件，准备好开业所需的文件，经过一系列法定程序，进行依法登记，领取营业执照等。流程主要包括名称核准、工商注册、代码登记、银行开户、税务登记、社会保险登记等。不同类型的企业创办程序有所不同。

一般来说，个体工商户和私营企业开业登记要经过申请、审查、审批、发照、刻制图章、申请企业代码证、银行开户和税务登记等七个阶段。

1. 申请

符合条件的申请人首先向户籍所在地工商行政管理局递交要求从事个体工商业的申请，申请书应写明：姓名、性别、年龄、户籍所在地的家庭住址、申请生产经营的行业和商品。工商行政管理局接受申请后，认为申请人所申请生产经营的行业和商品需要向有关部门或单位批准证件的，要求申请人到有关部门或单位办理这些证件。工商行政管理局发给申请者开业申请登记表，申请者填写完毕后，交回工商行政管理局。

2. 审查

工商行政管理局根据申请人的申请书和开业申请登记表，首先审查申请人的从业资格、资金、设备、场地等经营条件及自报的经营范围、经营方式、字号名称等是否符合国家有关规定，再检验有关证件的真实性、有效期，查验营业用房证明。工商行政管理局认为符合开业条件的，由承办人在申请登记表上签署意见，局长签字并加盖公章后，将全部申请登记的有关材料送市（县）工商行政管理机关。

3. 审批

市（县）工商行政管理机关对工商行政管理局呈报的全部申请登记资料进行复审。复审认为符合开业条件的，由承办人在登记表上签署意见，经局长审定，盖局长章和公章；复审认为不符合开业条件的，要通知申请人。

4. 发照

市（县）工商行政管理机关对工商行政管理局呈报来的申请的各项条件复查认定合格的，批准其具有经营资格，可以发给营业执照。营业执照加盖市（县）工商行政管理机关的公章后，由工商行政管理局通知申请人领取营业执照。

5. 刻制图章

领取营业执照后，创业者需到所在地公安局特行科或办事大厅办理印章手续，需提供营业执照原件、复印件以及创业者本人身份证等资料。公安局审批后到指定印章刻制单位刻制公章、财务专用章、合同专用章和法定代表人人名章。

6. 申请企业代码证

我国实行组织机构代码管理制度，每一家企业应有一个唯一的、始终不变的法定代码标识。创业者带上营业执照、法定代表人身份证和经办人身份证原件及复印件，到当地技术监督局办理企业代码证。

7. 银行开户和税务登记

创业者在企业所在地就近开立银行账户；向企业所在市（县）税务局申领税务登记申请书；向税务局提交税务登记申请书及准备的文件；税务局审核后颁发税务登记证；领购发票。

完成以上手续并获得相关证书以后，企业就有了合法的身份，基本上可以开门营业了。

三、三证合一

为简化公司注册手续，提高政府工作效率，2014 年 6 月 4 日，《国务院关于促进市场公平竞争维护市场正常秩序的若干意见》（国发〔2014〕20 号）在"（四）改革市场准入制度"中提出"简化手续，缩短时限，鼓励探索实行工商营业执照、组织机构代码证和税务登记证'三证合一'登记制度"。

2014 年 12 月 1 日起，深圳在全国率先推行工商营业执照、组织机构代码证、税务登记证和刻章许可证"四证合一"登记新模式。将原来商事主体营业执照、组织机构代码证、税务登记证和刻章许可证分别由商事登记部门、组织机构代码登记部门、税务部门、公安部门办理的模式，改为由商事登记部门统一受理、审核，四个部门之间信息互认、档案共享，在组织机构代码登记部门实现四证同发、企业一次领取四证的高效办证目标。

2015年8月13日，国家工商行政管理总局、中央机构编制委员会办公室、国家发展和改革委员会、国家税务总局、国家质量监督检验检疫总局和国务院法制办公室等六部门联合印发通知，要求加快推进"三证合一"登记制度改革，确保"三证合一、一照一码"登记模式如期实施。

【本章小结】

好的创业想法是创业成功的第一步，面对众多创业想法，我们可以通过筛选创业想法、实地调研、SWOT分析、环境影响评估等，选出最可行的创业想法。

产生创业想法之后，需要对创业机会进行评估，包括市场的评估、效益的评估、个人的评估、竞争优势的评估等。

创业团队的组建应遵循目标明确、志同道合、优势互补、管理规范的原则，有其自身的要求和组建策略。

创业资源包括人脉、技术、融资等。

创业计划书是创业必备的一项准备工作，是投资者投资的主要依据，创业者规划企业发展的纲领，内容包括企业概况、创业者及其团队、营销计划、组织与管理计划、财务计划等。

企业形式的选择需根据自身发展的需要，开办新企业需按照相关的法律法规，遵循相应的流程，合法注册。

【思考题】

1. 面对众多的创业想法，如何分析筛选出最可行的创业项目？
2. 我们应该如何组建创业团队？
3. 不同企业组织形式的利弊各是什么？

第九章　新创企业经营管理

【学习目标】

通过本章内容的学习，了解新创企业在人力资源管理、财务管理、风险管理、营销管理方面容易出现的问题，以及相应的应对策略。

【案例导入】

陈家重的创业之路（演讲词）

尊敬的各位领导、老师，亲爱的同学们：

大家好！今天很荣幸能站在这里和大家探讨一下大学生就业及创业这个话题，并聊聊我个人的就业和创业之路的感悟和收获。希望对大家未来就业或创业能有所帮助。

我是来自遥远非洲大陆的郑州人，我叫陈家重，现任广进集团董事长兼总经理。

六年前，我作为一名应届毕业生坐在台下，今天，我有幸成为台上的演讲者。也许很多人会觉得我是一名幸运者，但审视我的职业历程，一路走来，我想更重要的是我对自己的规划。创业不是一句口号，更不是空中楼阁，它要一步步地设计，一步步地实施。"有的放矢"是我一贯遵循的做事准则，我的创业之路，便从大学开始，奔着创业的目标，规划学习，规划工作，规划创业。

2000 年我走进了大学的校门。走进大学，一切都是新的，新的环境，新的生活，新的目标，新的挑战。可是大学生活应该怎样度过，应该用怎么样的态度去面对未来在社会上的挑战，将来我要成为什么样的人，如何实现自己的人生价值，这些都成为我当时思索的问题。

我想大学最吸引人的，不是高大的教学楼，不是安逸的宿舍楼，更不是健全的娱乐场所，而是藏书丰富的图书馆。我是岩石工程地质专业的学生，在校期间，我几乎读遍了图书馆有关专业方向的所有书籍，并且做了大量的笔记，后来证明，这个阶段的苦读对就业和创业有着非常重要的影响。

知识，不仅仅在书上，动手实践也是一门学问。学习，不是读死书、死读书，而是进行社会实践，与人交流。有句俗话说得好，读万卷书不如行万里路，行万里路不如阅人无数。我深知，要想就业、创业，不结交朋友、不接触广泛的人群是不行的，所以在大学期间，我担任过系学生会生活部干事、生活部副部长、办公室主任、学生会副主席，并连续四年担任班长。这些学校的班级干部和学生会干部工作都能为我提供很好的锻炼机会。丰富的学生会工作和实践活动经历，都能为毕业后的工作和创业增添砝码。

在学校的时候，我就给自己制定了目标，首先是我的就业方向，然后是我的创业时间，我时时用自己的理想鞭策自己。在校期间，我不仅仅要掌握丰富的专业知识，而且要关注前沿时事的动态。顺利完成学业的同时，我又承包了学校的实验室，做了大量的实验，发表了一些论文，使自己的理论学术和实践水平都有了质的提高，为以后的就业创业之路奠定了基础，铺平了道路。

毕业在即，我果断地放弃了亲戚给推荐的让同学们羡慕的工作，毅然地迈出了自己追逐梦想的第一步，那就是，我要找一份适合自己的工作，能为最终创业打基础的工作。2004年3月份，中国水利水电建设股份有限公司来招人，我知道，我期待已久的机会来了。那次招聘，我至今记忆犹新。招聘场面宏大，郑州大学、华北水利水电大学、河南财经学院、河南农业大学、郑州轻工业学院，共有300人前来面试，然而这次实招名额仅有二十多人，各个专业都不同。我的面试是最晚的，当时看到所有人的简历杂乱无序地放在一起，便提出帮忙整理简历，一直忙到最后，才和招聘人谈了10分钟。我以优异的成绩、深厚并全面的专业知识、开朗而又不失沉稳的说话风格，让面试考官惊异不已，当场问我："你愿意来我们公司工作吗？"我的回答只有简单的两个字："愿意。"

于是我顺利地进入了中国水利水电建设集团第十三工程局。报到以后，我向局里申请到最艰苦的地方去，到能运用知识的地方去，到需要我的地方去，于是，我被安排到了勘测队，工程工作的一线。一切从基础做起。干一行，就要认真干，拿出自己全部的热情和激情来，用自己的行动给自己、给公司一份完美的答卷。工程局的工作环境是风餐露宿的野外，我一做就是三年，从普通工程师做到高级项目经理。

2004年9月到2005年4月我在设计院勘测队做技术员，并发表论文获得了山东省三等奖。由于在工作中的出色表现和取得的优异成绩，2005年4月我受公司委派，到安哥拉（Angola）进行援助工程。安哥拉地处非洲西南部，是一个多民族的国家，被葡萄牙统治了500多年，国家极其落后，2005年的情况相当于国内的20世纪六七十年代。2003年安哥拉结束战争，国土面积136万平方千米、人口1500万人，但是地雷竟然有1600多万颗，平均每个人一颗地雷还多。而且部落繁多，制度不统一，局部地方的部落首领权力大于政府官员，军队掌管国家。安哥拉的道路几乎全部瘫痪，路边到处是雷区，而我的工作就是工程前期的勘探和测量。许多同事被抢、被打劫、被地雷炸伤，许多设备被炸坏。在这样的环境下我没有退缩，因为我知道这样的环境是最锻炼人的，其间我完成的项目有万博省大学、碧埃省大学、北宽扎省农田灌溉、北仑达省农田灌溉及维拉省大坝等勘测工作。我的这种不怕艰难和危险的认真工作态度，得到了局领导的认可。2005年8月，我被任命为中国水利水电建设集团安哥拉分公司建设经理正科级，并于2005年10月任帕尔梅别墅群项目经理，2006年8月兼任哈密路别墅群项目经理，至2007年9月完成合同额为2.36亿元人民币。

这些工作经历为我创业积累了宝贵经验。其间，中国水利水电建设股份有限公司董事长郭建堂先生在一个项目会议上讲，陈家重是公司40多万员工里最年轻的正处级。得到这样的评价后，我觉得创业的时机就要到了。

放弃了那么好的工作，带着未知数去创业，身边的人都想不通，亲人反对，朋友反对，当时我的压力很大，没人理解，然而，只有我自己知道，我离开的时候到了。我知道，我的未来需要我去创造，否则"我的未来不是梦"就变成"我的未来是个梦"了。

工程局的工作经历历练了我原本就很坚强、刚毅、敢拼敢闯的性格。在 2007 年 10 月，我顶着家人反对的压力，辞去了令人羡慕的工作，为我自己的人生规划和目标迈出了第二步——用自己的双手创业。

以前的人谈虎色变，现在演变为谈非洲而色变，如索马里海盗、几内亚的政变、肯尼亚的暴乱等。然而我却把自己的公司建在了安哥拉，这样一个非洲腹地国家，为什么呢？因为我看到安哥拉处于战后重建时期，经济社会事业百废待兴，在这片充满希望和风险的异国他乡，我可以施展我的抱负，于是在 2007 年，我用我和我夫人在安哥拉工作三年的全部积蓄——60 万美元创建了 CHEN_SHINE, INDUSTRIA DE CONSTRUCAO, LDA 建筑公司，开始了我的创业之路。

在异国他乡，创业的路可谓是千辛万苦，面临数不清的艰难险阻。然而，我都咬牙坚持了下来，我们克服了许多难以想象的困难，经受住了重重挑战。有的人因水土不服常染疾病，有的人因外出联系业务被打被抢，我也曾经被枪抵过脑袋。那时，即便是面临死亡的险境，我们也毫无退缩之意。在最困难的时候，公司十几人挤在临时搭建的草棚里，几个人一天只能吃一个长面包。开始的那段时间我和我的团队几乎每天只休息三四个小时，经过三个多月艰苦努力的工作，我们终于拿到了我们的第一个项目——安哥拉居民安居房 2000 套房屋建设合同，合同额达 1.8 亿美元。那一夜我们喝了很多酒，兄弟们放声歌唱，看着彼此憔悴的神情，我们都哭了，第二天发现所有的人都躺在地上睡了一夜。

然而，让我记忆最深的是那次去安哥拉北部威热省去考察项目。我和大区域经理行车 6 个多小时，从省会到桑巴市行进 70 千米。路几乎全部被炸坏了，一边是高山一边是悬崖。在路上有当地居民告诉我们，他们的很多家人都死在这条路上，他们的两任市长都牺牲在这条路上，一个掉下悬崖摔死了，一个在路边被地雷炸死了。然而我们没有退缩，经过三次全面细致的考察，我们终于取得政府的信任，拿到了这个市的全部建设项目，当然也包括这条让人胆战心惊的死亡之路。

正是在安哥拉的艰苦打拼，我和我的团队才得以不断历练成长。经历了两年多时间，相继成立郑州广进进出口贸易有限公司、河南广进塑业有限公司、（香港）广进国际控股有限公司，同时在安哥拉成立另外 7 家分公司，组建广进集团。广进集团的管理层学历都在本科以上，但平均年龄只有 27 岁，这是一支主要由"70 后""80 后"甚至包括"90 后"组成的领导团队。这支团队在艰苦的环境中培养了狼性精神，有着对商机的敏锐洞察、对目标的执着追求，在逆境中顽强忍耐，在事业中合作共进，这是我们最宝贵的财富和资源，也是我们未来发展的最大底气和信心。

路漫漫其修远兮，广进的路还很远。我常常提醒自己，广进集团才刚刚起步，还很年轻，一方面，提醒自己和员工不要因为取得小小的成绩就开始骄傲，另一方面，我觉得我们应该始终朝向未来，坚持自己的梦想。

走出校门的几年间，通过辛苦努力，集团资产由原来的 60 万美元到现在的 7000 多万美元，从两手空空、风霜雨雪中慢慢走过，如果说有什么经验要告诉大家的话，那就是大家要珍惜大学的学习，打造成功的基石，并积极地去创造机会。遥望成功，我们永远需要一步一个脚印地走，而不是一步登天。

聊到这里，我忽然想起一个故事。

一千多年前，曹操和刘备青梅煮酒论英雄，那时的刘备几乎是穷途末路，然而，驰骋天下、手握雄兵的曹操竟然说天下英雄，仅仅有刘备和他自己，视其他豪杰如草芥。历史的烟云过后，青梅煮酒也成为千古美谈。

今天，我们仿古之前贤，坐在这里，我们不论天下，但要论英雄，没有青梅，我们望梅，用事业的梅使我们解渴止饿，顶风冒雨，迎难而上，在这经济快速发展的狂潮东风下，用我们的智慧、远见和双手铸就一番大事业。我希望，经济大潮下，用不了多久，群雄逐鹿的"战场"上，有你们纵横的"铁骑"。

谢谢大家！

【案例评析】

陈家重作为华北水利水电大学的优秀校友，其创业成功的经验值得我们认真思考和借鉴。通过他的演讲稿我们可以注意到，他在创业之路的发展过程中非常理性。

首先，他非常注重个人创业能力的培养和创业经验的积累，不盲目创业。在校期间，他一方面担任学生干部，积极参加社会实践活动，锻炼提高自身的能力，另一方面在学业上努力苦读，认真积累专业知识，这些对未来创业的成功都非常重要。毕业后，他也不像其他很多创业的学生，马上就开始自主创业，而是通过在单位努力工作，积累与整合人脉、资金、团队等各种资源，为创业做准备，这些都是他创业成功的重要前提。其次，他有明确而坚定的目标，那就是自主创业，所以才能在成为单位"最年轻的正处级"干部的时候，毅然选择辞职，自主创业。

我们往往容易看到创业者成功之后的风光，而忽略了其背后长期的积累和准备，以及付出的努力和辛劳，但往往是我们看不见的艰辛努力，才成就了他们的成功。

第一节　新创企业人力资源管理

一、新创企业人力资源管理方面存在的问题

新创企业由于自身的缺陷和特点，在人力资源管理上主要存在三点问题。

首先，新创企业的资源比较匮乏，所以它们更倾向于选择成本较低的人力资源管理模式，例如与员工签订雇佣合同，而非进行人力资本投资。这方面的首要表现是新创企业员工的工资普遍偏低，不具有市场竞争力，同时员工福利也很少。另外，新创企业在人力资源管理工作上人力、财力的投入都不足。此外，新创企业对员工的培训也较少。

其次，新创企业的边界模糊、交易量较小，缺乏足够的合法性，很难吸引并且留住人才。新创企业由于缺乏品牌积累、市场形象等因素，其与成熟的企业相比，缺乏吸引力。甚至一些新创企业可能会通过夸大企业与职业前景、给予求职者过高的承诺等行为来吸引人才，最终反而会给优秀人才的流失埋下隐患。

最后，新创企业的人力资源管理规范化程度低。一般情况下，新创企业不单独设立正式的人力资源管理部门。这表现在以下几个方面：第一，在进行人员招聘时，新创企业更倾向于通过私人网络或熟人推荐，较少委托中介机构或通过校园方式来进行人员招聘，同时它们的招聘和面试程序也比较简单；第二，与成熟企业相比，新创企业缺乏与绩效评估相匹配的薪酬制度；第三，新创企业一般没有正式的培训系统，一些简单的培训也只是为了帮助员工胜任当前的工作，而不是根据企业的长期发展目标而进行的系统性培训。总而言之，与成熟企业相比，新创企业大多数采用非正式和灵活的方式来进行人力资源管理。

二、新创企业人力资源管理对策

人力资源是新创企业在日益激烈的市场竞争中生存下去的一个重要因素，因此，新创企业如何吸引并获取有助于其发展的人力资源，通过有效的人力资源管理留住优秀人才并使其能力得以充分发挥，已经成为新创企业生存和发展的关键。

新创企业应把人置于组织中最重要的资源地位，积极引导员工进行自我管理，同时应确立团队的共同价值观，积极开发员工的潜能，促进员工的个人能力和企业绩效的共同提升。在此基础上，为了解决新创企业人力资源管理存在的一些问题，新创企业应该从以下三个方面加以改善。

1. 重视对人力资源和人力资源管理工作的投入

尽管新创企业的资源匮乏，但是新创企业还是应该舍得对人力资源进行投资，比如，改善员工的工作环境，设计合理的薪资福利体系，举办提升员工能力的培训活动等，真正体现企业以人为本的理念。

2. 增强对优秀人力资源的吸引力

新创企业在创业期存在人力资源投入低与对优秀人才需求大之间的矛盾，那么，如何在投入不足的情况下吸引企业所需要的优秀人才就成为新创企业的一个难题。在这种情况下，新创企业可以根据自身的特点通过以下三种方式增强对优秀人力资源的吸引力。

第一，以高额的远期风险收入来吸引优秀人才。新创企业由于资源匮乏，不能支付高额的薪酬来吸引所需的人才，那么可以考虑通过风险收入和远期收入来吸引优秀人力资源，比如投资入股或给予股票期权等。这样不仅可以增强对优秀人才的吸引力，而且可以把他们的利益和企业的利益结合到一起，激发他们的工作热情和积极性。

第二，重视企业员工发展空间的拓宽和职业生涯规划，以良好的职业前景和工作的挑战性作为吸引人才的一种手段。新创企业的规模不大，分工宽松，可以为员工提供更为丰富的工作内容、较多的发展机会、较大的成长空间、较短的上升周期。成功的职业生涯规划能将员工自身的发展和企业的成长有机结合起来，使员工在追求自身发展的同时推动企业的发展。

第三，充分发挥新创企业创业者的人格魅力、创造力和影响力，如李开复的创业就是凭借自身的人格魅力吸引了很多的优秀人才。

3. 实现人力资源管理的专业化

实现人力资源管理专业化可以采取两种方式，即在企业内部设立专门的人力资源部门或者将企业的人力资源管理进行外包。新创企业可以根据自身的实际情况灵活地组合以上两种方式。在企业内部设立专门的人力资源部门的优势在于对企业人力状况、政策制度、企业文化等因素较为了解，制订的人力资源计划和人力资源管理活动都能符合本企业的利益，能对突发状况做出及时反应，快速解决。此外，选择人力资源管理外包的方式，可以节省企业的精力，使企业将工作重点放在产品业务上。然而，市场中的人力资源公司提供的人力资源服务还是有限的，仅能帮助企业完成招聘和培训等工作，对于其他一些人力资源管理工作，还须企业内部自己解决。

第二节 新创企业财务管理

一、新创企业常见的财务问题

1. 财务管理随意性大

创业初期，企业的所有者往往也是经营者，这种所有权和经营权的高度统一，给企业的经营管理带来了高效率的同时，也带来了一些负面影响。多数新创企业的财务管理模式属于集权式管理，一切事情由所有者决定，财务一般由所有者单线控制，创业者自身一般不具备专业的财务知识，同时又因为企业经营规模小，不可能在机构、人员和制度建设方面投入太多，使财务管理具有很大的随意性。

2. 财务人员素质低

新创企业在发展的初期，人与人的关系大多基于血缘关系和地缘联系，对团体以外的人有着天然的不信任，在财务、会计这些敏感岗位，忠诚度成为用人的重要标准，"任人唯亲"现象较为普遍。财务会计人员大多没有经过正规的专业学习和培训，缺乏必要的财务管理能力，常常使创业期企业的财务管理活动仅限于控制货币资金，提供考核员工的财务数据，以及其他一些有限的财务信息，不能充分发挥财务管理参与决策的职能。

3. 内部会计控制薄弱

一般创业期企业都有自己独特的内部会计控制制度，但制度的制定受经营管理者的偏好影响，设计不尽合理，且常常"朝令夕改"，内控执行也易流于形式，使财务管理工作带有很大的随意性和盲目性。

在观念上，人们更多地把会计作为一种信息披露的需要或者是记账的手段，而没有把它视为管理工具。会计在记账过程中往往会忽略企业的实际情况，有时就会产生错误信息，对决策者产生误导，而且即使财务报表反映出了存在的问题，管理者也往往不重视，不能利用财务工具为管理服务。而且大多数的新创企业为了节约人力成本，职责分工不明确。内部控制失效的另一个表现就是重钱不重物，资产损失浪费严重，主要表现在：不少创业者很重视对货币资金的管理，收支严格，保管妥善；而对原材料、半成品、固定资产等却管理不严，保管不善，出了问题无人查找，导致资产损失浪费严重。有调查显示，创业期企业财务上的内部控制制度总的来说残缺不全，像财务清查制度、成本核算制度、财务收支审批制度等基本制度不健全，或者虽然建立了其中的几项制度，但在实际工作中并未认真执行，形同虚设。

4. 融资能力差、风险大

新创企业在融资上面临的主要问题固然有缺乏政府支持造成融资渠道单一，但与成熟企业相比，创业初期企业具有自身融资的局限性。有数据表明，大部分的创业期的中小企业会计报表不真实或根本就没有会计报表。此外，由于一些初创企业存在逃避银行债务、多头抵押等情况，其资信等级不高。由于银行对其缺乏足够的信心，为保证信贷资金的安全，降低成本和提高经济效益，银行不愿冒险向新创企业发放贷款。

5. 投资决策盲目

项目投资决策分析不是新创企业日常财务管理活动最常见的部分，但它却是企业财务管理活动中最重要的部分。因为项目投资的金额大，影响时间长，风险大，所以一旦决策失误，就难以改变或补救。创业期投资决策往往是由创业者自己做出的，缺乏科学的决策程序，决策时又很少利用各种定量的分析方法，往往凭借自身的经验进行判断，投资行为常常表现为：注重短期利益的实现，缺乏长远规划；投资决策失误，给本来就很脆弱的创业期企业造成重大损失，制约其发展，危及其生存。

6. 现金管理不到位

现金是创业期企业的血液，是一个企业存续能力强弱的重要标志。保持适量的现金，为公司可能出现的各种情况做准备，不仅仅是谨慎的表现，也是今天这个充满不确定性的时代的必然要求。

从日常经营活动看，只有具备足够的现金，企业才能生存。没有充裕的现金，必将影响企业的盈利能力和偿债能力，从而影响企业的市场信誉和资金周转，甚至资不抵债，走向破产。企业在创业期阶段，在其产品受到市场广泛认可而能产生利润之前，产品销售情况极不稳定，而各种费用却必须支付，经营风险是很大的，一旦出现资金短缺，又难以筹集到新的资金的话，将直接导致创业失败。

二、新创企业财务管理策略

新创企业就像一个新生儿，抵抗力很弱，随时都有生病的可能，因此这一阶段的企业应努力实现其首要目标——生存。管理各项财务活动、处理各种财务关系，应以稳健、谨慎为原则。

1. 拓宽融资渠道，降低筹资成本

资金是企业的血脉，是企业经济活动的首要推动力。因此要从根本上保证新创企业的可持续发展，就必须拓宽融资渠道。除了由企业所有者增加投资、以企业现有资产进行抵押贷款、争取新的股权性投资者、应收账款融资、融资租赁、动产抵押等融资方式，创业期企业应该积极开拓新的融资方式。一是天使投资。天使投资是权益资本投资的一种形式，指具有一定净财富的个体对具有巨大发展潜力的新创企业进行早期的直接投资，属于一种自发而又分散的民间投资方式，同时也是高投入、高风险、高收益的投资方式。在我国有很多潜在的天使投资者，只要充分利用这些潜在的天使投资，新创企业发展初期的资金瓶颈问题就有望得到缓解。二是孵化器融资。孵化器融资就是孵化器公司对新创企业进行资金投入，提供的服务包括从资金支持及硬件、软件的各项服务到企业最终成功地从孵化器毕业。从 20 世纪 50 年代末开始，就有人借用"孵化器"的概念生动形象地描述这种系统—— 一个用于扶持小型、初创、高科技、高成长性企业的综合系统。换句话说，借助这个系统可以使新企业顺利度过创业初期的各种风险与困难，实现与其他对手的有力竞争，使新创企业失败率降到最低程度。当然，正确计算和合理降低资本成本是制定融资决策的基础，新创企业要寻求一个较低的综合资金成本的融资组合。

2. 做好投资管理和营运资金管理

新创企业由于资金量有限，抗风险能力低，因此在投资时往往会采取集中投资战略，利用有限资金，投资于某个特定市场，最大限度地提高资金使用效率。投资什么，投资金额多少，什么时候进行投资，都需要慎重决定。要处理好投资所面临的风险和收益问题，建立投资的可行性分析制度，在充分收集信息的基础上，进行深入细致的市场调查和充分的可行性研究，通过审慎的研究评估，科学预测企业的投资价值和可能出现的风险，事先防范，把投资风险降到最低。

营运资金管理是财务管理活动的重要环节，按月编制营运资金分析表可以有效地控制营运资金。企业可通过这个公式实施营运资金的动态管理：

$$资金获得量 - 资金占用量 = 营运资金不足量$$

发现营运资金不足时，应马上采取措施弥补。

3. 制订合理的利润分配计划

企业进行股利分配时，要从企业战略的角度出发，根据企业自身的情况选择适宜的股利分配政策，使股利分配既能满足企业发展的需要，又能满足投资者的需要。股利分配关系到企业战略资金能否得到有效的保障，因为股利发放的多少决定着企业内部资金

来源的多寡，关系到企业财务战略的成败。如果企业的留存收益水平较高，那么意味着企业发放的股利较少，企业留存收益较高，这些留存收益可以给企业发展提供资金保障。新创企业收益水平低且现金流量不稳定，因此低股利政策或零股利政策往往是较明智的选择。

4. 加强财务控制

要解决创业初期企业财务管理上存在的问题，完善内部控制成为新创企业财务管理的基础工作，只有完善内部控制才能发挥财务管理的应有职能，实现财务管理的目标。新创企业在加强财务控制的过程中，应该重视以下几个方面。

1）学习必要的财务知识，聘请专业的财务人员，加强财务部门的控制力度。

2）确保会计记录的完整准确。建立必要的会计制度，加强对员工相关的专业培训和后续教育，防止出现会计记录混乱、错误或不完整，这是发挥财务管理其他职能的最基本前提。

3）建立健全职务分离制度。对于记账、出纳、保管等不相容职务进行分离，应尽量由不同人员担任，避免一个人从头到尾处理一项业务，减少错误和舞弊出现的可能性。

4）避免任人唯亲。特定的亲属关系会弱化企业内部的互相制约关系，使企业的内部控制制度的作用得不到充分的发挥，容易产生不公平现象，影响企业的整体激励制度，有时还会存在难于管理的问题。

5）建立完善的资产管理制度，合理保障资产的安全与完整。首先，要建立健全财产物资购销的内控制度，在物资采购、物资领用、产品销售以及样品管理上建立合适的操作程序，从制度上保证操作规范，堵住漏洞，维护财产安全。其次，做到不相容职责分离，资产管理和凭证记录一定要分开，形成有力的内部牵制。最后，要建立实物资产的盘存制度。

第三节　企业风险管理

企业风险管理是对企业内可能产生的各种风险进行识别、衡量、分析、评价，并采取及时有效的方法进行防范和控制，用最经济合理的方法来综合处理风险，以实现安全保障的一种科学管理方法。企业风险是指由企业内外环境的不确定性、生产经营活动的复杂性和企业能力的有限性而导致企业的实际收益达不到预期收益，甚至导致企业生产经营活动失败。企业风险管理是企业在实现未来战略目标的过程中，试图将各类不确定因素产生的结果控制在预期可接受范围内的方法和过程，以确保和促进组织整体利益的实现。对各种风险进行有效管理，有利于企业作出正确的决策，有利于保护企业资产的安全和完整，有利于实现企业的经营活动目标，对企业来说具有重要的意义。特别是对新创企业来说，更是关系着企业的生死存亡。

一、企业风险的种类

新创企业面临的主要风险有融资渠道单一带来的财务风险及信用风险管理不足带来的信用风险等。

1. 融资渠道单一带来的财务风险

资金是企业生存发展不可或缺的资源，但融资难却是新创企业发展中先天性的问题。在各种融资方式中，银行信贷是重要的资金来源，但由于新创企业在自用资产、信誉名声等方面的劣势，银行从自身利益出发，通常不愿对其开展信贷业务。据初创中小企业资金在资金链上运转的顺序，财务风险又可分成以下几个类型。

1）筹资风险，指的是由于资金供需市场、宏观经济环境的变化，企业筹集资金给财务成果带来的不确定性。筹资风险是新创企业财务风险需要防范的首要环节和重要内容。

2）投资风险，是指在企业投入一定的资金后，市场需求的变化影响最终利益使其与预期收益发生偏离的风险。企业对外投资主要有两种形式：直接投资和证券投资。直接投资是指投资者将货币资金直接投入投资项目，形成实物资产或者购买现有企业的投资。通过直接投资，投资者便可以拥有全部或一定数量的企业资产及经营的所有权，直接进行或参与投资的经营管理。证券投资主要有两种形式：股票投资和债券投资。股票投资是一种风险一起承担、利益一起分享的投资形式；债券投资与被投资企业的财务活动没有直接关系，只是定期收取固定的利息，要面临的风险是被投资者无力偿还债务的风险，主要包括利率风险、再投资风险、汇率风险、通货膨胀风险、金融衍生工具风险、道德风险、违约风险等。

3）经营风险，又称营业风险，是指在企业的生产经营过程中，供、产、销各个环节由不确定性因素的影响而导致企业资金运作迟滞，产生企业价值变动的可能性。

4）流动性风险，是指企业资产不能正常和确定性地转移现金或企业债务，以及付现责任不能正常履行的可能性。从这个意义上来说，企业的流动性风险可以从企业的变现能力和偿付能力两方面进行分析与评价，企业支付能力和偿债能力的问题，称为现金不足及现金不能清偿风险，企业资产不能确定性地转移为现金而发生的问题则称为变现力风险。

2. 信用风险管理不足带来的信用风险

对企业而言，遵守信用不仅是一种简单行为，还是一种无形资产。它是企业在市场中的一张"名片"，代表着市场对企业的第一印象，凭借这张"名片"，企业才能赢得市场的认可，在市场中占有一席之地并获得长远的发展。但现阶段新创企业在信用风险管理方面存在很多不足，具体表现在以下两个方面。一是自身信用风险管理不足。当前我国的中小企业参与资信评估比例过低，参与资信评估的中小企业中，评级结果多在BBB 级以下。二是对客户的信用风险管理不科学。很多中小企业常常缺乏对客户信息的统一管理，仅以企业规模判断企业信用，对客户信用销售额度没有限制措施。

二、风险控制

风险控制是根据风险分析的结果，为实现新创企业风险管理目标，选择风险管理技术，并加以实施。通常采用几种管理技术进行优化组合，使风险管理达到最佳状态。选择风险管理技术不但要考虑该项技术的经济效益状况，还要考虑与创业战略目标的一致性，以及具体实施的可行性。常用的风险控制技术有如下几种。

1. 风险回避

新创企业在既不能有效降低风险发生的概率，又无法降低风险损失，更无法直接承担该风险时，只有采用回避的策略主动放弃、中止或者是调整创业方案，如将经验方向从高科技领域转为常规技术领域或采取迂回的策略等。

2. 风险预防

风险预防即事先采取相应的措施以预防和阻止风险损失的发生，防患于未然，如重视信息收集、减少信息不对称性、实行民主化决策等。

3. 风险转移

风险转移即新创企业将自己不能承担的或者不愿承担的，以及超过自身财务能力的风险损失或损失的经济补偿责任，以某种方式转移给其他单位或个人。可以通过如下途径实现：一是以合同的形式向其他主体转移，如业务外包或工程承包等；二是以投保的形式把风险全部或部分转移给保险公司；三是利用各种风险交易工具转嫁风险，如利用外汇期货、期权或利率期货及期权工具转嫁汇率风险和利率风险等金融风险。

4. 风险分散

创业主体通过多元化经营，使风险在不同经营活动中分散化。主要策略如下：一是多项目投资，这是风险分散通常采用的方法；二是产品多元化；三是策略组合，即同时采取多种创业策略，如联合投资、合资合营或兼并扩张等。

5. 风险利用

在风险已经出现、风险损失已经发生的情况下，积极采取措施，控制风险的进一步扩大，变被动为主动；或者当风险后果严重时，尽量通过各种方法减少风险所造成的损失。

第四节　企业营销管理

企业营销管理是指企业识别和分析市场机会，研究和选择目标市场，制定营销策略，实施营销控制，实现企业营销任务和目标的管理过程。市场是企业生存的根本。提升产品的市场占有率和销售额，是企业发展的基础，也是提升企业绩效的关键，而要提升市场占有率和销售额，营销管理必不可少。市场营销的因素十分复杂，市场营销的手段多种多样，因此管理的内容非常庞杂。

20 世纪 60 年代，美国著名的市场营销学家伊·杰尔姆·麦卡锡（E. Jerome McCarthy）教授第一次提出了著名的 4P 营销理论，即 product（产品）、price（价格）、place（渠道）、promotion（促销），取其开头字母，将营销管理精简为 4P 组合管理（图 9-1），该模型不仅高度概括了营销管理这一错综复杂的经济现象，同时把企业营销过程中可以控制的因素概括成四大要素，简明清晰，易于掌握。

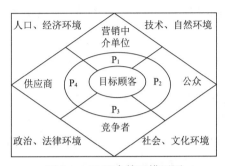

图 9-1　4P 组合管理模型图

注：P_1 为产品，P_2 为价格，P_3 为渠道，P_4 为促销

一、营销管理的内容

（一）产品决策

产品决策是企业根据市场预测的结果，在企业经营战略的指导下，结合企业自身的具体条件，确定在未来一段时间里用什么样的产品满足目标市场需要及推出该产品的过程。

产品是为满足目标市场需求而开发的有形商品与无形服务的统一体，为此，企业必须在产品种类、质量标准、产品特性、产品品牌、包装设计等方面进行产品决策。

产品决策在企业营销中占有十分重要的地位，因为企业的市场营销活动以满足市场需求为中心，而市场需求的满足只能通过提供某种产品或服务来实现。因此，任何企业在制定营销策略时，首先需要回答的问题是用什么样的产品来使企业与目标市场发生联系，继而再进行营销组合中的其他三项决策。也就是说，没有适合市场需要和竞争力的产品，企业的其他营销决策就无从谈起。

产品整体概念。现代市场营销通常要求树立产品整体概念，产品整体概念包含五个层次的内涵。

核心产品是产品整体概念中最基本和最实质的层次，它是产品提供给顾客的基本效用，是顾客需求的中心内容。

形式产品是核心产品借以实现的形式，即呈现在市场上的产品的具体形态或外在表现形式，主要包括产品的款式、质量、特色、品牌、包装等。

期望产品指顾客在购买该产品时期望得到的与产品密切相关的一整套属性和条件，是实现顾客满意的基础。

延伸产品指顾客因购买产品所得到的全部的附加服务与利益，包括保证、咨询、送货、安装、维修等，延伸产品能够给顾客带来更多的利益和更大的满足。

潜在产品指现有产品包括所有附属产品在内的可能发展成为未来最终产品的潜在状态的产品，它指出了现有产品的演变趋势和前景。

产品的整体概念使企业对产品的认识不再局限在产品特定的物质形态和具体用途上，而是归结为消费者需求的实际利益与满足。产品整体概念不仅清晰地体现了以顾客为中心的现代营销观念，同时对企业不断开发产品、优化服务、提高产品的市场竞争能力具有重要意义。

（二）产品组合

产品好比人一样，都有其由成长到衰退的过程。因此，企业不能仅仅经营单一的产品，世界上很多企业经营的产品往往种类繁多，如美国光学公司生产的产品超过3万种，美国通用电气公司经营的产品多达25万种。当然，并不是经营的产品越多越好，一个企业应该生产和经营哪些产品才是有利的?这些产品之间应该有些什么配合关系?这就是产品组合问题。

产品组合包括四个因素：宽度、长度、深度和关联性。这四个因素的不同，构成了不同的产品组合。

宽度指企业的产品线总数。产品线也称产品大类、产品系列，是指一组密切相关的产品项目。这里的密切相关可以是使用相同的生产技术，产品有类似的功能、同类的顾客群，或同属于一个价格幅度。对于一个家电生产企业来说，可以有电视机生产线、电冰箱生产线。产品组合的宽度说明了企业经营范围的大小、跨行业经营的范围，甚至多角化经营的程度。增加产品组合的宽度，可以充分发挥企业的特长，使企业的资源得到充分利用，提高经营效益。此外，多角化经营还可以降低风险。

长度指企业的产品项目总数。产品项目指列入企业产品线中具有不同规格、型号、式样或价格的最基本产品单位。通常，每一产品线包括多个产品项目，企业各产品线的产品项目总数就是企业产品组合长度。

深度是指产品线中每一产品有多少品种。例如，美国宝洁公司的众多产品线中，有一条牙膏产品线，生产格利、克雷丝、登奎尔三种品牌的牙膏，所以该产品线有三个产品项目。其中，克雷丝牙膏有三种规格和两种配方，则克雷丝牙膏的深度就是6。如果我们能计算每一产品项目的品种数目，就可以计算出该产品组合的平均深度。增加产品项目，增加产品的规格、型号、式样、花色，可以迎合不同细分市场消费者的不同需要和爱好，吸引更多顾客。

关联性指一个企业的各产品线在最终用途、生产条件、分销渠道等方面的相关联程度。较高的产品的关联性能带来企业的规模效益和范围效益，提高企业在某一地区、某一行业的声誉。

企业在进行产品组合时，涉及三个层次的问题需要做出抉择：①是否增加、修改或剔除产品项目；②是否扩展、填充和删除产品线；③哪些产品线需要增设、加强、简化或淘汰（以此来确定最佳的产品组合）。

产品组合的四个因素和促进销售、增加利润都有密切的关系。一般来说，拓宽、增加产品线有利于发挥企业的潜力、开拓新的市场；延长或加深产品线可以适合更多的特殊需要；加强产品线之间的一致性，可以提高企业的市场地位，发挥和提高企业在有关专业上的能力。

（三）品牌决策

品牌是用以识别某个销售者或某群销售者的产品或服务，使之与竞争对手的产品或服务区别开来的商业名称及其标志，通常由文字、标记、符号、图案和颜色等要素或这些要素的组合构成。

品牌是产品不可分割的重要组成部分，包括品牌名称和品牌标志。品牌名称是指品牌中可以用语言称谓表达的部分；品牌标志是指品牌中可以被识别、认识，但不能用语言称谓表达的部分，如独特的符号、图案、色彩或字体造型等。

品牌功能用于区分不同企业的同类产品，而在现代市场营销中，其作用意义又远远超过了这一点。品牌决策的内容包括：①决定是否给企业的产品起名字，设计牌号，这叫作品牌化决策；②决定是用本企业（制造商）的牌号，还是用经销商的牌号，或是一部分产品用本企业的牌号，另一部分产品用经销商的牌号，这叫作品牌使用者决策；③决定品牌的质量水平，这叫作品牌质量决策；④决定企业所有产品都使用一个或几个品牌，这叫作家族品牌决策。这些决策构成了企业品牌决策的基本内容。

（四）包装决策

包装，既可指盛装商品的容器，也可指把产品转入包装物中的行为，还可指对产品的包装物进行设计的管理活动。在现代市场营销中，包装的功能和作用越来越大，主要体现在保护产品、方便储运、促进销售和增加盈利等方面。

包装策略在营销活动中具有重要作用，企业除了使包装能充分展现产品的特色，还需要运用适当的包装策略，使包装成为强有力的营销手段。常用的包装策略主要有以下几种。

（1）类似包装策略

类似包装策略指企业生产的产品都采用相同或相似的形状、图案和色彩等。这种包装策略的优点是：既可以节省包装设计的成本，又可以扩大企业及产品的影响，提高推销效果，有利于新产品迅速进入市场。但如果企业产品相互之间的差异太大，则不宜采用这种策略。

（2）多种包装策略

多种包装策略指企业依据人们消费的习惯，把使用时有关联的多种产品配套装入一个包装物中，同时出售。这种包装策略的优点是：一物带多物，既方便了消费者购买，又扩大了销路。

（3）再使用包装策略

再使用包装策略又称为双重用途包装策略，即包装物在产品用完后，还可以用于其他用途。这样可以利用消费者一物多用的心理，诱发消费者的购买行为，使顾客得到额外的使用价值，同时包装物在再使用过程中，又能发挥广告宣传作用。

（4）附赠品包装策略

附赠品包装策略指在产品包装物上或包装内，附赠物品或奖券，吸引消费者购买。在儿童商品中附赠玩具是目前生产儿童用品的厂家最常用的做法。采用这种策略可以增加购买者的兴趣，吸引顾客重复购买。但赠品要注意制作精良，不可粗制滥造，否则不但起不到促销的作用，还会影响产品或企业的形象。

（5）等级包装策略

等级包装策略指企业把所有产品按品种和等级不同，采用不同等级的包装，如分为精品包装和普通包装。这种策略的优点是能突出商品的特点，与商品的质量和价值协调一致，并满足不同购买水平的消费者的需求，但增加了设计成本。

（6）改变包装策略

改变包装策略指企业对产品原包装进行改进或改换，达到扩大销售的目的。改变包装包括包装材料的改变、包装形式和图案设计的变化、包装技术的改进等。当原产品声誉受损、销量下降时，可通过改变包装，尝试制止销量下降。

（五）价格决策

价格是市场营销组合中非常重要且独具特色的组成部分。价格通常是影响商品交易成败的关键因素，同时又是市场营销组合中最灵活的因素。在企业的营销工作中，定价是一项重要、困难而又充满风险的工作。它在很大程度上决定着产品能否迅速进入市场，影响着产品和企业的社会形象，是构成企业竞争力的重要因素，价格还影响着企业的销售收入和利润。

（1）定价目标

定价目标是企业在对其生产或经营的产品制定价格时，有意识地要达到的目的和标准。它是指导企业进行价格决策的主要因素。定价目标取决于企业的总体目标。不同行业的企业、同一行业的不同企业，以及同一企业在不同的时期、不同的市场条件下，都可能有不同的定价目标。概括起来，企业的定价目标大致有以下几种：追求盈利最大化；短期利润最大化；达到预期投资回报率；提高市场占有率；达到预期销售增长率；适应价格竞争；维持生存；稳定价格；维护企业形象等。

（2）定价需要考虑的因素

产品的定价取决于很多因素，主要因素包括以下几种。第一，成本。产品研发、制造、储存、原材料、运输等成本直接决定着产品定价。第二，预期利润。在成本确定后，企业也可能有一个固定的预期利润百分比，如 10%、15%等。第三，资金周转。需要企业资金周转快就须把价格定在对用户最有吸引力的水平上。最有吸引力的价格水平，利润却并不一定是最大的。第四，供需情况。市场需求旺盛，产品价格就可以随之向上浮动。大量产品滞销，价格也不得不随之下降。第五，竞争对手价格。随着信息流动越来越透明，尤其是在网上作价格比较是轻而易举的事情，竞争对手的价格也在很大程度上影响企业自身的定价。第六，品牌形象。企业或品牌专注于高端市场，提供最高水平的产品或服务时，价格与成本可能基本无关。价格降低甚至可能影响品牌形象及销售情况。第七，促销策略。各种形式的促销、打折、优惠组合运用都将影响产品的最终定价。

（3）产品定价的方法

为了获得利润并吸引顾客，产品定价还有一些常用的技巧和方法：①尾数定价法——使你的产品看起来更具有吸引力，比如，一个销售练习本的商家把练习本的价格定在1.99元，而不是2元，虽然只差1分钱，但顾客心里会感觉少了很多。②撇脂定价法——在你推出新产品的时候，因为市场竞争小，可以把价格定得高一些，期望获得较高的利润，但是这种方法只有在特定情况下才可以使用。③渗透定价法——与撇脂定价法相反，这种定价策略是希望快速进入市场并占有较大市场份额，定价时价格略高于总成本即可，企业利润来自"薄利多销"。④差别定价法——你可以针对不同类型的顾客制定不同的销售价格，比如，对于大批量订货的顾客给予一定的价格优惠，"量大从优"可以吸引那些有购买能力和购买需求的顾客。

（六）营销渠道决策

营销渠道是指某种商品或服务从生产者向消费者转移过程中，取得这种商品或服务所有权或帮助所有权机构转移的所有企业或个人。简单地说，营销渠道就是商品或服务从生产者向消费者转移的具体通道或路径。大多数的生产厂商都不是直接将产品销售给最终消费者的，在生产者与最终消费者之间，由批发商与零售商买入商品，取得所有权后再转售出去，还有经纪商、制造商代表以及销售代理人负责寻找顾客。营销渠道决策是企业的重要决策之一，会影响到其他的营销决策。

1. 营销渠道的结构

营销渠道的结构可以分为长度结构、宽度结构、广度结构三种类型。三种渠道结构构成了渠道设计的三大要素。

（1）长度结构

营销渠道的长度结构，又称为层级结构，是指按照其包含的渠道中间商（购销环节），即渠道层级数量的多少来定义的一种渠道结构。通常情况下，根据包含渠道层级的多少，可以将一条营销渠道分为零级、一级、二级和三级渠道等。

零级渠道，又称为直接渠道，是指没有渠道中间商参与的一种渠道结构。零级渠道，也可以理解为是一种分销渠道结构的特殊情况。在零级渠道中，产品或服务直接由生产者销售给消费者。零级渠道是大型或贵重产品以及技术复杂、需要提供专门服务的产品销售采取的主要渠道。在IT产业链中，一些国内外知名IT企业，比如联想、IBM、惠普等公司设立的大客户部或行业客户部等就属于零级渠道。另外，戴尔的直销模式，更是一种典型的零级渠道。

一级渠道包括一个渠道中间商。在工业品市场上，这个渠道中间商通常是一个代理商、佣金商或经销商；而在消费品市场上，这个渠道中间商则通常是零售商。

二级渠道包括两个渠道中间商。在工业品市场上，这两个渠道中间商通常是代理商及批发商；而在消费品市场上，这两个渠道中间商则通常是批发商和零售商。

三级渠道包括三个渠道中间商。这类渠道主要出现在消费面较广的日用品中，比如肉食品及包装方便面等。在 IT 产业链中，一些小型的零售商通常不是大型代理商的服务对象，因此，大型代理商和小型零售商之间衍生出一级专业性经销商，从而出现了三级渠道结构。

（2）宽度结构

营销渠道的宽度结构是根据每一层级渠道中间商的数量的多少来定义的一种渠道结构。渠道的宽度结构受产品的性质、市场特征、用户分布以及企业分销战略等因素的影响。渠道的宽度结构分成如下三种类型。

密集型分销渠道（intensive distribution channel），也称为广泛型分销渠道，就是指制造商在同一渠道层级上选用尽可能多的渠道中间商来经销自己的产品的一种渠道类型。密集型分销渠道多见于消费品领域中的便利品，比如牙膏、牙刷、饮料等。

选择性分销渠道（selective distribution channel），是指在某一渠道层级上选择少量的渠道中间商来进行商品分销的一种渠道类型。在 IT 产业链中，许多产品都采用选择性分销渠道。

独家分销渠道（exclusive distribution channel），是指在某一渠道层级上选用唯一的一家渠道中间商的一种渠道类型。在 IT 产业链中，这种渠道结构多出现在总代理或总分销一级。同时，许多新品的推出也多选择独家分销渠道，当市场广泛接受该产品之后，许多公司就从独家分销渠道模式向选择性分销渠道模式转移。比如东芝的笔记本电脑产品分销渠道、三星的笔记本电脑产品分销渠道等就如此。

（3）广度结构

营销渠道的广度结构，实际上是渠道的一种多元化选择。也就是说许多公司实际上使用了多种渠道的组合，即采用了混合渠道模式来进行销售。比如，有的公司针对大的行业客户，成立大客户部直接销售；针对数量众多的中小企业用户，采用广泛的分销渠道；针对一些偏远地区的消费者，则可能采用邮购等方式来覆盖。

概括地说，渠道结构可以笼统地分为直销和分销两个大类。其中直销又可以细分为几种，比如制造商直接设立的大客户部、行业客户部或制造商直接成立的销售公司及其分支机构等。此外，还包括直接邮购、电话销售、公司网上销售等。分销则可以进一步细分为代理和经销两类。代理和经销均可能选择密集型、选择性和独家分销渠道等方式。

2. 影响营销渠道决策的因素

（1）产品性质

产品性质包括很多方面，如产品的生命周期、易腐性、季节性、流行程度、体积、重量、价格、附加服务、购买频率等。一般而言，便利品的密集型分销渠道与长渠道相互关联，而特殊品在特定区域的选择性分销渠道则决定了其长度结构较短。

（2）消费者特点

渠道设计在很大程度上同样受消费者特点的影响。消费者的特点多种多样，譬如消费者的数量、分布状况、购买心理、文化特征、态度倾向等。当企业进入一个大规模或消费者分布广泛的市场时，一般选择长渠道以满足其随时购买的需求，反之则可采取较短的渠道。

（3）企业状况

这主要取决于企业控制渠道的愿望和能力。企业本身的规模、能力与信誉等直接影响渠道的选择，因为这涉及企业能否控制销售渠道，中间商是否愿意与企业合作。若公司的财务状况良好，营销管理能力强，则可承担一部分或全部渠道管理的营销职能，若企业内部状况不允许或没有直接管理渠道的愿望，则可委托中介机构管理，当然这些中介机构是要分享利润的。

（4）市场环境

从微观环境看，新产品最好与其代用品采取不同的分销渠道，新产品经理必须有一个概念，就是渠道的选择也可以创新。另外，零售商规模的大小也与渠道选择密切相关，如果某市场上零售商规模大，进货多且频率高，制造商完全可以不通过批发商而直接卖给零售商，采取较短的销售渠道；相反，如果中小型零售商数目多，竞争激烈，则通过批发商的长渠道以取得较高的营销效益。从宏观环境分析，经济形势对企业营销渠道的决策也有较大影响。在通货膨胀的形势下，市场需求降低，企业的关键是控制和降低产品的最终价格，避免不必要的流通费用，因此大部分企业都采取短渠道销售。若经济形势良好，企业选择营销渠道的主动权会更大一些。

（5）促销决策

在激烈的市场竞争中，当商品在性能、价格、服务等方面相似时，加强信息传送就显得格外重要。商品信息若能先为人知、广为人知、深为人知，就能占据有利的销售地位。因此，企业不仅需要提供适合消费者需要的产品、选择合理的分销路线、制定合理的价格，而且必须善于将商品信息及时地传播与扩散，使目标顾客了解商品的性能、用途、特征，以刺激消费，促进顾客购买。这种向目标顾客传送商品信息，用以说服顾客、促成购买、扩大销售的活动称为促进销售，简称促销。所谓促销决策，是指能够引发消费者购买行为以起到促进销售的方法，是以各种方式传递信息，激发消费者的购买欲望，诱导消费者采取购买行动的一切活动。其主要任务是向消费者传递信息，让消费者了解产品，引发消费者的兴趣。促销决策是企业营销活动的重要内容。广告和人员推销是促销策略的主要内容。广告是一种主要的促销方式，它是以促进销售为目的，由企业支付费用并通过特定的媒体传播商品或劳务等有关经济信息的大众传播活动。广告具有多种形式，不同形式与内容的广告可以达到不同的效果和目标。广告决策是企业在总体营销战略指导下，对企业的广告活动进行的一系列规划与控制。广告决策的过程包括五个步骤：确定广告目标、制作广告预算、广告信息决策、广告媒体决策和广告效果评价。有效的广告决策是企业传播信息、提高产品或企业知名度、建立消费者偏好和忠诚度，进而扩大市场占有率的有效方法与途径。人员推销是企业通过推销人员直接向顾客推销商品和劳务的一种促销活动。人员推销决策在内容上大体可以分为两类，即战略决策和管理决策。战略决策主要包括销售组织的设计、销售队伍的确定、销售区域的选择、访问计划和销售政策的制定等；管理决策主要包括对销售人员的招聘、甄选、培训、激励、考评和控制等。

此外，企业还应该考虑设计公共关系和销售促进决策。

二、新创企业营销战略选择

1. 空白领域营销战略

大企业为了获得超额利润，一般采用少品种、大批量的生产方式。这样就为新创企业留下了很多大企业难以涉足的"狭缝地带"，即空白领域，给新创企业提供了自然发展空间。因此企业在创业之初，应随时注意和寻找这样的空白领域，并根据自身的特点有选择地进入，一方面，可以避开自身资金少、实力弱的劣势而获得进入该领域的先占优势；另一方面，又能避开和大企业的直接竞争，充分发挥自身的优势，壮大自己。

2. 专门化营销战略

许多新创企业的失败，往往是因为选择了与较大企业相同的战略基点，在直接对抗中由于实力不抵，陷入困境。若是选择大企业不感兴趣的市场，并为之提供专门服务，新创企业不仅可以生存，还能够得到较好发展。专门化营销包括产品类型专门化、顾客类型专门化、地理区域专门化等。新创企业在运用专门化营销战略时，应进行周密的市场调研和分析，通过市场细分，寻找能够发挥自身创业优势的专门化市场。这些市场一般容易被较大的竞争者忽视或放弃；有与新创企业实力相称的市场规模和购买力；新创企业拥有经营该分市场的条件，能够有效提供服务；能够依靠所建立的顾客信誉，保卫自身地位，对抗较大企业的攻击。

3. 生存互补营销战略

这是根据新创企业力量单薄、产品单一的特点而制定的一种营销战略。大企业为了获得规模经济效益，必然要摆脱"大而全"的生产体制，求助于社会分工与协作，这在客观上增加了大企业对中小企业的依赖性，进而为新创企业的生存发展提供了可靠的基础。新创企业在决定自己的生产方向时，不是着力于开发新产品，而是接受一个或几个大企业的长期固定订货，与大企业建立紧密的分工协作关系，这就是所谓的生存互补营销战略。

4. 专知生存营销战略

新创企业在生产经营过程中，通过技术开发和工艺创新，可以取得具有新颖性、先进性、实用性的技术发明成果或设计出具有新结构、新式样的产品。这些不仅可以作为新创企业开拓细分市场、满足新的社会需求、降低生产成本、扩大产品差异化的方式，还可以增加新创企业的竞争优势。但是大企业比新创企业具有更强的科研能力、商品化能力和市场控制能力，新创企业的专知一旦被模仿就会因为知识价值的提前下降而被挤出市场。所以，新创企业应注重产权保护，通过法律方式维护自己专知产品的专有权或垄断权，以赢得相对平稳的发展空间。

5. 满足潜在需求的开发战略

在现实生活中，总有一些只得到局部满足或未被满足的社会需求，这样的需求称为潜在需求。潜在需求一方面取决于消费者对产品的需求，另一方面又取决于企业能否生产出必要的产品去创造和引导需求。因此新创企业在进行深入的市场调研和分析后，一旦发现前景良好的潜在需求，就应着手做好开发、生产、销售和管理工作，并提高后来者的进入障碍，延长自己垄断这一市场的时间，以取得更多的经济效益。

【本章小结】

新创企业要想顺利生存、发展下去，必须做好企业的人力资源管理、财务管理、风险管理和营销管理。

在新创企业人力资源管理方面，要重视对人力资源和人力资源管理工作的投入，增强对优秀人力资源的吸引力，实现人力资源管理的专业化。

在新创企业财务管理方面，针对新创企业容易出现的问题，应注意：拓宽融资渠道，降低筹资成本；做好投资管理和营运资金管理；制订合理的利润分配计划；加强财务控制。

在企业风险管理方面，要针对各种可能的风险，学会风险回避、风险预防、风险转移、风险分散和风险利用。

营销管理的内容包括产品决策、产品组合、品牌决策、包装决策、价格决策和营销渠道决策。新创企业较常见的营销战略选择有：空白领域营销战略、专门化营销战略、生存互补营销战略、专知生存营销战略、满足潜在需求的开发战略。

【思考题】

1. 企业营销管理的内容包括哪些？
2. 如何有针对性地做好企业的营销管理？

第十章　大学生创业实践项目展示

第一节　智能头盔——给骑行装上智慧大脑

华北水利水电大学　刘海艳团队

一、项目背景

（一）市场痛点

1. 佩戴头盔会阻碍听觉，而且不能有效减弱噪声

传统头盔在佩戴的过程中，一方面极容易造成对周围环境听觉的削弱，可能因此而错过重要的道路听觉信息，导致事故的发生；另一方面对于道路的无用噪声没有有效的过滤作用，如发动机的噪声等。我们的智能头盔在听觉补偿和噪声抵消方面进行了深入研究，内置耳机搭载自研的智能 ANC 算法可以识别出汽车鸣笛的有用声音以及发动机的无用噪声信息，给用户创造一个舒适的骑行世界。

2. 佩戴传统头盔无法获得良好的智能导航服务体验

传统头盔不带有蓝牙功能，也没有内置耳机，所以当人们使用智能导航时，要么低头看手机，要么外放音频或佩戴耳机。低头看手机存在巨大的安全隐患；外放音频会被噪声干扰，户外的实际体验并不好；佩戴耳机会隔离外部的声音，有安全隐患。智能头盔得益于内置的耳机以及蓝牙连接，可以在保证听觉补偿和智能降噪的基础上，轻松实现智能导航的提示播放。

3. 传统头盔没有行车记录功能

为了响应国家"一盔一带"的号召，头盔应该是今后骑行必备的装备。骑行过程中，遇到美景或是发生交通纠纷时，骑行者都在想，要是骑行也有行车记录仪就好了，不仅可以记录路上的风光，还可以在发生交通纠纷时保留重要证据。我们吸取了传统行车记录仪只有前置摄像头的不足，采用了混合 360 度全景摄像头来进行记录，四面八方皆可记录，不放过每一个角落。

4. 传统头盔大多需要买冬夏两款，一份体验却花了两份钱

为了应对气温的变化，传统头盔的做法是分冬夏两款头盔，仅仅为此，消费者就要花费两倍成本，太不划算。智能头盔抓住这一痛点，创新性地提出"可拆卸保暖层"工艺。在天气寒冷时，可装上保暖层，确保头部温度；在天气炎热时，可卸下保暖层，获得凉爽体验。

5. 传统头盔千篇一律，没有个性化色彩

头盔作为陪伴人们骑行的伙伴，它的存在不仅仅是一件物品那么简单。传统的头盔千篇一律，无法进行个性化定制，毫无个人色彩。智能头盔支持定制喷绘图形，让你在茫茫"盔海"中，一眼就能认出它。

6. 传统头盔不具有定位防盗功能

很多人都有过头盔被盗的经历，传统头盔的弊端在于没有定位以及防盗的功能。这款智能头盔可以将定位实时发送到手机端，并且支持远程视频监控、耳机外放等反盗功能，让你不再担心、害怕头盔被盗。

（二）行业背景

中国头盔消费近年来进入新兴阶段，随着休闲骑行和单车旅游的快速兴起，户外用品骑行装备消费市场逐渐形成，各种赛车、山地自行车等专用头盔品种丰富，而且还有儿童使用的彩色头盔。并且随着万物互联时代的到来，智能化穿戴设备日益增多，市场急需科技企业来填补智能化头盔的市场空白。

2020年4月21日，为进一步提升摩托车、电动自行车骑乘人员和汽车驾乘人员安全防护水平，有效减少交通事故死亡人数，公安部部署在全国开展"一盔一带"安全守护行动。从安全行动开展以来，各地政府积极响应，部署相关行动。头盔将会像手机一样，成为人手一个的必备物品，由此可见，头盔市场具有巨大的潜力。

（三）本项目内容简介

我们团队以传统头盔的市场痛点为切入点，设计了集可以进行行车记录、听觉补偿、智能导航、长续航、材料新颖、可定制喷绘图形等多种功能于一身的智能头盔。

二、国内外情况调查

（一）国内

2020年4月，国家提出了"一盔一带"，这是由公安部在全国开展的一项安全守护活动。该项安全行动积极推动了地方立法，有利于骑乘电动自行车和摩托车佩戴安全头盔、驾乘汽车使用安全带这样良好的安全习惯和文明习惯的形成。这也为智能头盔的市场提供了极其有利的帮助。《中国制造2025》指明智能制造业已成为我国现代先进制造业新的发展方向。在国家政策推动、制造业技术转型升级等背景下，中国智能制造产业发展迅速。数据显示，2019年中国智能制造行业市场规模为17 775亿元，增长率为18%。伴随着技术的逐渐完善，应用产业的不断拓展，市场规模将持续增长，市场规模将超

20 000亿元。"十四五"规划提到了数字中国。我国正在向数字时代迈进，通信将会有一个大的发展，智能头盔的通信可以进一步发展，头盔也可以和多种新型技术相结合，相信在未来智能头盔将会流行。

（二）国外

国外目前出现了一些智能头盔，在通信方面采用了对讲机的形式，在开阔的地形处使用距离长达2公里，在建筑物群密集的地方使用距离就会大幅度缩减。

目前我们的重点是国内市场。在国内市场打好基础之后，会向国外市场拓展。随着我们科技水平的提高以及人们生活质量的提升，对于产品人们更关注质量，相信我们的智能头盔会凭借优秀的质量打开国外市场。

总之，目前国内外市场上还没有基于万物互联的智能头盔，我们是头盔市场的先行者。

三、产品介绍

智能头盔是一款基于华为开源鸿蒙系统开发的、面向未来的、兼顾安全舒适和智能骑行的产品。功能上，该产品支持定位、蓝牙、行车记录、视频存储及传输、智能导航、智能降噪、听觉补偿、免提通信、快充、太阳能充电等功能；材料上，该头盔应用轻型高强度材料碳纤维，核心元件经过防水封装，内含可调节大小紧扣、可拆卸保暖层，并可定制喷绘图案。智能头盔将在"硬件+软件"双协同下，实现更安全、智能的骑行体验，让骑行成为潮流，成为健康生活的一部分。

四、项目创新点

（一）自主芯片，自主系统

中美发生经贸摩擦时，我们国内很多人嗅到了潜在的危机。倘若不把产品技术牢牢掌握在自己手中，就随时有被"卡脖子"的危险。这款智能头盔，采用国产紫光展锐虎贲芯片，基于华为开源鸿蒙系统，在实现技术完全自主可控的基础上，为客户提供安全、可持续的功能支持和技术服务。

（二）360度全景记录

在骑行时，你想把沿途的风景记录下来，可是又不方便手握掌机，这时，智能头盔为你记录精彩每一刻。头盔顶部搭载了混合360度全景摄像头，SOC中也搭载了超大存储，从此每段骑行都会被全方位记录下来。后期可以将视频通过USB-C数据线导出，重新以其他视角观看沿途美景，发现不一样的美。

（三）安全智能导航

基于定位、蓝牙和耳机模块，头盔可与手机连接，智能导航时，通过智能降噪和听觉补偿兼具的耳机，实时导航，人们再也不用边拿手机边骑车了。

（四）通信及定位功能

当骑行过程中接到来电时，一手把握方向，一手拿手机是很不明智的。为此，我们设计了免提接听功能。此功能基于蓝牙连接，将手机的通信，通过蓝牙转移至头盔的耳机中，既方便又快捷。同时，此头盔还支持定位功能。当你的头盔丢失时，你可以通过手机 APP 或小程序进行跟踪定位。当头盔在附近时，头盔可外放音响，让你循声而至。

（五）智能降噪和听觉补偿

路上噪声难免，智能头盔内附带降噪耳机，通过算法智能识别车辆的启动噪声和鸣笛，过滤车辆发动机的轰鸣声，将鸣笛声控制在合理音量内，保护耳朵，也保护你。头盔弱化了一部分听力，听觉补偿系统会拾取外部音源，经过音量平衡输送至您的耳畔。从此，骑行时，耳边不再是轰鸣的噪声，而是干净平和的世界。

（六）大电池+快充=无忧长续航

得益于头盔的高容积，其内部得以装下超大容量电池，并且电池采用分布式多电芯设计，支持快速充电，充电 10 分钟，骑行一整天。

（七）可拆卸式保暖层+可调节大小衬里

目前市面上大多数头盔都分为夏冬两款，为了季节更替要花两份钱。智能头盔则无须如此麻烦。可拆卸式保暖层在你需要时即可安装在衬里中，给你温暖，不用时直接拆卸即可。衬里全方位可调节，头围、下颚系扣均可调节，每个人都能拥有舒适的佩戴体验。

（八）防尘防水+智能检测防尘防水性能

户外可能遭遇各种天气，智能头盔中的所有电子元件均经过防尘防水封装，军工级品质不惧任何恶劣天气，为骑行提供安全可靠的保障。此外，内置压力传感器可以检测防尘防水性能，当头盔内部隔离封装破损时，头盔会发出提醒，让您及时知晓。

（九）高强度外壳，坚固与轻量并存

头盔外壳采用碳纤维材料，轻便快捷，抗冲击能力也强，形变时可吸收大量外力，保护头部。

（十）优质售后服务+定制喷绘图形

每一个智能头盔都有自己的编号，顾客可以定制自己个性的喷绘图形，当头盔受损或是出现其他问题时，都可到当地售后服务中心或寄回厂家维修。我们承诺给顾客三个月的免费换新和一年的保修服务。当设备需要更新时，我们提供以旧换新的服务。优质的用户体验是我们不断追求的目标。

五、进度计划

（一）目前进度：概念开发与产品规划阶段

通过前期的用户调查、市场分析、目标群体定位、设计风格定位等，目前智能头盔进入概念开发与产品规划阶段。整合市场机会、竞争力、技术可行性和生产要求等信息，以确定智能头盔的框架，包括新产品的概念设计、目标市场、预期性能水平、投资需求和财务影响。针对用户、消费者的智能头盔功能的需求，对智能头盔进行多功能智能研发，从安全、轻便、实用、智能化、多功能化、人性化、舒适、美观等方面不断改进。

（二）后期计划

智能头盔后期计划主要分为三个阶段：详细设计阶段、小规模生产阶段和增量生产阶段。

1. 详细设计阶段

一旦计划被批准，智能头盔项目将转入详细设计阶段。这一阶段的基本活动是产品原型的设计和建造，以及商业生产中使用的工具和设备的开发。产品工程详细设计的核心是"设计-制造-测试"周期，如果原型不能反映所需的性能特征，工程师应该寻求设计改进以弥补这种差异，并重复"设计-制造-测试"循环。

2. 小规模生产阶段

在生产设备上加工和测试的单个零件已经在工厂组装和测试。在小规模生产中，应生产一定数量的产品，并试验新的或改进的生产过程，以适应商业生产。此时，在产品开发过程中，整个系统（设计、详细设计、工具设备、零部件、装配顺序、生产监督、操作人员、技术人员）是一体的。

3. 增量生产阶段

经过小规模生产的各种调试、改进后，确定了一整套的制造方案，进入增量生产阶段。通过广告投放、流量宣传来扩大品牌和产品的吸引力，进行营销，并收集用户反馈，不断优化产品。

六、盈利模式

（一）变现方式：平台式与自营式智能头盔盈利模式

1. 平台式智能头盔盈利模式

智能头盔行业在商业模式方面，把互联网作为营销渠道的补充手段；提供低价化的产品，智能解决浅层次的行业痛点。

通过互联网与智能头盔行业的上下游资源整合，以"低价套餐+服务承诺+过程监控"的方式，为消费者提供省钱、省时的服务。智能头盔行业的盈利能力主要建立在其对各方资源的整合能力和创造力的交易流量上。

2. 自营式智能头盔盈利模式

1）材料交易利润：材料交易提成、自营毛利等；

2）设计转化利润：以免费口号吸引顾客，将成本转嫁到后续的施工和服务上；

3）施工利润：自营施工毛利或收取转保管理费；

4）入驻商家收费：收取材料商、服务商的加盟费和服务费；

5）广告费：入驻厂商或外部厂商在本平台做广告的费用；

6）产品服务：增加低成本，更加个性化、多方面的服务，附加产品利润。（智能头盔喷绘、智能头盔保暖层、一对一线上服务、设计咨询等个性化服务。）

（二）目标市场

1. 目标区域市场：华中地区

智能头盔行业市场结构中，拥有长三角经济圈的华东市场占比最多，该区域市场前景更为良好，但竞争较为激烈；华北、华南地区分列为第二、三位，京津广深等龙头城市带动周边智能头盔市场；华中地区以 11.9% 的市场占比排名第四，武汉、长沙等城市智能头盔需求量较大；西北、东北智能头盔需求相对保守；西南智能头盔需求量较小。通过以上区域市场分析，将华中地区作为目标市场，有利于发展，同时该地区需求量较大，有利于未来产品的营销。

2. 目标群体市场：户外骑行爱好者、青壮年阶段人群

2020 年艾媒咨询（iMedia Research）数据显示，中国头盔使用人群中，男性占比为70.11%，女性占比为29.89%，年龄集中在 18～45 岁，占比为 85.63%。艾媒咨询分析师认为，此数据较为符合摩托车使用人群特征：男性居多，女性偏少，年龄集中在 18～45岁，以年轻群体为主。

因此，本项目以青壮年阶段人群为主要目标市场，提供智能头盔需求。在后期阶段会根据产品研发进程，逐步对儿童、老年人进行智能头盔研发，扩大目标群体市场。

（三）推广计划

1. 智能头盔行业绿色营销，强调环保、低碳、无公害

全球变暖、臭氧层被破坏等一系列生态问题警醒人们要保护环境、低碳减排，而骑行无疑是一个很棒的选择，既能锻炼身体，又能看户外的风景，和家人、朋友一起欢度时光。智能头盔作为骑行的好帮手，一定会受到骑行者的喜欢。

2. 创新营销，智能头盔创新服务设计与倡导理念

智能头盔作为大胆创新的产品，本身就具有挑战未知、不断突破自我的精神。这一点与极客精神、冒险精神相契合，个性化的设计又符合当今年轻人秀出自我的品质。因此，可通过宣传品牌价值来不断吸引更多的客户。

3. 整合营销，整合智能头盔市场服务，打包营销

智能头盔不是仅仅只卖硬件，而是软硬件结合打包售卖。客户在购买我们的产品之后，可以通过手机端的软件来升级头盔系统，查看记录视频等，硬件售卖和软件维护，我们一个不落。

4. 消费联盟营销，构建行业消费圈，形成消费联盟

通过找网络上与骑行有关的流量明星来宣传，不断与用户互动，打开产品在骑行圈的知名度，并构建行业消费圈，形成消费联盟。

5. 连锁经营营销，采用连锁直销、渠道销售模式

通过与线下自行车、头盔代理商的合作，通过连锁渠道经营，打造线下售卖网络，并支持售后服务，提升用户体验。

七、团队情况

（一）团队简介

我们团队中的成员都是华北水利水电大学的在读本科生，各成员热爱科技创新，对未知事物充满探索欲望。我们团队本持着自食其力、自主研发的原则，在充分调查了头盔市场之后，经过深思熟虑，以传统头盔的市场痛点为切入点，设计了集行车记录、听觉补偿、智能导航、长续航、材料新颖、可定制等多种功能于一身的智能头盔。

（二）公司架构

本项目初定为四个部门。

研发部门：主要负责智能头盔的研发及其创新点的实现，将规划具体实施的队伍。负责开发智能系统、软件，并负责智能头盔的保修及相应的升级换代。

产业部门：负责与供应链、渠道商的对接工作，如签订合作合同，验收产品，对智

能头盔价格进行核定，并根据商家意向及时提出价格调整建议。

运维部门：负责在用户群体中收集意见和建议，及时解决用户遇到的问题，维护好社区氛围，提升用户的获得感。

财务部门：负责公司的各项财务费用的管理，要求实时更新，账目准确，如未来加入了网购行列，将同时负责网站流量的统计汇总。

八、股权情况

（一）注册公司

成立"华智科技有限公司"。

（二）资金需求

结合该智能头盔的各种硬件制造成本和软件研发费用，预估研发的资金需求约 40 万元。

（三）融资计划

项目初期的研发费用主要来源于学校的创业立项拨款和政府的创业启动资金。所有的资金支出都围绕第一代产品研发。当第一代产品研发成功时，开始第二阶段的融资计划。对有资金的个人投资者进行招股，募集大约 200 万元的资金金额。该资金主要用于第二代产品的研发、供应链整合以及产品的宣传。基于未来智能头盔的广阔前景，本公司最终将会上市，为未来万物互联的入口不断前行，不断优化产品和用户体验，争取在 5 年内做到国内头盔的龙头地位。

九、项目风险

我们团队认为项目风险有两点。

1）这一项目的成果由于短时间内还未能实现，于是我们的宣传和销售可能会受到阻碍。但是我们通过市场调查、理论设计、校园采访等渠道，已大体上构造出项目的原型。我们这一项目应用场景则是初期赞助一些自行车爱好者团体，获得他们的信任，然后再逐步走向社会。

2）我们团队的智能头盔主推高端方向，这样一来智能头盔的价格会偏高，这导致了能够消费我们智能头盔的人基数小。人们的猎奇心理过去之后，我们的销售额就会出现一个低谷期。如果定价过高，我们的产品就可能出现滞销。对于此种情况，我们会找准目标用户群体，实现有效营销，并且在后期推出平价版本的智能头盔，满足不同用户的需求。

十、总结

智能头盔不仅仅是一款产品，更是连接科技与生活、自然与人、健康与运动的纽带。我们做这款产品就是要让骑行也能拥有汽车般智能而又舒心的体验，让人们因为我们的这款产品而爱上骑行，让骑行成为全民运动的潮流，让骑行成为走进自然、发现世界的方式。让智能头盔成为万物互联时代的一个接口，帮助我们拥抱健康、拥抱自然、拥抱世界！

第二节　"微观世界"创业计划书

华北水利水电大学　严瑜团队

一、项目概况

（一）项目背景

1. 自然离城市生活越来越远

小时候，很多小朋友都喜欢把植物花朵和蝴蝶小虫压进课本里，形成扁平的标本，可以说人人都有一本夹了标本的书。小时候，父母经常带着孩子去科技馆和青少年宫看蝴蝶展等各种自然科普展览。这些对现在的孩子来讲，却是很少有过的体验，自然离在城市生活的孩子越来越远，自然也离曾经生活在乡村山清水秀环境里的现代中年人越来越远。抓住自然的精彩瞬间并留住美，是现代标本工艺品的目标，也是我们的目标。

2. 人们对文化艺术需求日益增加

中国共产党第十九次全国代表大会提出，"中国特色社会主义进入新时代，我国社会主要矛盾已经转化为人民日益增长的美好生活需要和不平衡不充分的发展之间的矛盾"。社会在进步，人们的生活水平在不断提高，对美好生活的期盼和要求越来越高，审美能力与意识也越来越高，对艺术品的需求也大大增加。蝴蝶标本作为一个还未普及的工艺品，市场潜力很大。在机械化的大时代背景下，制作精良、富含审美情趣与艺术价值的手工制作显得越来越弥足珍贵。

3. 我国蝴蝶产业市场发展空间巨大

有关资料显示，全世界约有 1.5 万种蝴蝶，我国已知 2153 种，我国是世界上蝴蝶资源最多的国家之一。近年来，也吸引了不少海内外蝶商来华投资。

蝴蝶羽化后交配不久就会死去，采集标本不会影响其繁殖。蝴蝶资源与其他动物资源不同，在开发利用方面有时效性。适当采集蝴蝶，开发野生资源，除对农业、林业起到一定保护作用外，还可为科研、收藏、观赏提供标本资料。专家建议，有关部门应鼓励和支持蝴蝶产业发展，在开发、利用、保护并举的前提下，合理利用蝴蝶资源，开辟国内蝴蝶市场，同时将我国蝴蝶产品推向世界。

（二）项目简介

1. 项目概述

微观世界作为一家标本工艺品制作工作室，立足河南，紧紧抓住蝴蝶等昆虫产品的市场需求，结合建筑学专业的家装知识，创作、生产符合当代审美情趣的标本工艺品，并提供现场体验标本制作的教学课程。从开始创业到现在，不断开发新产品，融入新的设计元素，丰富产品种类和市场。目前已有立体玻璃罩蝴蝶工艺品、家装定制标本墙、翅膀滴胶手机壳和蝶翅首饰等产品。工作室的目标是将标本艺术品做活、做好，扩大昆虫标本市场，让更多人接触并了解昆虫文化和手工艺品的魅力与价值。

本工作室的昆虫工艺品可作为室内装饰用品与收藏佳品，也可作为走访慰问的纪念品，以及结婚送礼、生日庆祝的别致礼品，还可作为年轻人喜爱的标本饰品；在昆虫标本中添加创意与美好寓意，赋予其更多的内涵。

2. 项目定位

项目产品定位：中高端昆虫标本、手工艺品；高端展览与活动策划。

目标客户定位：具有一定消费水平的青年人、有家装需求的顾客、昆虫标本收藏与艺术爱好者、有展览和活动需求的企事业单位。

（三）发展战略简述

作为河南省首家标本工艺品专卖店，我们占领了这个先机，期望与更多有品位的商家开展分销合作，共同开拓蝴蝶等昆虫资源相对贫乏的北方市场。

目前本工作室已在商城、公园等公共活动场所做过市集售卖，承接企业活动，与高端饰品店开展分销合作，同时与其他机构开展首饰联合设计活动，举办手工制作等体验活动加大宣传与普及。2018年4月1日，本工作室于郑州大卫城开设店铺。在货源商方面，我们除与国内几家知名原蝶原虫供货商开展固定合作外，也购置海外包括美洲、大洋洲与非洲等地货商的产品。

一年内，工作室初具规模，能积累一定量的客户源，准备与科技馆、展览馆、青少年宫等开展合作，在各展馆举办大型蝴蝶展览，宣传昆虫文化；与商家建立稳定的供货关系，开展分销合作，在有固定收入和增加客户源的同时，积极尝试在各种领域拓宽市场。

三年内，在预计已有成熟的市场和持久的客户源的情况下，扩大企业规模，进行产品升级，占领更多的市场，在本行业具有一定市场地位。

未来，工作室将加大设计和创意理念的开发，发掘更多更优秀的年轻设计师及标本工艺制作者，同时建立线上线下互补的产销渠道。加强品牌竞争力，加强企业文化建设，建立满足中青年消费者个性化诉求的一系列产业模式。

二、市场分析

（一）市场概况

根据调查，现在一些国家的蝴蝶产业发展很快，在日本有鳞翅学会这样专门的社会团体，一些发达国家对蝴蝶资源的开发利用也极为重视。蝴蝶爱好者之间像收集邮票一样互相交换、传递蝴蝶标本。据了解，全世界每年蝴蝶贸易额高达上亿美元。

目前，我国从事昆虫研究的专家在蝴蝶养殖技术、标本制作技术和采集技术等方面均取得了一定的科研成果。

近年来，蝴蝶市场也吸引了许多海内外蝶商投资。联合国野生动物保护组织与云南省林业厅在西双版纳联合建立了我国第一座蝴蝶工艺加工厂，新加坡商人在昆明、青岛建立了蝴蝶馆；我国澳门客商与西南林业大学合作组建了生物工艺公司，我国香港客商在海南岛创建了海南旅游工艺品有限公司。但是目前在内地从事蝴蝶产业的企业极少，蝴蝶这一极具经济价值的昆虫还仅限于科普宣传、观赏或教学，虽然也有少数地区将蝴蝶标本制成工艺品出售，但多数档次较低，形成产业规模的很少。

（二）行业分析

1. 行业发展程度

目前国内尤其是北方的标本市场基本处于空白阶段，生产蝴蝶标本产品的商家并不多，专门售卖蝴蝶标本的实体店不过几家。

通过对市场调研，笔者了解到国内除了几家大公司外，其他小商家的制作技艺良莠不齐，多以标本实体店、艺术工作室以及网店的形式存在。除了制作蝴蝶标本，一些手工匠人将蝴蝶翅膀做成首饰如项链等，这增加了技术难度，能够掌握这门技术的人很少。

在 2018 年 4 月 20 日大卫城举办的一个蝴蝶展上，展示出来的标本都是十年前制作出来的，营造出一种乡村风情，但效果并不好，这说明现在的标本市场出现了断代期，产品没有转型，标本的制作工艺与装饰品位还停留在十年前，急需创新与改进。

2. 未来发展趋势

社会在进步，人们的生活水平在不断提高，对美好生活的期盼和要求以及审美能力和意识也越来越高，对艺术品的需求必将大大增加。蝴蝶标本作为一个还未普及的工艺品，市场潜力很大，可行度很高。

在买房热潮一波又一波之后，即将迎来装修热潮。在装修墙面时，除了画作、相片，标本也是高端家装的优质选择，因此作为建筑学专业学生，我们期望与有品位的家装设计公司展开深入合作，发挥我们作为建筑学专业学生的优势。

对于蝴蝶标本市场出现的断代期，需要创新以跟上时代的发展，这恰恰也是建筑学专业学生的强项，因此在接下来的时间里我们将承接蝴蝶标本展览活动。与科技馆、展览馆、青少年宫等开展合作也是我们发展的主要方向。

未来工艺品市场将不仅仅是卖产品，更是卖设计、卖概念、卖品牌，而品牌体现的生活品位将成为消费者考量的一个重要标准。我们必须从设计理念、企业管理、售后服务上下功夫，才能在这个行业站稳脚跟。未来企业也将加大设计和创意理念的开发，发掘更多、更优秀的年轻设计师及标本工艺制作者，同时建立线上线下互补的产销渠道。加强品牌竞争力，加强企业文化建设，建立满足中青年消费者个性化诉求的一系列产业模式。

三、竞争分析

（一）同类产品概述

1）标本实体店：专门售卖蝴蝶甚至其他昆虫标本的昆虫标本专卖店，国内仅有几家，但目前国内没有哪个实体店把生意做大。

2）艺术工作室：由于数量不多或者刚开始经营，影响力不足，部分标本经营者会与艺术工作室合作，让自己的标本集中于工作室内的一个专区。规模比标本店小，但顾客的类型可能会比较多。

3）网店：网络购物兴起，蝴蝶标本市场中自然也存在网店。网店在网上售卖产品，通过快递将产品寄给客户。

4）景区售卖的标本：各地景区的小商铺内通常都会有各种各样奇特的商品，有些标本售卖商会借助这个途径售卖标本产品。

（二）项目 SWOT 分析

1. 优势

1）目前郑州甚至全国的这片市场基本上算是空白的，市场空间大，竞争压力小，这对我们是一个很大的优势。

2）蝴蝶色彩鲜艳，大型蝴蝶更是引人注意，容易吸引对装饰品的需求量较大，同时又不太在意价格的中高收入人群购买。

3）前期投资不是很大，适合大学生创业。我们在学校里学到了很多理论性知识，又对蝴蝶等昆虫的标本制作和研究也已有三年的时间，技术、理论已比较成熟，已初步具备产业和系统运营的能力。

4）有创新精神，能够较快地接受新的观念知识，不断提升自己和更新产品，有对传统观念和传统行业挑战的信心和热情，而这种创新精神也往往成为大学生创业的动力源泉，成为大学生成功创业的精神基础。

2. 劣势

1）新兴企业知名度比较低，企业还没有形成一定的规模。蝴蝶标本行业在郑州还没有出现，产品的知名度不足。

2）资金有限，开发市场还需要进一步的人力与物力投入。

3. 机遇

1）根据问卷调查和沿街访问我们了解到，有人会专门收集各种蝴蝶，制成标本，用于收藏和研究，更多的人买蝴蝶标本是因为美观。

2）市场刚刚起步和显现，未来有很多种可能。

3）天津有一个类似产品的生产基地，虽然目前发展已停滞，但有复兴的趋势。

4）我们已在云南找到制作蝴蝶首饰的合伙人，未来发展空间很大。

4. 威胁

1）行业竞争者迅速成长，竞争日益激烈。

2）潜在进入者和潜在替代者长期存在。

3）蝴蝶标本行业在郑州还没有发展壮大，产品的知名度不足。

（三）产品设计理念

微观世界作为河南省的标本工艺品制作工作室，我们抓住这一市场需求，结合建筑学专业的家装知识，创作、生产符合当代审美情趣的标本工艺品，并提供现场体验标本制作的教学课程；不断开发新产品，从框装挂件到立体摆件再到首饰，将标本艺术品做活、做好。

1）将标本工艺产品做到简约大方，符合当代审美情趣，满足家装需求，追求品质和视觉效果。

2）展览方面，注重科普教学，寓教于乐，在满足专业、科学要求的前提下，做到趣味丰富、讲解生动，抓住客户的目光。

3）活动方面，要灵活多变，能够根据客户需求，量身定制不同的活动，要能够体现良好的专业素养。放飞蝴蝶等暖场活动要有深度，能够与活动主题深度结合，并且能对我们的蝴蝶标本起到宣传作用。

（四）产品种类介绍

1）框装类产品：采用最简洁、最基础、最为人熟知的标本类型。一般会像装饰画一样被挂在墙上作为装饰。制作方法和流程相比其他类型产品也较简单。

2）立体玻璃罩蝴蝶工艺品：与框装类产品相比较为立体，内部构造也更为复杂多样，不再是简单地将蝴蝶钉在平面上，还可以做出另外一些样式。该产品可作为与水晶球类似的装饰品。

3）翅膀滴胶手机壳：采用滴胶工艺制成的手机壳，与普通滴胶手机壳的形式类似，但上面的装饰是蝴蝶或其他昆虫的翅膀。因昆虫翅膀较为脆弱，工序和使用材料与普通滴胶手机壳不完全相同。

4）家装定制标本墙：为家庭装修专门定制的标本墙，不是单个的标本框，也不是随意排列的标本，而是经过设计组合而成的标本墙。

5）昆虫翅膀首饰：以昆虫翅膀作为主要原材料制作的挂坠、耳环等，外观靓丽，且属于新兴产品，容易获得女性的喜爱。

6）机械甲虫：将普通甲虫打开，把精心组合过的齿轮等放入制成的新型标本工艺品中。

7）其他定制产品。

8）各类活动：放飞蝴蝶、蝴蝶标本展、蝴蝶科普介绍等相关活动。这些活动可以让客户更加了解我们的产品，吸引客户的注意，使为客户提供的服务更加全面。

四、项目 STP 分析

STP 分析即市场细分（segmenting）、选择目标市场（targeting）和产品定位（positioning）。STP 分析是整个营销建设的基础，对各自的市场进行分析，并选择自己的目标市场，传达出各自不同的定位。

（一）市场细分

根据当前蝴蝶标本手工艺市场的结构发展趋势，越来越多的消费者开始在物质消费层面上提高档次，人们逐渐开始在艺术美上有更高的追求，更愿意在此投入更多的资金，来满足其在精神上的追求。在这种情况下，蝴蝶标本手工艺品逐渐成为大家追捧的对象。因而产生了较大的盈利空间。受丰厚的利润吸引，其竞争会越来越激烈。为确保本项目在郑州市场的主导地位，我们需要进行市场细分。根据市场现状，我们将之归为四个方向具体阐述。

1. 消费人群

根据地理区域细分，我们将消费人群分为本地消费者、外出旅游者，以及外地批发者。

本地消费者：本项目在初期主抓本地消费人群，产品在制作工艺以及产品运输上的问题，使得在短期内不能承担长途运输的风险，同时郑州市本地巨大的市场空缺也是我们打开市场缺口的首要方法。因此，短期内本项目主抓具有稳固客源的本地消费者。

外出旅游者：本项目在郑州大卫城的实体店铺成为手工实体店铺的核心，也是项目的实体表现，由于店铺位于郑州城市的中心，而郑州火车站是全国铁路的核心枢纽，因此此地会聚集大量的外地旅客，大量的消费人群将会为本项目向更高更远的目标发展提供契机，也是我们后期扩充消费客源以及占领郑州市场乃至全国市场的重要策略。

外地批发者：由于手工业的性质在于其技艺的精巧以及每一件成品的独一性，因此对成品的运输要求也会提高很多，当前的快递运输等各种运输方式还不能将运输风险降低到可接受程度，在外地批发者方面并不做过多的开发。通过各个方面的分析，我们确定在产品销售方面近期以本地消费者为主，远期将会打开外地市场。

2. 产品用途

根据我们当前主要推出的产品，我们将其分为三类：其一是佩戴饰品，我们近期将要开发以蝴蝶翅膀为原材料的手链、耳环以及项链等佩戴饰品。其二是观赏类工艺品，这一类是我们当前的重点，在相当一段时间的经营中已经拥有一些主打产品。其三是装饰品，作为家居装饰、营业场所装修自用，以及在一些策划展览中辅助营销。

3. 购买方式

目前，消费者购买该工艺品的主要方式有：批发市场购买、网上购买、零售店购买等，其中主要是网上购买以及零售店购买。

4. 收入阶层

我们将消费群体的收入阶层定位为中高收入阶层，以高收入阶层为主。在近期的消费人群定位中，我们将以具有较高消费层次的客户作为主要客源，并以稳固的回头客为核心；在相对较低的消费层级中，我们将会针对大学生以及年轻情侣等客户设计相应的产品，从而拓宽消费者的层级。

（二）选择目标市场

基于本产品销售量、利润率的数据，本项目选择以集中营销为主的市场选择策略，在目标市场选择过程中，主要有三种选择策略：单一细分的市场战略、多细分市场战略、完全市场覆盖战略。前期我们选择单一细分的市场战略，降低营销成本，并加快资金流转，同时在特定的市场上提高产品的知名度，在短期内提高产品竞争力；在中后期可根据前期的资源积累，快速地扩大市场范围。

（三）产品定位

1. 产品定位的策略选择

针对本项目的现状以及工艺品的特点，我们选择避强定位。我们的首要任务是开发市场，当前该领域在郑州正处于市场空缺期，在产品竞争上，我们处在相对较为垄断的优势地位，我们应在中高端市场上发挥本项目工艺水平、装饰价值、稀有程度等方面的优势，迅速占领郑州以及周边省市的市场，快速树立品牌形象。

2. 进行产品定位

根据以上分析，我们以潜在消费者的消费行为、项目资源能力和竞争环境为依据，在完成上述分析以后进行产品定位，根据市场定位的战略指引，通过十字定位法进行市场定位。

在郑州工艺品市场，本项目定位为高端手工艺品，即高质量、高价格、高性能、高品质。高质量：工艺原料优质，工艺先进，工艺品水平高。高价格：相对于市场平均价格，本项目产品属高价格工艺品市场行列。高性能：特色鲜明，适合策展等。高品质：售后服务热情，服务周到，产品售后有保障。

综合以上分析，本企业根据产品用途、购买方式以及收入阶层的细分变量对本项目在郑州本地市场进行了细分，根据对市场的分析选择了中高端市场作为目标市场，最后将本项目定位为高端手工艺品。

五、营销策略

我们制定了一系列更为具体的营销策略，以支持本企业在管理与营销方向的持续改进。

（一）产品策略

根据对市场的深度分析，我们对产品提出了更高的要求，以力求满足各个阶层消费者的需求。我们将产品分为核心产品、形式产品、延伸产品。

1）核心产品：我们的核心产品主要考虑标本原材料的选择、主要风格的定位。在工艺上充分考虑消费者使用与装饰的需求，产品原料以进口和从云南等省份引进为主，风格多样，产品质量高。

2）形式产品：在产品的包装上我们力求达到还原美观、再造巅峰的情景，让蝴蝶在装饰与衬托中更加精美。同时，我们也考虑到消费者运输与摆放的方便、安全性，在包装的技术上做了极大的提升，并保证了产品的安全存放，采取防震等安全措施，以便于短程携带与运输。

3）延伸产品：工艺品的咨询、保养、售后服务、物流配送等。

我们力求在产品与售后方面为消费者提供最优质的服务，确保消费者的心理稳定，同时建立品牌与口碑效应。此外在开发新的工艺以及新产品的表现形式上，我们也在不断创新，从而提升本企业的长期竞争力。通过考察，我们计划以对产品的新诠释为主，在表现形式上向可携带式的首饰方向发展。

（二）品牌策略

在市场竞争日益激烈的时代，企业要通过品牌策略形成稳定而持久的市场竞争力。因此，由本企业设计部负责进行企业标志（logo）设计、企业官方媒体设计，以提高企业的知名度，使产品有一定识别度和影响力。

本企业始终坚持以顾客需求为导向的4C[customer（顾客）、cost（成本）、convenience（便利）、communication（沟通）]营销理念：满足用户需求比卖产品更重要，理解顾客的意愿比定价更重要，为顾客提供便利比自己便利更重要，与顾客沟通的顺畅比销售的顺畅更重要。真正做好品牌营销，实现企业的持续成长需要长期的投入，本企业将从以下几个方面进行品牌建设。

1）保证服务和产品整个体系的高质量，始终为用户提供"高效、实用、人性化"的服务。

2）不断推进和优化品牌形象，微观世界将相关产品和服务的信息在新兴媒体上发布，参加与企业经营项目相关的公益展览活动、媒体活动等，借助媒体的强大力量来为本企业品牌形象做代言。

3）服务的升级，我们会在完善和优化已有服务体系的基础上，拓宽我们的服务范围，真正地把品牌做大、做强。

4）品牌建设是每一个企业营销战略中的重点，同时以完整的营销体系为依托，贯穿企业整个营销流程。

（三）促销策略

随着互联网技术和电子商务的应用与发展，网络营销成为重要的技术方式。根据本企业的特点，我们制定了以下几种促销方式。

1. 广告宣传

1）和其他广告商家合作宣传。
2）在展会或商场内展览宣传。

2. 网络宣传

1）通过官方微信、微博等进行宣传。
2）制作官方网站，在官方网站上发布各种信息。

3. 公关宣传

通过有效的公关活动，获得消费者的注意和青睐；与客户建立正常融洽的双向沟通联系，吸引并稳定广大的产品消费群体；采取优质服务、公益赞助和媒体宣传等多项公关措施，提升产品质量和塑造企业的良好形象等。

（四）定价策略

基于已有的产品导向定价法，我们对产品的定价做了预估并针对学生量身定制了一套限量版产品。根据所投入的资本以及耗材等明细，我们确定了针对不同消费层次的人群的定价方案。

1. 手工艺品定价

按照成本价加手工费用综合计算。

2. 策展定价

按照策展规模，我们制定了几套策展方案。

小规模策展（5000 元/次）：策展数量在 50 只以下，策展品种相对较为单一，品相中等偏下。适合经济预算不大的方案，效果相对较差。

小而精策展（8000 元/次）：在小规模策展的前提下，推出最为稀有的以及最为惊艳的工艺品，数量在 50 只以下，效果较好，适合经济预算较为宽裕、地域狭小、人流较大的方案。

大范围全面策展（15 000 元/次）：策展数量在 100 只以上，主要以科普以及产品推销为主，该策展主要适合校园等科普场地。

大范围高端策展（30 000 元/次）：策展数量以及精细度都将大大提高，会有较为惊艳的效果，人流吸引程度也相对较高。预算相对较高，适合企业吸引客户的方案。

3. 家居装饰定价

结合专业优势，按照装饰墙面面积以及蝶翅成本预算定价。

定价策略：家装面积×100（设计费）+产品成本+装饰材料成本+维护成本=最终定价。

（五）渠道策略

本企业在营销渠道上实行以直销为主的方式，并对子分销商采取特许代理的方式，根据本企业产品的特点和以上分析，在营销渠道上我们分为以下几类。

1）大型家居市场。家居市场是消费者选择家具及家居装饰的主要场所。这里的产品及品牌种类多、空间比较大，是装饰产品主要销售渠道。郑州市中心作为交通枢纽，是外地游客流量较大的地方，也是提高工艺品知名度的一个窗口。

2）批发市场。批发市场是集零售与批发于一体的独特的营销渠道。但由于本产品属于手工艺品，不能量产，因此以高质量为主要价值导向。

3）会议营销。中小企业打开市场，不容易引起竞争对手的注意。本企业工艺品质量优、价值高，根据个人需求可以重复购买，符合会议营销对产品的要求，且会议营销费用较低，因此，本企业将通过营销管理人员的社会关系，做好信息挖掘工作，进行会议营销。

4）网上营销。通过开网店以及网络公众号的运营，吸引标本爱好者，培养潜在客户群体。

（六）服务体系

本企业始终坚持优质服务体系的构建。优质的服务是品牌经济的产物，在服务体系中，服务往往相当重要。优质的服务是吸引消费者、提升消费者满意度和忠诚度的主要方式，是树立企业口碑和传播企业形象的重要途径。因此，我们将为客户提供优质的服务并以此作为企业长远发展的根本。

1. 服务人员素质

在服务体系建设方面，本企业致力于打造专业化、标准化的服务体系。本企业的服务人员应当具备以下良好的心理素质。

1）工作积极、充满热情。

2）态度诚恳、谦虚有礼。

3）宽容为怀、处变不惊。

4）诚实可信、懂得分寸。

5）适应挫折、控制情绪。

同时，服务人员应具备以下良好的专业素质。

1）良好的沟通和互动能力。

2）敏锐的观察能力和独立的判断能力。

3）团队合作的精神。

2. 服务宗旨

1）全心全意为客户服务。

2）从客户满意到客户信任。

3）注重服务差异化。

3. 服务质量提升策略

服务质量提升可以通过完善线下销售和服务与优化服务体系实现，要提升顾客的忠诚度、获得企业长远发展、占领更大市场，保证服务品质是根本，我们会随时根据客户需求，不断提高设计能力和设计水平，及时做好市场调研和客户反馈。

六、财务分析

（一）主要财务假设

1. 市场发展有效性假设

在现今发展阶段，国内将蝴蝶昆虫类标本作为产品进行商业生产与销售的商家数量较少，而我国北方的蝴蝶昆虫类标本市场基本处于空白阶段。虽然依托于上海自然历史博物馆的某蝶语标本公司发展最为迅速，但其并未打开北方市场。

2. 持续经营假设

作为河南市场的首家蝴蝶昆虫类标本工艺品专卖店，我们占领了先机。在货源供应上，我们除了与国内几家知名的原蝶原虫供货商（如聪聪昆虫、蝶语等）有固定合作，也购置海外如美洲、大洋洲与非洲等地供货商的产品。随着河南市场逐渐被打开，我们会在未来与他们建立稳定的供需关系。

买房热潮的不断高涨，也使得装修热潮快速来临。人们在进行墙面装修时，除了画作、相片，标本也是高端家装的优质选择。随着标本市场需求的不断扩大，我们会与一些具有高品位的家装设计公司展开深入合作，并发挥作为建筑学专业学生的优势，给予客户装修设计建议，既销售产品，也赢得良好口碑，为持续发展打下坚实基础。

3. 财务主体假设

从开展本项目以来，我们已投入 50 000 元。现在，本项目已在郑州大卫城开设店铺。随着消费市场的不断扩大，我们会进一步与投资人合作，保证企业的运营效率与效果，并不断开拓有关标本的新产品，牢牢占据自身在河南市场的主导地位，从而保证较高的营业收入及充足的资金流量。

（二）资金筹集

企业的资金筹集方式为内部出资及外部政策贷款。项目内部成员已共同出资 30 000 元，并借助国家对于大学生创业贷款的优惠政策进行无息贷款 20 000 元，以上资金为企业的实收资本。这些资金主要用于大卫城实体店铺的日常收支运营、设备及原材料等的购置及其他方面的正常运转。

（三）销售分析

1. 产品定价

项目处于运营阶段，结合河南蝴蝶昆虫类标本市场情况及各类因素分析，对产品合理定价。

2. 销售及盈利预测

2017 年下半年，本项目参加了大卫城、郑州国际会展中心、国贸 360、新乡万达等市集活动共计 40 余天，营业收入共计 40 000 余元，平均每日达到千元。2018 年 4 月 1 日，我们在郑州市大卫城开设了店铺。截至 2018 年 4 月 25 日，仅实体店铺已获得营业收入 11 000 元。

现在，我们已加入全国各大市集组织，包括红因果市集、IMART 创意市集、奕菲市集等知名市集组织，并在开设实体店铺前，已联系各个分销商及饰品制作商。

表 10-1 是基于 2017 年及 2018 年上半年的总销售收入所做出的 2018～2020 年盈利预测表。

表 10-1　2018～2020 年盈利预测表　　　单位：元

序号	财务指标	2018 年	2019 年	2020 年
1	营业收入	360 000	500 000	630 000
2	营业成本	100 000	200 000	300 000
3	税金及附加	10 000	20 000	30 000
4	营业利润	250 000	280 000	300 000
5	所得税费用	0	0	0
6	净利润	255 000	292 500	320 400

（四）财务报表

1. 资产负债表

根据上述论述及假设，编制 2018 年资产负债表（表 10-2）。

表 10-2　2018 年资产负债表　　　　　　　　　　　　单位：元

项目	行次	期末余额	项目	行次	期末余额
流动资产	1	—	流动负债	17	—
货币资金	2	70 000	短期借款	18	20 000
应收账款	3	0	应付账款	19	0
存货	4	—	预收账款	20	0
原材料	5	40 000	应付职工薪酬	21	10 000
在销产品	6	0	应交税费	22	0
库存商品	7	70 000	流动负债合计	23	30 000
周转材料	8	5 000	非流动负债	24	—
流动资产合计	9	185 000	长期借款	25	0
非流动资产	10	—	所有者权益	26	—
固定资产原价	11	7 000	实收资本	27	50 000
减：累计折旧	12	700	资本公积	28	0
固定资产账面价值	13	6 300	盈余公积	29	0
其他非流动资产	14	0	未分配利润	30	255 000
非流动资产合计	15	6 300	所有者权益合计	31	305 000
资产总计	16	191 300	负债及所有者权益总计	32	335 000

2. 现金流量表

根据上述论述及假设，编制 2018 年现金流量表（表 10-3）。

表 10-3　2018 年现金流量表　　　　　　　　　　　　单位：元

项目	行次	本年累计金额
经营活动产生的现金流量	1	—
销售成品、商品收到的现金	2	360 000
收到的税费返还	3	0
经营活动现金流量小计	4	360 000
购买原材料、商品、接受劳务支付的现金	5	50 000
支付给职工以及为职工支付的现金	6	10 000

续表

项目	行次	本年累计金额
支付的各种税费	7	5 000
支付的与经营有关的现金	8	2 000
现金流出小计	9	17 000
经营活动产生的现金流量净额	10	343 000

从表10-3可以看出，预计在2018年末，项目销售活动产生的现金流量即运营情况良好，财务状况良好，且不存在资金闲置的情况。项目处于正常的经营发展期。

七、团队组织架构

（一）团队简介

微观世界是由高素质的大学生组成的创业团队。团队中每一个成员都干劲十足，具有创新意识，为了同一个目标而不懈奋斗。团队成员能力互补、年龄互补、知识互补、性别互补，共同协作。我们聚集在一起团结合作，以高标准要求自己，努力做到最好。

1. 成员简介

严瑜：华北水利水电大学2013级城乡规划专业学生。在团委学生会任职两年，现为中国共产党党员。有多次参加创新创业大赛的经验。多次获得国家励志奖学金，曾荣获优秀学生干部、优秀团干部及优秀团员称号。有突出的管理才能，性格沉稳，做事踏实。

吴苗苗：华北水利水电大学2015级城乡规划专业学生。在团委学生会任职两年，有良好的团队合作精神，能吃苦耐劳，责任心强。现为入党积极分子，担任班级心理委员。曾获得校级奖学金、国家励志奖学金以及优秀团干部等称号。曾参加2017年创新创业项目"共享单车停车点智能化选址与优化设计"，有丰富的实战经验。

赵智杰：华北水利水电大学2015级城乡规划专业学生。现为建筑学院学生会主席，长期在学生会和社团工作，担任学生会主席职务有两年之久，有丰富的工作经验与较强的组织能力。曾多次参加创新创业活动，经验丰富。曾被评为校级优秀团干部、社会实践先进个人及荣获优秀学生奖学金。参加过"松林杯"第四届大学生结构模型设计竞赛、第一届"筑艺杯"手绘快题设计比赛，并积极担当李宁十公里路跑联赛志愿者等。整体素质高，社交经验丰富，有良好的交流能力。

岳靓：华北水利水电大学2015级会计学专业学生。参加创行世界杯中国区域赛及各类创新创业比赛，担任主讲人并获得省级、校级等优秀证书；学习成绩专业排名第一，具有扎实的财务知识及丰富的会计经验，能够帮助团队进行资金管理及运营；多次获得国家励志奖学金，曾荣获校级三好学生、优秀团干部及优秀团员称号。

韩梦凯：华北水利水电大学2015级城乡规划专业学生。在团委学生会任职两年，有较强的组织能力。曾获得国家励志奖学金，校级三好学生、优秀团干部及优秀团员等称号。思维活跃，能发现细节问题。曾多次参加创新创业活动，经验丰富。善于创新研究，吃苦耐劳。

杨韵珂：华北水利水电大学 2015 级城乡规划专业学生。有多次参加创新创业大赛的经验，在团委学生会任职一年，现担任班级团支书，现为入党积极分子。有突出的管理才能，做事沉稳，态度积极认真。曾获得优秀学生干部、优秀团员称号。

钱晨：华北水利水电大学 2015 级城乡规划专业学生。在团委学生会任职两年，曾在学生处官方微信公众号华水桨声、华水学工网络文化工作室任职，性格开朗、有活力，现担任班级学习委员。工作认真负责，曾获得国家励志奖学金，以及校级三好学生、优秀团员、社会实践先进个人等称号。曾多次参加创新创业项目，经验丰富。做事认真踏实，对自己负责，对产品负责。

董书畅：华北水利水电大学 2015 级城乡规划专业学生。在团委学生会任职两年，现为入党积极分子，有较强的组织与管理能力。思维敏捷，对新鲜事物接受快。多次参加创新创业项目，做事沉稳，积极认真。曾获得优秀学生干部、优秀志愿者、优秀团干部等称号。有良好的人员管理能力和交际潜质，工作认真负责，办事效率高。

2. 任务分工

总经理：负责主持企业的各项经营管理工作，协调、检查和督促各部门的工作，组织实施企业年度工作计划和财务预算报告及利润分配、使用方案，主持会议，制定和完善企业的各项规章制度，建立健全内部组织系统，建立有效合理的运行机制，研究并掌握市场发展变化情况，全面负责企业业务的市场拓展、人力资源开发和财务计划等工作。

监事会主席：召集并主持监事会会议，组织检查与监督董事、经理等管理人员有无违反法律、法规、企业章程的行为；组织检查与监督企业业务、财务状况；组织检查、查阅企业财务账簿和其他会计资料；组织对各级管理部门的工作进行检查、监督、考核；有权代表企业与董事交涉或对董事起诉。

行政总监：参与制定年度总预算和季度预算调整，汇总、审核下级部门上报的月度预算；负责行政方面重要会议、重大活动的组织筹备工作；领导企业的后勤服务工作，营造和保持良好的工作环境；定期组织做好办公职能检查，及时发现问题、解决问题，同时督促做好纠正和预防措施工作；接待企业重要来访客人，处理行政方面的重要函件；组织企业有关法律事务的处理工作，指导、监督、检查企业保密工作的执行情况。

财务总监：制定企业的财务目标、政策及操作程序，并根据授权向总经理报告；建立健全该企业财务系统的组织结构，设置岗位，明确职责，保障财务会计信息质量，降低经营管理成本，保证信息通畅，提高工作效率；对该企业的经营目标进行财务描述，为经营管理决策提供依据，并定期审核和计量企业的经营风险，采用有效的措施予以防范；建立健全本企业内部财务管理、审计制度并组织实施，主持企业财务战略的制定、财务管理及内部控制工作；协调本企业同银行、工商、税务、统计、审计等政府部门的关系，维护企业利益；审核财务报表，提交财务分析和管理工作报告；参与投资项目的分析、论证和决策；跟踪分析各项财务指标，揭示潜在的经营问题并供管理当局决策参考。

设计总监：制定产品设计策略和计划，如风格走向、各种面料配比、颜色搭配等计划表；组织市场调研，分析服装设计潮流和流行趋势；与市场部门、销售部门和客户进行需求沟通，准确掌握客户需求，将营销部门所提供的客人反馈意见作为参考，并主动与营销部门沟通，尽量多了解客人的心理动态等；根据企业和品牌的整体发展战略，确定年度产品发展目标、策略和市场计划，如产品延伸，根据产品延伸路线，制订有针对性的开发计划。

技术总监：制定并组织实施技术系统工作目标和工作计划；组织制定并实施技术系统规章制度和实施细则；组织不合格产品的审理工作；组织技术、产品开发与创新；组织建立并实施质量体系；负责企业标准化、计量管理工作；定期进行技术分析和质量分析工作，制定预防和纠正措施；负责重要技术工艺设备、计量器具的申购；负责技术系统文件等资料的整理保管及企业档案管理工作；负责企业保密工作等。

销售总监：依据企业整体战略，组织制定营销战略，组织市场销售推广工作；规划企业销售系统的整体运营，建立、健全各项规章制度，推动企业销售系统管理的规范化；参与制定企业销售中长期规划，依据企业整体销售目标，制定年度销售计划和方案，监督实施销售全过程，完成销售任务；负责销售项目的总体规划、部署及资源调配等；负责销售团队管理和建设，对销售人员进行培训、指导；参与市场规划、产品管理等工作。

运营总监：负责抓好企业经营规章制度和细则制定，系统规划年度工作计划，制定标准化、规范化的工作流程，经总经理批准后监督执行；负责为重大决策事项提供数据支持和专项研究报告；负责定期为企业提出企业经营状况分析和前景预测报告；管理协调市场部和技术部工作，确保企业经营系统整体功能的发挥，对重大问题上报总经理裁决；负责组织制定企业经济责任制考核制度和考核工作实施细则，按月考核，及时公布；主持企业经营系统总体设计方案，负责企业经营投资预算方案，在批准后组织实施。

（二）管理理念

团队管理理念以"言必信，行必果"为运营宗旨，要求团队成员以"求实求新，尽善尽美"为工作理念，贯彻"德才兼备"的用人标准，培养成员"精诚团结"的思想，保持团队的竞争紧迫感，以高标准、严要求进行管理，最终达成共赢。

八、风险分析及应对策略

（一）资格证获取难度

我们所销售的蝴蝶种类很丰富，但众多蝶类中有五类蝴蝶——金斑喙凤蝶、双尾褐凤蝶、三尾褐凤蝶、中华虎凤蝶、阿波罗绢蝶为国家级保护动物，在没有国家林业和草原局颁发的许可证、野生动物及其产品经营许可证的情况下，销售以上所述蝶类是违法行为。全国只有一家蝶类标本店获得了上述证书，这虽然在一定程度上限制了我们的销售种类，但他们的业务重心在沿海地区，对于我们主要面向的河南市场的销售影响较小。

在项目发展的中期阶段，随着市场的不断打开、销售额的增长及所需设备的不断完善，我们会努力申请所需证书，完善自己的业务范围。

（二）运输风险

在产品运输过程中，由于玻璃罩和标本本身的易碎性，产品有破损风险，销售成本增大。

针对该问题，在物流方面，我们会与具有较高安全与质量保证的顺丰快递合作，购买运费险和易碎险；在工艺制作方面，加强产品固定工艺；在外包装方面，使用具有减震效果的包装材料，减少因运输风险造成的产品成本的增加。

（三）同行业竞争风险

虽然在数十年前，市场上就已经出现售卖并展示蝶类标本的商家，但其现在的发展前景并不理想。一方面是因为蝶类标本成本高，产品更新换代速度慢；另一方面是该类产品保养维护费用较高，由于保养不当，许多标本已经毁损。上述原因都造成了蝶类市场的空缺。但随着人们对高档工艺品的需求日益强烈，越来越多的人更青睐于标本产品。因此，同行业竞争风险会增强。

在此方面，我们会不断提高技术与工艺，设计出市场所需的产品，努力开拓河南及周边省份市场，抢占市场份额，形成较高的市场进入壁垒。

（四）对产品的后期保养维护

蝶类标本会随着时间的推移逐渐褪色甚至毁损。因此，产品的后期保养与维护就变得愈发重要。但该技术工作较为繁杂，并且需要具有该项技术能力的修护师及专用设备。

该问题是一把"双刃剑"。一方面，我们拥有修护师与专用设备，这可以成为我们的一项收入来源；另一方面，保养过程中也会出现因保养技术不当所造成的标本毁损问题。

参 考 文 献

曹胜利, 雷家骕. 2010-01-03. 中国高校需要怎样的创新创业教育[N]. 中国教育报, (5).

辜胜阻, 肖鼎光, 洪群联. 2008. 完善中国创业政策体系的对策研究[J]. 中国人口科学, (1): 10-18.

顾欣, 任国栋. 2011. 河北小五台山自然保护区蝶类群落多样性[J]. 河北农业大学学报, 34 (6): 75.

黄全愈. 2017. 素质教育在美国[M]. 武汉: 长江文艺出版社: 23.

杰弗里·帝蒙斯, 小斯蒂芬·斯皮内利. 2005. 创业学案例[M]. 6 版. 周伟民, 吕长春, 译. 北京: 人民邮电出版社.

赖利平. 2010. 创业教育中的几个问题[J]. 科技信息, (20): 64.

李辉. 2013. 内涵发展视界下的大学生创新创业教育路向[J]. 高教探索, (4): 133-136.

李家华. 2013. 创业基础[M]. 北京: 北京师范大学出版社.

李开复. 2016. 如何做最好的创新[J]. 新经济导刊, (9): 28-30.

李良智, 查伟晨, 钟运动. 2007. 创业管理学[M]. 北京: 中国社会科学出版社.

李士, 徐治立, 李成智, 等. 2009. 创新理论导论[M]. 合肥: 中国科学技术大学出版社.

刘梦格, 冯洁芳, 赵露露. 2016. "大众创业, 万众创新"背景下, 大学生创新创业教育的研究[J]. 科技、经济、市场, (5): 241-242.

刘延东. 2015-10-26. 深入推进创新创业教育改革, 培养大众创业万众创新生力军[N]. 中国教育报, (1).

马孝明. 1999. 开发蝴蝶有广阔前景[J]. 小康生活, (8): 41.

孟闻远. 2014. 大学生就业创业指导[M]. 郑州: 河南科学技术出版社.

孟闻远, 张卫建. 2016. 大学生职业发展与就业指导(水利电力类本科)[M]. 开封: 河南大学出版社.

钱贵晴, 刘文利. 2009. 创新教育概论[M]. 北京: 北京师范大学出版社.

孙立湘, 陈海波. 2007. 毕业 就业 创业——为大学毕业生把脉[M]. 北京: 机械工业出版社.

王丽娟, 高志宏. 2012. 大学生创新创业教育研究[J]. 中国青年研究, (10): 98.

王占仁. 2012. "广谱式"创新创业教育导论[M]. 北京: 人民出版社.

席升阳. 2012. 我国大学创业教育的观念、理念与实践[M]. 北京: 科学出版社.

叶冰, 储著斌. 2012. 地方综合性高校大学生自主创业的现状与环境[J]. 科技创业月刊, (8) 29-30.

曾惠民. 1993. 领导者要善于运用信息决策[J]. 经营与管理, (8): 39.

中华人民共和国教育部高等教育司. 2011. 高等学校创业教育经验汇编[M]. 北京: 高等教育出版社.

庄寿强. 2013. 普通行为创造学[M]. 4 版. 徐州: 中国矿业大学出版社.

邹建良. 2015. 探索大学生创新创业教育途径[J]. 中国高等教育, (5): 58.